KB209629

백팔번뇌 이야기

백팔번뇌 이야기

근심과 걱정에 관한
불교의
오래된 지혜

마쓰나미 고도 지음
최성호 옮김

바다출판사

서문

"저는 지금 너무나 괴롭습니다. 지금까지 괴로움을 털어놓지 못하고 가만히 마음속에만 담아두었는데, 더는 버티지 못하겠습니다."

"저는 생각에 사로잡혀 괴로워하다가 밤에 잠도 자지 못하고, 홀로 울면서 새벽을 맞곤 합니다. 이제 '어째서 나만 이렇게 고통받아야 하나'라는 생각으로 괴로워하며 살기 싫습니다."

나는 이와 같은 편지를 수없이 받았다. 홀로 괴로워하는 사람이 이렇게나 많다는 사실에 너무나 놀랐다.

고도경제성장 덕분에 생활은 풍족해졌지만, 사회생활이나 인간관계가 복잡해지거나 오히려 고립되어 누구에게 자신의 고충을 토로해야 할지 알 수 없게 되었다. 해결책을 찾지 못하고 홀로 괴로워하는 사람들이 우리 주위에 참 많다.

나는 인생을 통달한 사람도 아니고 특별한 사람도 아니다. 그래서 사람들의 괴로움 하나하나를 근본적으로 해결할 구체적 방법을 지니고 있지 않다. 내가 할 수 있는 것은 같은 괴로움을 느끼는 사람으로서, 괴로워하는 사람 옆에 있으면서 위로해 주고 격려해 주는 것밖에 없다.

오히려 나부터가 일상생활에서 겪게 되는 인생 문제에 대한 적절한 지침서가 될 수 있는 불교 명언집이 출간되기를 기다리고 있었다. 하지만 좀처럼 그런 책이 출간되지 않아 아쉬웠다. 물론 오늘날 번역된 불교 경전이나 그 주석서가 다수 있다. 하지만 석가의 생애나 언행록을 기독교 성경에 빗대어 설명한 것이 많고, 또 일상생활의 지침서로 사용하기 어려운 책이 대부분이다. 그래서 나의 인생을 지탱해 준, 불교 경전에서 뽑아낸 명언을 항목별로 분류하고 그 각각에 대해서 생각을 서술하기로 결심했다.

흔히 '팔만사천법문'이라고 일컬어지는 광대한 불교 경전에서 인생 문제에 적절한 구절을 선별하는 작업은 학식과 경험이 부족한 나에게 무거운 짐이었다. 가끔 글이 요점을 벗어난 경우가 있을지도 모르겠다. 하지만 번뇌로 가득했던 필자의 인생에서 불경의 구절들은 언제나 나침반으로 기능했다. 천학비재(淺學菲才)에도 불구하고 스스로 타이르고 바로잡기 위해 불교에서 설명하는 백팔번뇌와 관련지어 백팔 개의 인생 문제를 꼽아 보았다. 그리고 그것에 대한 의견도 함께 제시해 보았다.

독단적으로 명언을 선택하고 해석한 것에 대하여 건방지다고 비난을 받을지도 모르겠다. 하지만 적어도 이 미약한 시도가 향

후 독자들이 생활을 꾸려나가는 데 참고 자료가 될 수 있다면 더는 바랄 것이 없다. 앞으로 모든 이들의 질책을 받아들여 교정해야 할 것은 교정하면서 점점 더 나은 책으로 만들어가기를 바란다. 그러니 기탄없이 비판해 주기를 바란다.

　마지막으로, 선현들이 남긴 많은 문헌과 선배, 스승의 지도와 조언을 참고하였다. 참고 자료로 정리하긴 했지만, 지면의 한계상 기재하지 못한 것도 있다. 또한 인용문을 현대어에 맞게 수정한 것도 미리 양해를 구한다.

일러두기

1. 본문은 국립국어원 한국어 어문 규범과 외래어 표기법을 따랐으나, 관용적으로 사용되는 인명, 지명 등은 관례에 따랐다.

2. 본문의 불교 경전과 도서의 제목은 모두 한자어로 표기하였다.

3. 본문의 각주와 용어 설명 등은 옮긴이가 표기하였다.

4. 본문에서 경전과 단행본의 제목은 겹낫표(『 』)로, 품, 장, 시 등의 제목은 홑낫표 (「 」)로 표기하였다.

5. 본문에서 역사상 실존했던 붓다는 '석가'로 표기하고, 그외 붓다, 여래, 아미타불 등은 맥락과 상황에 따라 표기하였다.

목차

제1장

내 안의 미혹
제거하기

1편

불행을 탓하는 사람에게

> 선악은 시간에 따르지만,
>
> 시간에는 선악이 없다.
>
> 선악은 법에 따르지만,
>
> 법에는 선악이 없다.
>
> 선사 도겐(道元), 『정법안장(正法眼藏)』

옛날 어느 마을에 혼자 사는 남자가 있었다. 그는 평생 단 한 번이라도 좋으니 행복하게 해달라고 빌고 또 빌었다. 매일 신을 향해 열심히 기도한 효과가 있었던지 어느 날 밤, 그의 집 문을 두드리는 자가 있었다. 문을 열어보니, 문밖에 '길상(吉祥)'이라고 불리는 행복의 여신이 있었다. 남자는 날아오를 듯 기뻐하며 여신을 집 안으로 불러들이려고 했다. 그러자 여신은 "잠시 기다려주세요. 저에게 여동생이 있는데 항상 함께 여행하고 있습니다"라며, 뒤에 우두커니 서 있는 여동생을 소개했다.

남자는 그 여동생을 보고 깜짝 놀랐다. 여동생은 아름다운 언니와 달리 추한 모습이었기 때문이다. 남자가 의아해하며 "정말 당신의 여동생입니까?"라고 묻자, "말씀드린 대로 제 여동생이며, 불행의 여신 '흑이(黑耳)'라고 불립니다"라고 답했다. 남자는 "당신만 집에 들어오시고 여동생은 다른 곳으로 가면 안 되겠습니까?"라고 청했다. 여신은 "그건 어렵습니다. 저희는 언제나 이렇게 함께 있어야만 합니다. 혼자 남겨둘 수 없습니다"라고 단호히 답했다. 남자는 난처했다. 행복의 여신은 "곤란하시다면 저희 둘 다 돌아갈까요?"라고 재차 물었다. 남자는 어찌할 바를 몰라 쩔쩔맸다.

『아비달마구사론』도 행복의 여신과 불행의 여신이 몸은 다르지만 본체는 같다고 설명한다.

세상에 행복을 바라지 않는 사람은 없다. '세상 모든 것이 별 탈 없는' 평온한 상태를 바라 마지않으나, 세상에 그렇게 좋은 일만 있을 리가 없다. 아무리 사람들로부터 부러움을 사고 본인 스스로 좋은 운을 타고났다고 생각하더라도, 언젠가는 그 생애 어느 틈엔가 불행이라는 바람이 숨어들어 온다. 하지만 어떤 곤경에 빠졌더라도 흔들리지 말고, 떠오르는 태양을 보며 내일에 대한 희망으로 각오를 새롭게 해야 할 것이다.

옛날부터 "젊어서 고생은 사서도 한다"라는 속담이 있지만, 고생한 만큼 성장하는 즐거움이 늘어간다고 한다. 과거의 불행이나 고생을 벗어나 발전한 현재와 비교해 보면 마음의 여유가 생길

내 안의 미혹 제거하기

것이다. 그런 면에서 고생해 보지 않은 사람은 불행하다고도 말할 수 있다. 고난 없이 놀고 즐기려 하는 것은 근본적으로 잘못된 것이다. "간난신고(艱難辛苦, 고난과 역경)가 당신을 보석으로 만들리라"라는 말처럼 우리는 지금 할 수 있는 만큼 고생해 보려는 것 아닐까? 진정으로 고생해야지만 살아 있는 즐거움도 이해할 수 있다.

위 『정법안장』의 구절에서 보듯 행복과 불행은 내 안에 있는 것이다. 즉 나의 마음가짐에 따라서 선한 쪽으로도 악한 쪽으로도 기울 수 있다. 그렇다면, 행복과 불행에 속박되기보다는 그것을 마음대로 조종할 수 있는 자유로운 몸이 되는 편이 더 좋지 않을까?

2편

하루하루가 우울한 사람에게

> 보살(菩薩)*은 다른 것을 깨닫는 것이 아니라
> 자기 자신에 대해서 깨닫는다.
> 왜냐하면 자기 마음을 깨닫는 것이
> 모든 중생의 마음을 깨닫는 것이기 때문이다.
>
> 『대장엄법문경(大莊嚴法門經)』

여름이 오면 "덥다, 더워"라며 불평하고, 겨울이 오면 "추워서 뭘 할 수가 없구나"라며 투덜거리고, 비가 오면 "이런 날씨 정말 싫다"라며 하늘을 원망하는 사람이 있다. 물론 불길도 저리 가라 할 정도의 더위에 녹초가 되고, 살을 에는 듯한 추위에 몸이 꽁꽁 얼어버리겠다는 생각이 드는 건 어쩔 수 없다. 더울 때 서늘

---

* 붓다가 되기 위해 수행하는 사람.

　　　　　　　　　　　　　내 안의 미혹 제거하기

함을 바라고 추울 때 포근함을 원하는 것은 자연스러운 일이겠으나, 날씨를 핑계 삼아 불만만 늘어놓다 보면 어느새 나의 기분만 우울해진다.

영국 시인 존 러스킨이 쓴 「구름」이라는 시가 있다.

세상 사람들은 오늘은 날씨가 좋다
혹은 나쁘다고 이야기 하나,
날씨에는 좋은 것도 나쁜 것도 없다.
모두 좋은 날씨뿐이다.
그저 종류가 다를 뿐이다.
맑아서 좋은 날씨, 비가 와서 좋은 날씨,
바람이 불어서 좋은 날씨라는 차이가 있을 뿐이다.

이처럼 어떤 날씨이든 간에 그것에 굴복하면 안 된다. "일상이 재미없고 심심해"라며 날씨는 물론 작은 일부터 일상까지 불만을 품으면, 결국 신경증이나 우울증이 생기고, 다음과 같은 증세가 나타나게 된다. 일상생활에 지치고, 잠도 오지 않을 것이다. 그러면 식욕과 성욕도 감퇴할 것이고 체중도 감소한다. 머리도 잘 돌아가지 않아 기억력은 감퇴할 것이고, 주의력은 산만해진다. 생각 정리가 어려워져 기획 능력도 잃는다. 또한 사물을 비관적으로 보게 되고 과거의 실패에 전전긍긍하다 후회만 늘 것이다. 그러다 점점 자신을 책망하고, 희망을 잃고, 강박감마저 든다. 결국 보고 듣는 것에 흥미를 잃고, 공부나 일에도 의욕이 생기지 않게 된다. 이렇게 자신만의 세계에 틀어박혀 외골수로 생각하다 보면 절망감에 자살 충동마저 일 수 있다.

사람들은 여러 가지 이유 때문에 스트레스를 받는다. 추위나 더위와 같은 기온 변화, 소음, 환경 오염, 불면, 과식, 과로, 직장 및 가정 내 인간관계, 불안, 초조, 과도한 고생, 걱정, 공포가 그 이유이다. 그리고 어떤 방식으로든 극복하고자 한다. 그러나 신경증이나 우울증에 걸리면, 아무리 몸부림쳐도 도망가지 못해 결국 굴복하고 좌절하고 만다. 일본 시인 스스기다 규킨은 이를 분명하게 보여주는 시구를 썼다.

산속에서 나고 자란 멧새가
산이 싫어서 마을로 내려왔네.
마을에 붙잡힌 멧새가
산이 그리워 눈물을 흘리네.

멧새처럼 어디에 가더라도 불평만 이야기한다면, 삶이 보잘것없이 끝나버린다. 우리의 인생은 어디에 가더라도 만족스러운 곳은 없다. 그런 곳이 없다는 걸 인정하고, 지금 여기서 할 수 있는 것에 최선을 다하는 수밖에 없다. 옛 노래에 "맑아도 좋고 흐려도 좋은 후지산, 본래의 모습은 변하지 않는다"라고 했다. 곰곰이 생각해 보니 인생은 헛된 소원만 바라지 않는다면 그리 내다 버릴 정도는 아니다.

하루하루가 우울해서 견딜 수 없다면, 도대체 그 원인이 어디

내 안의 미혹 제거하기

에서 오는 걸까 규명해 볼 필요가 있다. 의외로 어리광이나 나태한 마음 때문에 자기도 모르는 사이 우울감을 느끼는 경우가 있기 때문이다. 세계의 모든 존재를 봐도 헛된 희망으로 우울해하는 건 인간뿐이다. 자연 속의 동식물을 보면, 타인에게 인정받지 못해도 자신의 삶을 힘껏 살아내고 있는 것을 발견할 수 있을 것이다. 중국의 선승 운문(雲門)의 말대로, "일일시호일(日日是好日, 하루하루가 좋은 날)" 아닌가?

나도 내 뜻대로 일이 이루어지지 않으면 우울해지곤 한다. 그럴 때는 어두침침하고 낮게 깔린 먹구름도 기껏해야 오, 육천 미터 위에 있을 뿐, 그 위에는 '보라, 구름 저편에는 해가 휘황찬란하게 빛나고 있다'라고, 그 해는 비가 오나 맑으나 찬란히 빛나고 있다고 상상한다. 그러면 왠지 마음속에 후련함이 밀려오면서 위로가 된다. 우리가 지금 아무리 우울하더라도 그런 것에 지면 안 된다. 소설가 미야자와 겐지도 우리를 격려하면서 "아, 그대들은 지금 그대들의 미래에서 불어오는 힘차고 투명한 바람을 느끼지 못하는가?"라고 했다.

3편

쓸모없다고 손가락질을 받는 사람에게

내가 반드시 성스럽지 않다.

상대방이 반드시 어리석지 않다.

모두가 범부(凡夫)*일 뿐이다.

옳고 그름의 이치를 누가 능히 정할 수 있겠는가?

서로 똑같이 현자가 되고 똑같이 바보가 되는 것은

고리에 끝이 없는 것과 같다.

쇼토쿠(聖德)태자, 『십칠조헌법(十七條憲法)』

"어떻게 자네는 그리 어리석은가. 뭘 시켜도 변변찮게 하는 구먼. 그래 가지고 제대로 일을 해낼 수 있겠는가?"라고 상사나 동료에게 욕을 듣고, 혼자서 괴로워하는 사람이 있을 것이다. 그

---

* 번뇌에 얽매여 생사를 초월하지 못한 자, 혹은 평범한 자.

내 안의 미혹 제거하기

들에게 다음과 같은 이야기를 소개하고 싶다. 선생님이 "바보가 뭘까요?"라고 물었다. 천재는 "모릅니다"라고 하고, 수재는 "글쎄요, 잘 모르겠네요. 사전에서 찾아볼까요?"라고 했다. 바보는 "저를 그냥 내버려 두세요"라고 했다.

사람들에게 바보라고 욕을 먹더라도 그리 신경 쓰지 않는 편이 좋다. 정말로 내가 바보라면, 그 원인에 대해 얼른 알아차리고 고치는 것이 올바른 방법일지 모르겠으나, 바보가 무엇인지 잘 모르겠다면 그냥 무시하는 것이 낫다. 진지하게 변명하다 보면 오히려 자신이 어리석다고 인정하게 될 수도 있다.

쭐라빤타까라고 불리는 석가의 제자가 있었다. 그는 영민하지 못하여 주위 사람들에게 바보라고 놀림을 받았지만, 근본은 성실한 사람이었다. 이를 가엾게 여긴 석가가 그를 친히 불러 말했다. "'입을 단속하고, 마음을 거두고, 몸으로 비행을 저지르지 말라. 이처럼 행동하는 자는 반드시 깨달음을 얻는다'라는 구절을 암송하라." 그가 암송을 그럭저럭 해내자, 석가는 다음과 같이 말했다. "네가 나이가 들어 고작 한 구절만 기억하는구나. 하지만 좋다. 이 한 구절의 의미는 이렇다. 몸에는 세 가지 악이 따라다닌다. 살생, 도둑질, 음행이 그것이다. 또한 입에는 네 가지 악이 따라다닌다. 거짓말, 이간질, 험담, 욕설이 그것이다. 또한 마음에도 세 가지 악이 따라다닌다. 탐욕과 노여움과 어리석음이 그것이다. 이것들을 합해서 '십업(十業, 열 가지 악업)'이라고 하는데, 이것들로부터 멀어진다면 반드시 깨달을 수 있다." 그는 곧바로 그대로 실행했다. 의심과 미혹이 사라지고, 이윽고 '아라한(羅漢, 최

쓸모없다고 손가락질을 받는 사람에게

고의 경지)'의 상태에 이르게 되었다고 한다.

　이 이야기에는 후일담이 있다. 어느 날, 쭐라빤타까가 비구니 오백 명을 앞에 두고 설교를 해야 할 상황에 놓였다. 하지만 그중에 "저 바보 쭐라빤타까에게 무엇을 배울 수 있겠는가? 그가 온다면 한 번 말로 꺾어버려야지" 하고 벼르는 사람이 있었다. 마침내 그가 와서 "아시다시피 저는 머리가 나쁘고, 배운 거라곤 한 구절밖에 없습니다. 그 말씀대로 실행하고 있을 뿐입니다"라고 인사했다. 그를 몰아붙이려고 했던 비구니들은 말문이 막혔고, 훼방을 놓으려고 입을 열자마자 굳어버려서 아무 말도 못 하게 되었다고 한다.

　또 어떤 날에는, 석가가 국왕의 공양을 받기 위해서 쭐라빤타까를 데리고 성을 들어가려고 하자, 문지기가 쭐라빤타까만을 막아섰다. "너 같은 바보를 들이면 성안이 오염되니 여기서 기다리도록 하라." 쭐라빤타까는 할 수 없이 성 밖에서 석가를 기다리며 걱정하고 있었다. 석가는 궁전에서 왕의 공양을 받을 차례가 되었다. 그때 어디서인지 모르게 긴 팔이 솟아나더니 쇠로 만든 발우를 왕에게 건네는 것이 아닌가! "이게 도대체 어떻게 된 것입니까?" 하고 왕이 묻자, 석가는 "사실 저의 제자 쭐라빤타까의 팔입니다. 오늘 그를 데리고 와 발우를 들게 하려고 했습니다만, 문지기가 그의 출입을 허락하지 않아 문밖에서 기다리고 있습니다. 그의 깨달음의 힘이 이처럼 대단합니다"라고 답했다. 왕은 "그는 바보라서 한 구절밖에 모른다는 소문이 자자하던데, 그런 그가 어떻게 깨달음을 얻을 수 있었습니까?"라고 물었다. 석

　　　　　　　　　　　내 안의 미혹 제거하기

가는 "왕이시여, 지식이 반드시 많아야만 하는 것은 아닙니다. 오히려 그것을 실행하는 것이 중요합니다. 그는 한 구절밖에 모르지만, 그 의미를 이해하고 체득하여 몸도 입도 마음도 깨끗해져서 깨달음을 얻었습니다"라고 답했다.

『법구비유경』에는 "비록 천 가지 문장을 암송해도, 그 구절의 의미를 올바로 이해하지 못한다면, 핵심 구절 하나를 듣고 악을 없애는 것만 못하다. 비록 천 가지 말을 암송하더라도 올바른 의미를 얻지 못한다면, 한 가지 의미를 듣고 수행하여 깨닫는 것만 못하다. 경을 많이 암송했더라도, 그것을 이해하지 못했다면 무슨 이익이 있겠는가? 법구 한 소절을 잘 이해하고 수행하여 불도(佛道, 붓다가 되기 위한 수행)를 지키는 것이 더 낫다"라고 한다. 이것은 쭐라빤타까의 이야기를 잘 요약해 주고 있다.

4편
별것 아닌 일에 신경 쓰는 사람에게

불법(佛法)*이라는 바다에 들어가기 위해서는
믿음을 근본으로 삼아야 한다.
생사(生死)라는 강을 건너기 위해서는
계율을 뗏목으로 삼아야 한다.

『심지관경(心地觀經)』

한 여행객이 큰 강의 건너편으로 가려고 했으나 다리가 없
어 곤란해하고 있었다. 다행히 강 둔덕에 통나무가 있었기에 뗏
목을 만들어 타고 무사히 건너편으로 건널 수 있었다. 건너편에
도착한 다음에도 여행객이 계속 뗏목을 짊어지고 가자 길을 가
던 사람이 그 모습을 보고 말했다. "당신은 왜 그것을 짊어지고

* 붓다의 가르침을 이른다.

내 안의 미혹 제거하기

있습니까? 사용하지 않는다면 강가에 두면 되지 않습니까?" 어리석은 여행객은 정신이 들어 "아! 그렇네요" 하고 뗏목을 내려놓으러 강가로 돌아갔다고 한다.

세상의 이런저런 규칙과 계율 들은 사바세계(此岸世界, 인내하지 않으면 안 되는 현실 세계)에서 피안세계(彼岸世界, 해탈 후의 세계)로 가기 위한 수단일 뿐이다. 늘 규율에 구애되어 있다면 '나무는 많이 구하면서 숲은 보지 못하는 것'으로, 목적을 잃고 만다. 돈을 버는 것도 행복하게 되는 수단이나 행복을 위한 필요조건이지 절대조건은 아니다. 그것을 잊고 언제부터인가 '미라를 파내러 간 사람이 미라가 되어', 자신의 생활을 희생하면서까지 돈을 좇다 제정신을 잃고, 돈을 목적 삼다 되려 불행해진다.

하라탄잔(原坦山)이라는 뛰어난 승려가 있었다. 그는 수행하던 시기에 친구들과 여러 나라를 전전했다. 어느 여름 도쿄에서 교토까지 이어지는 바닷가를 따라 여행하고 있을 때, 하인을 거느린 아름다운 여성이 갑작스러운 비로 불어버린 개천을 건너지 못해 곤란해하고 있는 것을 보게 되었다. 그것을 보고 하라탄잔은 성큼성큼 여성에게 다가가서, "자, 아가씨, 사람을 돕는 것이 출가자의 역할입니다. 제가 건너게 해드릴 터이니 저를 꼭 붙잡으세요"라고 하며 여성을 품에 안고 하천을 건넜다. 그것을 본 친구는 마음속으로 몹시 불편해하며 그에게 화를 냈다. "사음계(邪淫戒, 음란한 행위를 금하는 계율)가 있어서 출가자는 여성의 털 끝 하나라도 건드리면 안 되는 놈이 여성을 품에 안아버리다니 얼토당토않다." 그리고는 부리나케 먼저 가버리고 말았다. 삼 리 정도 갔을 때 하라탄잔이 겨우 쫓아왔다. "나를 버리고 가다니 너무하지 않은가?" 그러자 친구는 "자네야말로 너무하네. 수행자라는 것도 잊고 젊은 여성을 품에 안는 건 무슨 경우인가?"라고 반문했다. 이에 하라탄잔은 "거 참, 놀랍군. 나는 벌써 그 여성에 관한 건 잊어버렸는데, 자네는 아직도 그녀를 기억하고 있는가? 하하, 자네도 의외로 호색가이군"이라며 어깨를 툭 쳤다. 친구는 오히려 할 말을 잃고 부끄러워했다고 한다.

불교에서는 이렇게 어떤 것에도 구애됨 없이 자유롭고 무애(無碍)한 경지를 삼매(三昧)라 한다. 삼매의 달인이 되면, 자신이 정말 해야 할 일에 마음을 집중하여 다른 일은 모두 잊고 그것에만 깊이 몰두할 수 있게 된다고 한다. 일류 조각가도 집중하여 혼신의 힘을 다 바쳐서 좋아하는 작품 활동에 몰두하면, 작품과 한 몸이 되어 자신이 그것을 만들고 있는 건지 그것에 의해 자신이 만들어지고 있는 건지 구분이 안 되는 무아(無我)의 경지에 들어간다. 그때에는 '이 작품을 통해 명성을 얻어야지', '잘 만들어서 비싸게 팔았으면 좋겠다' 같은 다른 생각은 일어나지 않는다. 우리도 정말로 좋아하는 것에 몰두하다 보면 다른 것에 방해받지 않고 시간과 공간도 잊었다가 '아!' 하고 정신이 들어 비로소 자신의 존재를 자각하게 되는 체험을 해본 적이 있을 것이다. 이처럼 일을 놀이처럼 즐기는 유희삼매(遊戲三昧, 예술의 경지에 이름)의 경지에 든다면, 그것만큼 좋은 일도 없을 것이다.

내 안의 미혹 제거하기

5편

헛수고했다고 후회하는 사람에게

어떤 일이든 모두 수행이 된다.

행한 것을 바탕으로 성불하는 것이다.

그러므로 수행 아닌 것이 없다.

행한 것 모두가 세상을 위한 일이 된다는 사실을 알아야 한다.

선승 스즈키 쇼산(鈴木正三), 『직인일용(職人日用)』

어떤 일을 하다가 실패하면, 우리는 헛수고했다며 후회한다. 하지만 세상에 보잘것없는 일은 하나도 없다. 보잘것없다고 여기는 것은 내 지혜가 얕다는 증거이다. 노력이 빛을 보지 못했다고 비관할 필요도 없다.

세상에서는 한 기업의 사장처럼 공을 이루고 명성을 얻은 사람을 성공했다고 말한다. 하지만 그런 성공은 일시적이다. 얼마만큼의 명성, 지위, 재산을 쟁취했다고 하더라도 그것이 영원할

리가 없다. 노력하는 것과 성공하는 것은 별개의 영역이며, 성공은 마치 노력이라는 이름의 복권을 사서 일확천금에 당첨되는 것과 같다. 그렇게 생각한다면, 이익을 얻지 못했다고 후회할 일이 없을 것이다. 시인 롱펠로의 「건축가들」이라는 시를 보자.

어떤 것도 쓸모없거나 비천하지 않으며,
모든 것은 자기 자리에 있을 때 최고가 된다.
의미 없어 보이는 것도 다른 것들에 힘을 보태고 지지하고,
우리가 짓는 건축물을 위해 시간 안에는 여러 재료가 채워진다.
우리의 오늘과 어제는 우리가 사용하는 소중한 벽돌이다.

무용지물(無用之物)이라고 비웃음 받다가도 어느 날엔가 제 역할을 할 수도 있는 것이다. 둘도 없이 소중한 것이 될 때도 있기 때문에, 함부로 쓸모없다고 일축해 버리면 안 된다. 눈앞의 성공, 유행, 이익에 흔들리지 않고 뚜벅뚜벅 자신의 이상을 향해서 전념하며 매진하는 사람을 무용지용(無用之用, 쓸모없는 것이 도리어 크게 쓰인다)이라고 한다. 그런 사람은 세상에서 조롱받으며 물러나 있지만, 그의 희소가치를 인정할 날이 올 것이다.

전 도쿄 암센터 원장은 다음과 같은 말을 했다. "어떤 수학자의 놀이라고 생각했던 피타고라스 정리는 삼각함수의 기초를 이루었습니다. 그것이 없었으면 전기학의 발전은 불가능했다는 사실을 깨달은 것은 제가 마흔이 넘었을 때였습니다. 또 해골이라는 상형문자 그 자체로 표현되는 한문이 일상생활과 직결된 처

　　　　　　　　　　　　내 안의 미혹 제거하기

세의 요점을 얼마나 잘 전달하고 있는가를 알게 된 것은 오십을 넘어서입니다. 그리고 무용지용의 순수 학문이 문화의 발전에 얼마나 큰 공헌을 했는지 알아차린 것은 사실 최근의 일입니다. 대학의 진흥을 요구하는 목소리가 커지고 있습니다. 근대 건축을 자랑하는 공학부 안쪽에 옛날 목조 건물로 된 문학부가 있습니다. 웅장한 대학병원 한쪽에는 허름한 기초 의학 교실이 있습니다. 어느 대학을 가봐도 있는 이런 풍경은 무엇을 말하고 있는 걸까요? 당장 내일 큰 역할을 담당하지 못하더라도, 백 년 후에 크게 일을 할 무용지용이 충분히 인식되고 있다는 것이겠죠?"

있는 힘껏 피고 있는 꽃과 같이 최선의 노력을 거듭한다면, 그것 자체로 충분히 보상을 받고 있는 것이다. 그것 이상의 성공은 기대할 가치가 없다고 생각한다.

헛수고했다고 후회하는 사람에게

6편

자기반성이 어려운 사람에게

> 우리는 참회한다.
> 무시(無始) 이래로 망상에 사로잡혀 많은 죄를 지었다.
> 몸과 입과 마음으로 업(業)을 짓고
> 항상 잘못된 생각을 하며
> 무량한 불선업(不善業)*을 범했다.
>
> 승려 가쿠반(覚鑁), 『참회문(懺悔文)』

어느 날 여행객이 황야를 걷고 있는데, 갑자기 뒤에서 무시무시한 소리를 내면서 코끼리 한 마리가 미친 듯이 쫓아왔다. 여행객은 겁에 질린 채 도망쳐 가까스로 오래된 우물을 발견하고 그 안으로 드리워진 나무 덩굴을 타고 내려가 안도의 한숨을 내

---

* 공덕에 반대가 되는 행위.

쉬었다. 하지만 바닥을 자세히 살펴보니 독룡 한 마리가 기어다니고 있었고, 주위에는 독사 네 마리가 입을 벌리고 노려보고 있는 것이 아닌가! 여행객이 벌벌 떨면서 위를 올려다보니 이번에는 흰쥐, 검은쥐가 교대로 생명줄이나 다름없는 덩굴을 열심히 갉아 먹고 있었다. 어느새 절체절명의 순간에 놓인 여행객은 '이제 끝이다'라고 단념했다. 바로 그때 어찌 된 영문인지 입에 달콤한 꿀이 방울방울 떨어졌다. 달콤한 맛을 느끼고 엉겁결에 다시 살아난 기분으로 덩실거렸다. 그것도 잠시, 벌집에서 날아온 벌들이 그의 온몸을 덮쳐 침을 쏘아댔다. 그는 덩굴을 더욱 꽉 잡았다. 그런데 언제부턴가 번지고 있던 들불이 덩굴을 태우고 있었으니 여행객은 정말로 풍전등화(風前燈火, 위기에 처해 위태로움)의 상태에 놓이게 되었다.

이 이야기는 석가가 인간의 운명을 여행객에 빗대어 이야기한 것으로 『잡보장경』이라는 불경에 수록되어 있다. 황야는 미혹된 세상을, 여행객은 우리 자신을 가리킨다. 미친 코끼리가 사납게 날뛰는 것은 무상(無常)이라는 폭풍을, 우물 안은 인간 세상을 의미하며, 나무 덩굴은 인간의 생명을 뜻한다. 우물 바닥의 독룡 한 마리는 죽음을, 독사 네 마리는 우리 신체를 구성하는 네 가지 원소를 가리킨다. 흰쥐와 검은쥐는 낮과 밤을, 꿀은 쾌락을, 꿀벌은 우리들의 잘못된 생각을, 들불은 병과 노쇠를 비유하고 있다. 이렇게 우리는 매일 무상이라는 바람에 쫓기며, 미혹과 번뇌 때문에 고통받고, 병과 노쇠 때문에 자기도 모르게 죽음이라는 독룡의 입속으로 들어가 버리고 만다는 것을 암시하고 있다.

자기반성이 어려운 사람에게

하지만 그렇다고 해서 자신의 운명이 정해져 있다며 단념하고 그저 허무하게 죽음이 다가오길 기다리는 것이 능사일 리 없다.

인간의 일생은 정말로 덧없는 것이기 때문에 아무리 아등바등 해 보았자 칠십, 팔십 년 정도밖에 살 수 없는 존재가 아닌가? 이런 하나뿐인 삶을 하잘 것 없는 일에 소모시킬 수는 없는 것이다.

손으로 잡은 모래가 야윈 손가락 사이로 빠져나가듯이
시간이 사르르 나로부터 빠져나간다.

이것은 다카미 준의 만년 시집에 실린 시구이다. 확실히 우리가 눈치채지 못하는 사이에 조금씩 죽음이 다가오고 있다. 이 일생은 울어도 웃어도 오직 한 번밖에 없다. 그런데 어째서 쓸데없는 것에 사용하며 몸을 소모해 버리고 있는 걸까?

소설가 시바타 쇼도 다음과 같이 썼다.

하늘을 올려다보면 구름이 흘러간다. 지금까지 빛나고 있던 별이 쏙 사라지면, 그 옆에 또 다른 별이 빛난다. '아, 저것이 인간의 생애구나'라는 생각을 지울 수 없다. 그리고 '그 별이 사라지듯이 생명이 다하는 순간 인간은 도대체 무엇을 떠올릴까' 하고 생각한다.

이렇게 감상적인 반성일 필요는 없지만, 삶의 방식을 되돌아보고, 하루하루를 충실히 살기 위해 더욱 노력해야 하지 않을까?

내 안의 미혹 제거하기

7편

사람들의 비난이 두려운 사람에게

> 보살은 일체의 악을 감내하고 받아들이며,
>
> 중생을 대할 때 마음을 평온하게 하고,
>
> 동요하지 않는 것이 마치 대지와 같다.
>
> 『화엄경(華嚴經)』

　　누구라도 인간인 이상 칭찬받고 싶어 하지만 마음처럼 쉽지 않다. 심지어 "저 녀석은 뭔가 이상한 놈이야"라고 조롱받는 사람도 있다. 그런 소리를 들으면 기가 죽어 일도 손에 잡히지 않고 자포자기하게 되어, 의기소침해지고 만다.

　　사람들로부터 이러쿵저러쿵 소리를 듣는 것은 일상다반사이다. 석가의 시대도 예외가 아니었다. 『법구경』에는 이런 말씀이 있다. "오직 비난받기만 하는 사람, 또 오직 칭찬받기만 하는 사람은 과거에도 없었고 미래에도 없을 것이며 현재에도 없다. 이것은 예로부터 전해 내려오는 이야기로, 요즘에 생겨난 말이 아니다. 침묵해도 비난받고, 말을 많이 해도 비난받고, 조금 말하는 것도 비난받는다. 세상에 비난받지 않는 사람은 없다." 아마 인격자로 알려진 석가 본인도 이런저런 비난과 비방을 받았음이 틀림없다.

아무리 대단하고 훌륭한 사람이라도 인간인 이상 결점이 없을 리 없다. 설령 그런 사람이 있다고 해도 누군가에게는 미워 보일 수도 있다. 누군가의 성공을 시기하며 반감을 품는 사람이 많지만, 오해받을 것이 두려워 아무것도 하지 못하면 제 역할을 하지 못하는 사람이 될 뿐이다. 바람을 가르며 빨리 나아가면 바람의 세기가 강해지는 것처럼, 자신이 다른 사람보다 한 발짝 먼저 나아가면, 그에 대한 저항이 있는 것은 어쩔 수 없다.

석가의 좋은 평판을 시기한 나머지, 석가의 얼굴 앞에 욕설을 퍼부으며 떠든 제자가 있었다. 하지만 아무리 욕을 퍼부어도 석가는 침묵을 유지하며 평온히 있었다. 그가 많이 지쳤을 때, 석가는 "친구여, 만약 누군가가 재물을 주더라도 그것을 받지 않았다면, 그 재물은 누구에게 속하게 되겠는가?"라고 물었다. 제자는 퉁명스럽게 "그것은 재물을 주려던 자에게 속하겠지요"라고 답했다. 석가가 다시 물었다. "그렇다. 그리고 지금 그대는 나에게 욕을 퍼부었다. 내가 그 욕을 받지 않았다면, 그것은 누구에게 속하게 되겠는가?" 그는 답변할 수 없었다. 잘못을 깨달은 제자는 석가에게 그때까지의 무례를 사죄하고 두 번 다시 누군가를 비방하지 않겠다고 맹세했다.

석가는 제자들에게 이러한 체험을 이야기하며 "이처럼 사람은 비난받으면 그대로 돌려주고 복수하고 싶어지는 존재이지만, 그것은 허공에 침을 뱉는 것과 같은 것이다. 그것은 상대방을 해치고 더럽히기는커녕 자신에게 돌아와서 스스로 해치고 더럽힌다"라고 엄하게 훈계했다.

이것은 『사십이장경』에 수록된 이야기이다. 상대방의 비난이나 비방이 적절하다면 겸허히 듣고 잘못을 빨리 고치면 된다. 하지만 그렇지 않다면, 『법구경』에서 "거대한 바위는 바람에 흔들리지 않는다. 지혜로운 자 역시 비난은 물론 칭찬 속에서도 마음이 흔들리지 않는다"라고 했던 것처럼, 태연자약(泰然自若, 어떠한 충격에도 움직이지 않음)하게 있어야 한다.

보통 사람은 비난받으면 화를 내고, 칭찬받으면 기뻐하지만, 비난받는 것은 상대방이 자신에게 관심이 있는 것이라고 감사히 받아들이며 고마워해야 한다. 승려 니치렌(日蓮)은 『개목초』에서 "어리석은 자에게 칭찬받는 것은 가장 수치스러운 일이다"라고 했다. 번지르르하게 칭찬받는 경우야말로 경계하지 않으면 안 된다. 칭찬을 받고 우쭐거리다가 나중에 허를 찔리면 무너지기 쉽다.

상대방에게 비난을 받더라도, 칭찬을 받더라도 세상의 평판에 좌우되지 않고 자신의 할 일을 묵묵히 해나가는 사람이야말로 우리가 바라는 이상적인 인간이 아니겠는가?

사람들의 비난이 두려운 사람에게

8편

모든 일에 진지하지 못한 사람에게

> 살면서 죽은 자가 되고 비참하게 되어도
> 마음먹은 대로 일하는 것이 좋다.
>
> 선사 시도 부난(至道無難), 『무난선사법어(無難禪師法語)』

아랍인의 머리를 가르면 가운데에 작은 뇌수가 들어 있고 '코란'이라고 적혀 있다고 한다. 이것은 아마도 아랍인의 머리 안에는 어린 시절부터 『코란』만 주입되기 때문에 다른 것이 들어갈 여지가 없다는 의미일 것이다. 그 정도로 아랍인에게 『코란』은 자신의 목숨 다음으로 소중한 것이다. 그들은 밤낮을 가리지 않고 성스러운 구절을 읊조리며, 일상생활 전체가 『코란』에 의해 규정되어 있다.

그와 반대로 우리는 어떤가? 일상 대화나 생활 속에서 신과 붓다의 이름이나 경전의 문구를 외는 경우는 거의 없다. 일본의 경우에는 전 세계 국가 중에서도 '신앙심이 가장 적다'고 한다. 명절에 사찰, 불교 사원, 종교 교단에 예배하는 관습을 보면 동양에 종교가 꽃피고 있다는 생각을 하지만, 그것은 어디까지나 표면적인 것이다. 우리의 일상생활이 종교에 의해 규정되어 있지는 않다. 오히려 우리가 종교를 규정하고, 형편이 좋을 때만 이용하고 있다고 해도 과언이 아니다.

신과 붓다에 대한 일편단심이나 경건함은 아랍이나 유럽, 미국, 동남아시아 사람들이 월등히 뛰어난 것 같다. "신도 붓다도 진정 존재하는가?"라며 종교에 대해 농담하거나 냉담하게 바라보는 풍토가 특히 지식인이나 젊은이 사이에서 팽배한 상황이다. 이러한 세속화는 단기간에 근대 공업 국가로 등극시키는 데 큰 역할을 한 반면, 몰아적이고 경박한 국민으로 위치시켜 버리는 면도 있다. 일본만 봐도 "교육은 있지만 교양은 없다", "조직화되면 강한 힘을 발휘하지만, 개별적으로는 근성이 없다"라는 비판이 반드시 틀린 말은 아닌듯 싶다.

왜 이렇게 되었는가? 역사적인 요인에 대해서는 여기서 다루지 않겠지만, 신과 붓다에 대한 경건함이나 신실한 태도가 사라지고 있는 것은 더 나아가서 사람들에 대한 신뢰감, 사물에 대한 사고력과 진지한 태도가 사라지는 것으로 연결된다. 예를 들어, 우리는 한눈팔지 않고 일사불란하게 수행, 공부, 일을 하는 누군가를 슬쩍 보고, '참 대단한 사람이다' 하고 감복하고 고마워하기보다는 '저 녀석은 뭐지, 별꼴이다. 희한한 놈이네'라고 야유하는 감정이 생기지는 않는가? 관찰을 당하는 사람도 타인의 냉담한

모든 일에 진지하지 못한 사람에게

시선이나 태도를 무시하기 어렵다. 때문에 우직하게 스스로 해야 할 일을 완수하지 못하고, 대부분 남이 볼 때만 구색을 갖추고 상황을 적당히 모면하기에 급급하다.

이렇게 남들을 비웃고 곁눈질하는 태도가 만연하면 많은 사람의 이목이 쏠리는 장소에서 진지해질 수 없고, 사람들의 이목을 피해 고립적으로 일을 하게 된다. 이러한 풍토는 과거 폐쇄적인 동질 사회를 유지해야 하는 시대에는 어쩔 수 없었으나, 국제 사회에서 하나의 역할을 맡는 오늘날의 현대인에게 더는 통용되지 않는다. 이쯤에서 우리는 누구도 신경 쓰지 않고 살아가면서 죽은 셈 치고 온 힘을 쏟아부어 진지한 태도를 언제라도, 어디에서라도, 누구에게서라도, 보일 수 있는 사람이 되어야 하지 않겠는가?

내 안의 미혹 제거하기

9편

고독에 시달리는 사람에게

> 만사에 관심을 기울이지 않고
> 모든 것을 버리고 홀로 되는 것을 죽음이라 한다.
> 태어날 때도 혼자이고 죽을 때도 혼자이다.
> 다른 이들과 함께 살아도 고독하니
> 함께 죽는 사람이 없기 때문이다.
>
> 승려 잇펜(一遍), 『일편상인어록(一遍上人語錄)』

자기 옆에 이야기할 상대도 없이 홀로 쓸쓸히 살아가는 것은 견디기 어려운 일이다. 어느 정도 세속을 싫어하고 고독을 즐긴다고 해도 이틀, 사흘 정도는 좋지만, 열흘이나 한 달을 외톨이로 지내면, 고독의 처량함에 틀림없이 정신이 나가게 될 것이다.

나 역시 십일 년 정도 해외 생활을 하며, 당시 정말 싫증이 날 정도로 고독에 시달렸다. 왕복 티켓을 가지고 비행기로 순식간에 왕복하는 요즘 여행객과는 달리, 편도 티켓과 약간의 용돈만 들고, 최소 오 년간 체류하라는 스폰서와의 계약으로 일본을 떠났다. 당시에는 타지에 도착하면 돌아가고 싶어도 돌아갈 수 없었다. 처음으로 태어난 고향을 떠난 괴로움에 향수병에 걸려 일도 공부도 손에 잡히지 않고, 때로는 잘 수도 일어날 수도 없던 적이 있었다. 이런 운명을 스스로 골랐지마는 '왜 나만 고생하고 괴로워하는가' 하며, 사람을 미워하고 스스로 저주했던 적도 있었다.

어느 탐험가는 단신으로 중국 신장에 여행을 갔다가 고독한 나머지 "고개를 들어 하늘에 하소연해도 하늘은 대답하지 않고, 고개를 숙여 땅에 하소연해도 땅은 아무 소리가 없네"라며 자신의 심정을 읊었다고 한다. 나는 나의 고뇌를 이국의 하늘 아래 그 누구에게 하소연해야 좋을지 몰랐었다. 친구나 직장에 도움을 구하고, 거기에서 편안함을 찾을 수 있는 사람은 행복하다고 생각했다. 노래나 눈물이나 술로 치유하는 사람도 행복하다고 생각했다. 하지만 그런 것에도 여전히 만족할 수 없는 나 자신은 어떻게 하면 좋을지 알 수 없었다.

이런 상태가 계속되고 있을 때, 내 머릿속에 문득 『무량수경』에 있는 "독생독사 독거독래(獨生獨死 獨去獨來)"라는 구절이 떠올랐다. '인간은 태어날 때도 죽을 때도, 올 때도 갈 때도 언제나 외톨이'라는 뜻이다. 이 한 구절에 나는 통렬한 한 방을 맞았다. 어디에 있어도 외톨이라는 것은 변하지 않고, 고향에 돌아간다고 해도 이 사실은 바뀌지 않는다. 소설가 무로 사이세이는 "고향은 멀리 있으면서 상상하는 것"이라고 했다. 누구라도 자신이 태어

내 안의 미혹 제거하기

나고 자란 곳을 떠나면 고향 생각에 사로잡히게 된다. 하지만 귀향이 실현되었다고 해도 평생 행복하게 지낸다는 보장은 어디에도 없다. 오히려 '지금 내가 서 있는 곳이 고향이다'라고 생각하며, 고독에 개의치 않고, 그 고독감을 타인이나 환경의 탓으로 전가하지 않으며, 이를 꽉 깨물어 혼자 있어도 혼자가 아닌 경지에 오르는 것이 중요하지 않을까? 그러자 언제부터인가 마음에서 불안이 사라지고, 차분히 앉아 나의 일에 정성을 쏟는 경험을 했다. '이것쯤이야' 하는 용기가 그 경험에서부터 솟구쳐 올랐다. 먼 고향에 관한 생각을 저 먼 땅이 아니라 나 자신의 마음속에서 찾아보게 된 것이다.

우리는 인간인 이상, 자신의 자아를 전면에 내세우면 고독의 그림자가 따라오는 것을 피할 수 없다. 하지만 진실로 고독을 마주하면, 고독해도 고독하지 않은 경지가 열릴 것이다.

10편

융통성이 부족한 사람에게

> 색(色)은 공(空)과 다르지 않고,
> 공은 색과 다르지 않다.
> 색이 곧 공이요,
> 공이 곧 색이다.
>
> 『반야심경(般若心經)』

    일본의 한 작가가 어느 좌담회에서 "사물을 보는 눈에는 거시적 시야로 보는 조감도(鳥瞰圖)가 필요하지만 땅 위의 곤충과 같이 꿈틀꿈틀하며 살아가고 있는 인간을 파악하기 위해서는 이른바 충감도(蟲瞰圖)와 같은 것도 필요하다"라고 술회했다. 하나는 위에서 전체 모습을 조망하고 세부사항은 간략하게 보는 관점이며, 다른 하나는 대상의 세세한 점을 현미경으로 확대해서 철두철미하게 보는 관점이다. 이 두 측면의 시각을 모두 가지지

내 안의 미혹 제거하기

않으면 한편으로는 복잡다단한 개별 사물의 특이성을 놓치거나 '나무만 보고 숲은 보지 못하여' 전체적 모습을 놓치게 된다. 어느 쪽으로 치우쳐도 좋지 않을 뿐 아니라 한 방향에 마음을 빼앗기면 자기 자신을 잃게 되고 만다.

불교에서는 부즉불리(不卽不離, 가까이 가지도 않고 떨어지지도 않음)의 중도(中道)를 근본으로 삼아 전체에서 개인을 보고 개인에서 전체를 본다. 이는 상대방을 조감도적이나 충감도적으로만 관찰하는 것이 아니라, 상대방을 통해서 나를 보고, 나를 통해서 상대방을 보는 입아아입(入我我入, 나는 그에게, 그는 나에게 들어옴)의 경지로 나아가는 것이다. 융통성이나 임기응변이 부족하여 완고한 사람은 자신에게 집착하여 솔직하게 상대방을 이해하지 못하고, 늘 상대방과 충돌하게 된다.

『반야심경』에서 "색은 공과 다르지 않다"라고 하는 것은 눈에 보이는 현상(色)에 실체가 없다(空)는 것이다. 어떤 현상이라고 파악되는 존재가 있지만, 그것은 무수한 원인과 조건에 의해 끊임없이 변화하고 있기 때문에 변화하지 않는 실체는 이 세상에 없다는 것을 의미한다. 또한 "공은 색과 다르지 않다"라는 것은 눈에 보이는 현상을 있다고 가정하는 것이다. 즉, 영원불변한 실체는 없지만, 이 세상을 살기 위해서 눈에 보이는 현상의 실체를 어떤 식으로든 규정하는 것이다. 현상을 불변하는 것으로 생각하지 않을 수 없으며, 눈에 보이는 현상을 '있다'고 가정하는 관점이다.

"색이 곧 공이고, 공이 곧 색이다"라는 것은 눈에 보이는 현상

융통성이 부족한 사람에게

을 존재, 비존재 어느 쪽으로도 파악하지 않고, 양쪽을 포괄하여 그 변화무쌍한 모습을 있는 그대로 보는 것을 가리킨다. 예를 들어, 훌륭한 파일럿이 되기 위해서는 사물에 대한 집중(분석)과 분산(종합)이라는 두 가지 판단 능력을 모두 갖추지 않으면 안 된다. 항공기에는 어떤 지지대도 없고, 실체가 없는 공중을 비행한다. 하지만 그 고도, 방향, 기온, 기압 등 다양하게 변화하는 상황(空)은 계기(計器)에 쓰인 데이터(色)로 시시각각 표현된다. 이때 데이터는 실제 상황과 일치하지 않으면 안 된다. 하지만 그렇다고 해서 실상과 데이터가 항상 일치하는 것은 아니다. 만약 오백 미터의 산을 향하는 항공기의 실제 상황이 고도 백 미터인데, 고도계가 천 미터로 잘못 가리키고 있음에도 파일럿이 계기에만 의존하고 있다면 어떻게 되겠는가? 파일럿에게는 이 상황과 데이터를 동시에 파악하고, 상황에 따른 침착하고 기민한 결단력과 실행이 요구된다.

이러한 것은 우리들의 일상생활에서도 적용된다. 주위의 상황이 끊임없이 변화하고 있는데도, 예전의 기준에 갇혀서 융통성이나 임기응변이 모자라면 홀로 도태되어 나중에 발만 동동 구르게 된다.

내 안의 미혹 제거하기

11편

겉만 번지르르한 사람에게

> 악의 과실이 아직 무르익지 않았을 때는
> 나쁜 짓을 한 사람도 행복을 느낄 수 있다.
> 그러나 악의 과실이 성숙해지면 불행해진다.
>
> 『법구경(法句經)』

사람들 앞에서는 잘 보이려고 무게를 잡지만, 지킬 박사와 하이드처럼 혼자 있을 땐 성격이 변하는 사람이 있다. "사람의 천성은 혼자 지낼 때 잘 볼 수 있다. 그때는 남에게 보이려고 무언가를 하지 않기 때문이다"라고 영국 철학자 프랜시스 베이컨은 말했다. 세상을 살아가기 위해 이중인격자가 되어야 한다면 얼마나 슬픈 일이겠는가?

'조금 나쁜 일을 하더라도 사람이 보지 않으면 상관없지 않나'라며 대수롭지 않게 빨간불에 건널목을 건너거나, 금연이라고 명시되어 있는 장소에서 담배를 피우는 것 등은 일시적으로 사람의 눈을 피할 수 있을지 모른다. 그러나 그것은 어느샌가 습관이 되고 우연한 기회에 표면화되어, 무의식적으로 반복하게 될 위험이 있다. 누가 보지 않는다고 자신까지 속일 수 있을 리 없다. 과거의 내가 행한 일들이 원인이 되어 지금의 내가 있고, 오늘의 내가 원인이 되어 미래의 내가 나타나는 법이다. 저기서 사람이 보고 있든 없든 그것은 관계가 없다. 이런 것을 무시하고 겉모습뿐인 외모만 꾸미다 보면 약삭빠르게 잘 처신해도 자신의 실상이 드러나는 걸 막을 수 없는 때가 반드시 온다.

우리가 어떤 인간인가 하는 것은 매일 혼자 있는 시간에 어떤 것을 하고, 어떤 것에 시간과 돈을 사용하고 있는가를 생각해 보면 잘 알 수 있다. 아무리 밖에서 소리 높여 "자유"나 "평화"를 부르짖더라도 집에 있을 땐 아무것도 하지 않고 실랑이만 벌이거나, 일이나 공부를 하는 척만 하고 실제로는 TV나 만화에만 빠져 놀고 있거나, 교양이 있는 척하며 허풍을 떨지만 실제로는 그 분야에 시간과 돈을 투자하지 않는 것은 겉모습과 본모습이 다르다는 증거이다.

우리의 일상 행동거지에는 속임수가 통하지 않는다. 아무리 대단한 사람이라도, 말을 잘하는 사람이라도 예외 없이, 그의 동작이 부산스럽거나 굼뜨고 궁상스러워 보이는 것은 언행이 일치하지 않기 때문일 것이다. 언제나 어디서나 누구에게나 자연스러운 리듬과 호흡으로 행동할 수 있어야 한다. 우선 자세를 바로 해서 걷고 앉고 숨 쉬는 것부터 연습해 보자.

　　　　　　　　　　　　　　　내 안의 미혹 제거하기

선방(禪房, 참선하는 방)에서는 호시우행(虎視牛行, 호랑이처럼 보고, 소처럼 걸으라)이라고 하여, 걸을 때는 전방 이 미터에 시선을 두라고 한다. 또한 좌선(坐禪, 가부좌한 상태로 명상하는 수행)할 때는 시선을 전방 일 미터에 두고, 호흡을 세며 마음을 가라앉히는 훈련을 한다. 독일의 철학자 파울 나토르프는 "걷거나 숨 쉬는 방법을 가르치지 않는 교육은 진정한 교육이 아니다"라고 했다. 행주좌와(行住坐臥, 걷고, 멈추고, 앉고, 눕는 모든 행위)를 단정하게 하는 것이 교육의 기본이 되지 않는다면, 입에 발린 말만 하는 이중인격적 행동을 하는 자들이 사라지지 않을 것이다.

　행동거지가 단정한 사람은 어떤 일을 시켜봐도 잘한다. 그들은 조금의 눈속임도 없이 자신의 실력을 최대한 발휘한다. 그와 반대로, 겉모습만 번지르르하고 약삭빠른 사람은 거만해 보이고 동작이 부자연스러우며 언젠가 그 가면이 벗겨지게 된다. 마치 과일가게의 앞에 내놓은 사과나 귤처럼 그것이 맛이 있을지 없을지 실제로 먹어보지 않으면 알 수 없다.

12편

오만한 사람에게

> 불교 수행은 모름지기 먼저 가난을 배우는 것이다.
> 또한 아첨하는 일이 전혀 없이 모든 이익을 버릴 수 있다면,
> 틀림없이 좋은 승려가 될 것이다.
>
> 선사 도겐(道元), 『정법안장수문기(正法眼藏隨聞記)』

1980년대 개최된 펜클럽(PEN Club, 국제 문학인 단체) 정례회에서 오스트리아 대표 한 명이 "펜클럽의 'PEN'이 시인의 P, 에세이 작가의 E, 소설가의 N이라고 합니다. 하지만 그건 사실이 아닙니다. 오스트리아에서 작가는 빈민이 되지 않을 수 없습니다. P는 가난(poor)에 해당합니다. 또 작가는 성격이 삐뚤어진 괴짜이기 때문에 E는 괴짜(eccentric)에 해당합니다. 작가는 모두 신경질적이기 때문에 N은 예민(nervous)에 해당합니다"라고 말했다. 하지만 일본의 작가는 가난은커녕 풍족한 축에 속하는 것 같

내 안의 미혹 제거하기

다. 일본 작가 중에는 고액소득자가 매우 많고 연간 수억을 버는 사람도 상당히 있다. 그중에는 멋진 저택을 짓고, 수행원이나 관리인을 두고, 고급 승용차를 타며 의기양양하게 중심가 일대를 다니는 사람도 있다. 물론 가난하고 보잘것없는 작가가 없는 것은 아니나, 대체로 부유해진 것은 사실이다.

부자가 되었기 때문에 그것에 비례하여 좋은 글을 써내고 있나 하면 그렇지는 않다. 오히려 필력이 쇠퇴하여 그저 명성에 기대어 시시한 문장만 원고지에 채우고 있는 유명 작가도 있다.

일찍이 기쿠치 간이나 오야 소이치는 무명 시절에 궁핍하게 생활하면서 가츠동이나 덴동이 먹고 싶어서 문필가가 되기로 결심했다. 크게 성공한 다음에도 결코 궁핍했던 시절을 잊지 않았다고 한다. 오늘날의 작가에게는 그러한 정신은 찾아볼 수 없고, 조금만 유명해지면 사치에 빠져 정신을 잃고 호사스러운 생활을 보내는 사람도 있다. 이래서는 독자의 심금을 울리고 감동을 주는 훌륭한 글을 쓸 수 없다.

위 『정법안장수문기』의 "수행은 모름지기 가난을 배우는 것이다"라는 말은 결코 가난에 익숙해져야 한다는 뜻이 아니다. 세속적인 명성과 이익에 의지하지 않고 추구하지도 않으며 마음을 비우고 일에 집중하라는 뜻일 것이다. 성서에서 "마음이 가난한 자는 복이 있나니 천국이 그들의 것임이요"(「마태복음」 5장 3절)라고 했다. 이는 자신을 버리고 신의 뜻에 맞추면 모든 것을 얻게 된다는 가르침이다. 불교에서 설하는 "무일물중무진장(無一物中無盡藏, 아무 것도 없는 곳 안에 모든 것이 있다)"이라는 구절이나, 수

　　　　　　　　　　　　　　오만한 사람에게

학에서 '영(0)은 무한대와 같다'는 공식도 같은 의미이다. 도겐은 또 "자신을 통해서 만법(萬法)을 이해한다는 것은 미혹이요, 만법을 통해서 자신을 이해한다는 것은 깨달음이다"라고 했다. 오만한 자신을 버리고 운을 하늘에 맡기는 경지이다.

어느 막부의 집권자가 도겐을 초청한 일이 있었다. 그는 겐묘라는 제자를 데리고 갔는데, 이듬해 도겐만 먼저 사원으로 돌아갔다. 뒤늦게 돌아온 겐지의 손에는 집권자에게 받은 영토 기부증이 있었다. 겐지는 자랑스러워하며 사람들 사이를 누비고 다녔다. 선사는 그것을 듣고 "기뻐하는 마음이 불결하니, 즉시 사원에서 쫓아내라"라고 불같이 화를 내며, 겐묘가 앉아 있던 자리마저 불결하게 여기며 깨끗이 들어냈다고 한다. 이처럼 선사는 이익을 좇고 교만에 빠진 사람에 대해서는 매우 엄격했다.

학문의 길을 추구하는 자뿐 아니라, 누구라도 늘 자세를 바로하고 마음을 비우며 성실하게 자신의 인생을 대해야 한다. 거기에는 한순간의 방심이나 정체도 허락되지 않는다. 사람들에게 인정받지 못하더라도 자신이 정말 해야 할 일을 하고, 자신을 채찍질하며 노력해야 할 것이다.

13편

실행력이 모자란 사람에게

색이 정말 아름답지만 향기가 없는 꽃처럼,

잘 설해진 말도 몸소 실천하지 않으면 과실이 없다.

『법구경(法句經)』

예부터 사람들은 '불언실행(不言實行, 말없이 표현함)'이라고 하여, 가능한 자신이 한 일을 말로 표현하는 것을 삼가고 자연스럽게 사람들에게 알려지기를 기다렸다. 그러나 현대인은 사소한 일까지도 늘 주변 사람에게 말하고 인정받고 싶어 한다. 그리고 인정받지 못할 때는 불만을 표시하며 상대방을 비난한다. 이들은 일의 성패보다 인정받는 것을 우선으로 한다. 이래서는 모처럼 애써서 일하고서도 본인이나 동료 모두 불쾌해지고 만다.

일본 희곡 작품 중 다음과 같은 말이 있다.

봐도 좋고

보지 않아도 좋다.

어쨌든 나는 필 것이다.

사람이 보든 보지 않든 자신의 일에 마음을 쏟을 때 비로소 일이 멋지게 완성되며, 인정도 받는 것이다.

어느 지혜로운 선사는 언제나 자신의 나막신을 스스로 정리했다. 하루는 한 신자가 의아하게 여기며 "선사님은 윗사람이니 스스로 자기 신발을 정리하는 것은 그만하시지요. 제자가 많으니 그들에게 하도록 하시지요"라고 청했다. 그러자 선사는 "제자를 저보다 훌륭한 사람으로 만들고 싶기 때문에 신발 정리 같은 건 시키지 않고 있습니다"라고 답했다고 한다.

유사한 이야기가 선사 도겐에게서도 전해진다. 어느 날 점심을 마치고 회랑을 지나가는데 한여름의 햇빛 아래에 허리가 활처럼 굽은 노승이 표고버섯을 말리고 있었다. 도겐이 안쓰럽게 여기며 나이를 물으니 그가 예순일곱이라고 답했다. "그러한 일은 젊은 사람에게 맡기는 것이 어떻겠습니까?"라고 묻자, 노승은 "남은 남이지 내가 아니오"라고 불쑥 답했다. 타인이 한 일이 내가 한 일로 되지 않는다는 것이다. 그러자 도겐은 "지당하신 말씀이오나 구태여 늙은 몸을 혹사해 가며 이 뜨거운 햇살 아래에서 일할 필요가 있습니까?"라고 하자, 노승은 "참, 표고버섯 말리기는 햇볕이 있는 시간에만 할 수 있소. 이때가 아니면 언제 말릴 수 있겠소"라고 답했다. 이에 도겐은 "산승은 이만 쉬겠습니다"하고 물러갔다. 이

내 안의 미혹 제거하기

후 "회랑을 걷다가 은밀히 그 작업의 핵심을 이해했다"라고 기록했다.

예부터 "말하기는 쉬워도 행동하는 것은 어렵다"라고 한다. 현대인인 우리에야말로, 이 말이 딱 들어맞지 않는가? 어느 정도 민주주의 사회가 되었다고 해도, 입으로만 자기주장에 열중하고 자기 고집을 말하는 것만으로는 일이 진전되지 않는다. 한비자(韓非子)는 「육반편」에서 "현명한 군주는 어떤 말을 들으면 반드시 그것의 효용을 규명하며 어떤 행위를 보면 그 공적을 묻는다"라고 했다. 백 가지 말보다 한 번의 실행이 중요하니, 실행이 뒤따르지 않으면 그 말에는 무게감이 없다.

"이것도 할 수 있고, 저것도 할 수 있다"라고 자기를 선전하며 떠벌리는 사람들이 있다. 처음에는 "이 사람이 해낼 수 있을 것 같으니 시켜보자"라며 여기저기서 많이 부르지만, 다들 그가 다 했다고 한 일이 영 시원찮은 것에 질려 그 후로는 누구도 상대하지 않는다. 이러한 눈속임이나 과장 등의 허세는 본인을 망칠 뿐 아니라 주위 사람들을 불쾌하게 만든다. 그것을 알고 있든 모르든 이러한 자는 자기반성 없이 제 세상인 양 멋대로 구니 어찌할 도리가 없다.

미국 초대 대통령 조지 워싱턴은 "지금 본인이 있는 곳에서, 자신이 가진 것으로, 자신이 할 수 있는 것에 대해 최선을 다하라"라고 말했다. 먼저 자신이 할 수 있을 것 같은 것부터 차근차근 실행해 나가는 것이 중요하다.

14편

소란스러운 사람에게

> 바닥이 얕은 개천은 소리를 내며 흐르고,
> 물이 가득한 강은 자연스럽게 그리고 소리 없이 흐른다.
>
> 『경집(經集)』

작은 개천은 끊임없이 소리를 내며 흐르고, 큰 강의 물은 깊고 조용히 흐른다. 졸졸 소리를 내는 개천에는 작은 물고기가 살고, 소리도 없이 흐르는 강의 심연에는 큰 물고기가 산다. 개천에 사는 작은 물고기는 사소한 소리에도 허둥지둥하지만, 심연에 사는 큰 물고기는 작은 소리에는 미동도 하지 않고 유유히 헤엄쳐 간다. 잠깐 물이 불어서 유속이 빨라지면 개천의 작은 물고기는 휩쓸려 가지만, 큰 물고기는 은빛 비늘을 반짝이며 생명을 보존한다.

팽이를 빨리 돌리면 마치 정지해 있는 것 같이 안정되어 보이

내 안의 미혹 제거하기

지만, 팽이 치기를 멈추면 축이 흔들리며 이리저리 뒹군다.

사람도 마찬가지로 제대로 움직이고 있는 사람은 동정일여(動靜一如, 움직일 때나 고요할 때나 한결같음)하여 아주 조용하지만, 제대로 움직이지 않는 사람에게서는 움직일 때마다 요란한 소리가 난다.

『법구경』에는 "깊은 연못이 맑고 고요한 것처럼, 지혜로운 자는 도를 듣고 마음이 평온하다"라는 말이 있다. 지혜로운 사람은 자그마한 것에 동요하지 않고, 당면한 문제를 폭넓게 고려하여 난국을 돌파하지만, 어리석은 자는 눈앞의 일에 휘둘려 당황하고 부산을 떨며 큰 그림을 보지 못한다.

종종 주변에서 겨우 정리된 이야기에 변죽을 놓아 부스럼을 만드는 말참견꾼을 볼 수 있다. 그들은 자기표현 욕구가 강하고, 자기가 한 말이나 의견이 관철되지 않으면 불평을 하며 토를 달아 분위기를 깨버린다. 한 가지 일을 만들 때는 이만저만 힘이 들지만 어그러지는 것은 순식간이라서, 정치인, 기업가, 조직 간부 등에는 이런 종류의 사람이 적합하지 않다.

우리 중에는 같은 분량의 일을 시켜도 인내심을 가지고 마지막까지 열심히 하여 일을 완수하는 사람이 있는 반면, 의지가 약해서 도중에 그만두는 사람도 있다. 일을 완수하고 아무렇지도 않다는 듯 태연한 사람도 있고, 같은 일이라도 부담감을 감당하지 못하고 불평불만을 하는 사람이 있다. 사람은 천차만별이다.

이렇게 생각해 보니 정말 우리 각자는 감당할 수 있는 일의 크기가 정해져 있는 것 같다. 사람마다 그릇의 차이가 있어서, 규모

소란스러운 사람에게

가 큰일을 맡아도 그릇이 큰 사람은 평온히 일을 해내지만, 그 일을 맡기에 그릇이 작은 사람에게는 자연히 처리하지 못한 일들이 쌓이게 된다. 결국 큰일은 규모가 작은 사람에게 맡기지 못하고, 그에게 일을 맡긴 사람은 곤란만 겪게 된다. 사람의 가치는 아름다움과 추함, 젊고 늙음으로 결정되는 것이 아니라, 그의 도량으로 결정된다. 큰 사람인지 작은 사람이지 판단할 때 그의 그릇이 얼마나 큰지 확인해 보는 것이 좋다.

그릇이 큰 사람은 도량이 크고 깊어서 분쟁이나 불만들을 스스로 감내하며 사소한 것들에 흔들리지 않는다. 해야 할 일은 하고, 가치가 없는 일은 맡지 않는다. 말을 해야 할 때는 하고, 가만히 있어야 할 때는 조용히 있는다. 상황을 살피며 나서야 할 때는 나서고 물러나야 할 때는 물러난다. 이러한 사람은 반드시 성공하며 지도자가 될 역량을 갖췄다고 볼 수 있다.

중간 크기의 사람은 평상시에 그릇이 큰 사람과 비슷하게 대범한 모습을 보이지만 막상 비상시에는 동요하고 갈팡질팡한다. 가끔 엉뚱한 말이나 불평불만을 이야기하기도 한다.

그릇이 작은 사람은 세상을 보는 안목이 없이 자기 마음대로 하며, 자신의 생각이 관철되지 않으면 어리석은 짓을 하며, 타인을 대할 때 허세를 떤다. 남의 말에 귀를 기울이지 않고, 남의 의견을 수용할 도량이 없다. 이런 사람은 스스로 통제할 수 없을 뿐 아니라, 타인의 지도나 보호를 받더라도 말을 듣지 않아 어떻게 할 방법이 없다.

세상에는 이렇게 그릇의 크기가 대, 중, 소인 사람들이 섞여 살

　　　　　　　　　　　　　　　내 안의 미혹 제거하기

고 있다. 언뜻 봐서는 분간하기가 어렵다. 하지만 무슨 일이 생겼을 때 그 사람의 태도와 행동을 보면, 어떤 사람인지 판단할 수 있다.

우리는 모름지기 그릇이 큰 사람이 되도록 노력해야 한다. 『손자』에 다음과 같은 구절이 있다.

움직이지 않기를 산처럼 하고,
공격은 불처럼 하고,
느리기는 숲처럼 하고,
빠르기는 질풍처럼 하라.

사물의 올바른 모습을 파악하고, 옳은 방향으로 신속하게 일을 처리하고, 그 일을 처리하는 자신은 평온하게 자리에 맞게 거취를 정하고, 일 전반을 감내하는 도량을 갖춘 사람이 되어보자.

소란스러운 사람에게

15편

성격이 급하고 화부터 내는 사람에게

> 분노는 백천대겁 동안 쌓은 선근(善根)[*]을 순식간에 파괴한다.
> 그러니 인욕(忍辱)^{**}이라는 갑옷을 입고,
> 견고한 힘으로 분노라는 군대를 물리쳐야 한다.
>
> 『대보적경(大寶積經)』

　세상의 모습도 많이 바뀌어서, 사람들 보는 앞에서 "분하다, 얄밉다, 열 받는다, 싫다, 시끄럽다"라며 말하고 싶은 대로 말하고서 태연한 사람이 있다. 남녀노소 가릴 것 없이 이런 단어들이 입 밖으로 나오는 것은 어째서인가? 정말 무서운 세상이 되었다.
　언제나 좋은 말만 하며 살라는 건 아니다. 험한 말을 쉽게 내뱉

---

*　좋은 과보를 낳는 선한 일.
**　감내하는 마음.

어서는 안 된다는 말을 하는 것이다.

"성질이 급하면 자기만 손해다"라고 말하듯이, 화를 내며 상대
방에게 함부로 말하는 사람은 여러 가지 면에서 손해를 본다. 먼
저 자신을 불쾌하게 만드는 것뿐 아니라 상대방도 불쾌하게 만
든다. "군자는 위험한 곳에 가까이 가지 않는다"라고 하듯이 위
험한 사람이라고 생각되면 멀리 떠나게 된다. 특히 자기 과시 욕
구가 강하고 지기 싫어하는 사람은 정말 구제할 방법이 없다.

그들은 기분이 나빠지면, 그전까지 좋았던 기분은 어디 가버렸
는지 갑자기 험악한 태도로 돌변하여 화를 내고 감정을 폭발시
켜 버리기 때문에, 어느 쪽이 본모습인지 판단하기 어렵다.

보통 친해진다는 것은 내가 성의 있게 행동하면 상대방도 같
은 방식으로 반응하는 것이다. 대체로 상대방의 기분도 짐작할
수 있다. 하지만 히스테리를 지닌 사람은 언제 기분이 바뀔지 예
상하기 어렵고, 호의적으로 대해주어도 상대방의 역린을 어쩌다
가 건드려 격노하게 만들면 어찌해야 할지 모르게 된다. 이런 사
람과의 교제는 상대의 기분을 건드리지 않도록 경계하고 행동을
조심하지 않으면 안 되기 때문에 종기를 만지는 것과 같다.

화가 나면 피가 거꾸로 솟고, 때와 장소를 가릴 것 없이 상대
방에게 소리를 지르며, 손에 잡히는 대로 물건을 집어던지며, 때
로는 나이프나 식칼을 집어 드는 사람도 있다. 평소에는 붙임성
있고 재미있지만, 상대방이 자기 마음에 들지 않는 행동을 하면
그때까지의 태도를 갑자기 바꾸어서 말도 안 되는 일을 저질러
버린다. 중재하며 뭐라도 해보려고 하면 오히려 더 격분하여 불

성격이 급하고 화부터 내는 사람에게

에 기름을 붓는 꼴이 된다. 이럴 때는 방관하는 것 말고 방법이 없다.

선사 반케이(盤珪)에게 어느 날 한 남자가 찾아와 "저는 선천적으로 성격이 급하고 걸핏하면 화를 내어 종종 곤경에 처합니다"라며 상담을 요청했다. 그러자 선사는 "자네는 재미있는 것을 가지고 태어났군. 지금 여기서도 성격이 급해지는가? 그렇다면 지금 여기에 내놓아 보게 내가 고쳐보겠네"라고 말했다. "지금은 그렇지 않습니다. 뭔가가 건드리면 그 성격이 갑자기 나옵니다." "그렇다면 성격이 급한 건 선천적인 게 아니군. 무언가 자네를 건드린 것이 원인이 되어 갑자기 자네가 나오는 것이군. 무언가가 건드려도 나를 내보이지 않으면 급한 성질 같은 게 어디에 있겠는가? 자네가 자네 자신을 편들어 주기 때문에, 상대방과 다투고 나의 생각을 내세우는 걸세. 자네가 표출한 것을 선천적이라고 말하는 것은 문제를 부모에게 돌리는 큰 불효를 저지르는 거 아닌가?"라고 나무랐다고 한다.

『경집』에는 "모든 일에 화를 잘 내고, 사람을 미워하고, 상대방의 미덕을 덮어버리는 경향이 있으며, 그릇된 견해를 품고 외관을 보는 사람은 천박하다"라고 한다. 나도 가끔 상대방의 대화방식이 아니꼬워서 도리에 어긋나는 일을 하기도 하고, 화가 날 때도 있다. 그런 때 화를 내는 쪽이 지는 것이라며 나 자신을 달래려고 노력한다.

16편

극단으로 쉽게 치닫는 사람에게

> 석가께서 말씀하시길
> "현악기 줄이 느슨하면 어떻게 되는가?"
> 제자가 대답하길 "소리가 나지 않습니다."
> "현이 팽팽하면 어떻게 되는가?"
> 대답하길 "끊어집니다."
> 『사십이장경(四十二章經)』

여태껏 운동을 하지 않았던 사람이 갑자기 빨리 달리면 심장마비를 일으키기 쉽고, 공복일 때 한꺼번에 많은 양을 먹으면 배가 아픈 것처럼, 극단적인 것을 급하게 행하면 거부반응이 일어난다. 마찬가지로 우리들의 행위도 극단에서 극단으로 내달리는 것은 그다지 바람직하지 않은 것 같다.

위 『사십이장경』의 대화는 부유한 집안의 자식인 소나가 불교에 귀의하여 이전까지 쾌락에 취하여 타락했던 생활을 끝낼 것을 다짐하고 무시무시한 고행을 하고 있던 시기에 나눈 것이다. 소나가 지나간 길마다 피투성이 발자국이 남아 마치 도살장과 같았다고 한다. 그런데도 번뇌가 사라지지 않아 실의에 빠져 있던 소나에게 석가는 거문고 줄을 비유로 들어 설명했다. "거문고의 줄은 너무 헐거우면 아름다운 소리를 낼 수 없고, 너무 팽팽하면 끊어진다. 마찬가지로 언제나 몸과 마음에 중용을 유지하는 것이 좋다"라고 했다.

비슷한 일화가 『미야모토 무사시』에도 수록되어 있다. 무사시가 적군을 쓰러뜨리고 돌아왔는데, 적군의 일족 한 명이 원수를 갚고자 그를 기다리고 있었다. 기생 타유의 집에 몸을 숨긴 무사시는 적군을 무찌르고 온 승자답지 않게 밤을 새워 긴장이 극한에 다다른 모습을 보였다. 그러자 타유는 비파의 줄을 예로 들어 "긴장은 당신을 더 위험하게 할 겁니다. 마치 줄을 팽팽히 당긴 비파 같군요. 음을 자유롭고 현란하게 내기는커녕, 줄이 끊어지고 몸통은 부서질 겁니다"라고 경고했다.

확실히 중용을 지킨다는 것은 매우 어렵다. 식욕, 성욕, 수면욕도 지나치면 몸과 마음이 상하게 되고 그렇다고 완전히 끊어버리면 고갈되고 기아 상태에 빠져버린다. 약간 부족한 정도를 아는 요령은 이론적으로 딱 잘라 말할 수 없다. 이는 체험의 영역에 속한다. 매일 일거수일투족이 중용을 끊임없이 찾아나가야 하는 일이라고 해도 과언이 아니다.

프랑스 사상가 파스칼도 『팡세』에서 "인간에게 그의 위대함을

내 안의 미혹 제거하기

보여주지 않고 그가 동물과 얼마나 동등한지 보여주기만 하는 것은 위험하다. 그의 열등함을 보여주지 않고 위대함만 보여주는 것도 위험하다. 그 어느 쪽도 가르쳐주지 않고 내버려 두는 것은 더 위험하다. 그 둘을 모두 보여주는 것이 낫다. 인간은 자신을 동물과 동등하다고 생각해서도 천사와 동등하다고 생각해서도 안 된다. 두 측면을 모르고 있어도 안 된다. 양자 모두 알고 있어야 한다"라고 서술하고 있다. 인간은 천사와 동물 사이에 있는 존재라고 말하고 있다.

인간은 고도의 기계 문명과 예술 문화를 탄생시키기도 했지만, 피비린내 나는 전쟁을 일으켜 자신과 상대방 모두를 파괴하기도 하는 존재이다. 이 이율배반의 모순을 동시에 가지고 있으면서, 그 사이의 접점을 시행착오를 거쳐가며 평생 찾아가야만 하는 존재인 것 같다.

옛날에 어느 어리석은 사람이 있었다. 친구의 저녁 식사에 초대받아서 갔는데 요리가 너무 싱거웠다. 그래서 바로 친구에게 부탁해서 소금 간을 했더니 요리가 정말 맛있어졌다. 그는 친구에게 소금을 얻어 집에 돌아왔다. 그리고 요리에 그 소금을 뿌려보았는데 그 맛이 나지 않았다. 자기 혀에 문제가 생겼다고 생각해서, 계속 소금만 먹었더니 결국 병이 나버렸다. 이것은 『백유경』에 수록된 이야기이다. 인생이라는 소금을 적당히 조절하는 것이 얼마나 중요한지 가르쳐주고 있다. 또한, 아무리 세상의 원리를 많이 알아도, 혹은 많이 몰라도, 제대로 살아갈 수 없다. 어느 쪽으로 가도 좋지 않다는 것을 우리는 매일 경험하고 있다.

극단으로 쉽게 치닫는 사람에게

"사랑은 사람을 눈멀게 한다"라는 속담과 같이 결혼하기 전 연인들은 상대방의 모든 것이 좋아 보인다. 막상 결혼을 해보면, 이제 상대방의 단점이 너무 잘 보여 환멸을 느끼면서 자신의 이전 감정들을 다 잊고 상대방을 비난한다. 서로에 대해 눈을 돌리고 체념하기도 한다. 때로는 그것이 원인이 되어 결혼 생활이 파국에 이르기도 한다.

프랑스 시인 생트-뵈브는 "생활에는 얼마간의 착각이 필요하다. 생활의 참뜻을 너무 많이 알고 있으면, 자연스러운 맛이 사라진다"라고 말했다. "축하는 중간 정도가 좋다"라는 말도 있다. 인생은 한쪽 눈을 감고 때론 못 본 척 넘어가는 것이 제일 좋다.

우리의 인생은 마치 구불구불한 도로를 운전해 가는 것 같다. 성질을 내며 액셀을 밟으면 자동차가 폭주하고, 걱정이 많아서 브레이크만 밟으면 자동차가 멈춰버린다. 핸들을 너무 오른쪽으로 돌려도 너무 왼쪽으로 돌려도 차는 도로를 벗어나 버린다. 균형을 맞춘 운전 방식은 실제로 자신이 운전을 해보지 않으면 알 수 없다.

17편

외모에 자신이 없는 사람에게

> 오 척 혹은 육 척 크기의 몸에 깃든 영혼은
> 일 척 크기의 얼굴에 나타난다.
> 일 척 크기의 얼굴에 깃든 영혼은
> 한 치 크기의 눈에 깃든다.
>
> 승려 니치렌(日蓮), 『묘법니어전어반사(妙法尼御前御返事)』

'나는 왜 이렇게 못생긴 외모로 태어났지'라고 남몰래 마음 속으로 괴로워하며, 낳아준 부모를 원망하는 사람은 어떻게 해야 할까? 예전에 입 냄새가 심하다고 동료로부터 비난받은 후 삶을 비관하며 기차 내 화장실에서 자살을 시도했다가 미수로 끝난 모델이 있었다. 우리는 외모나 신체상의 결함을 치명적이라고 생각하며 어떻게 해서든 아름다워지고 싶어 하며 미용이나 복장에 신경을 쓴다.

겉모습이 아름다운 쪽이 취직이나 결혼에 유리할지 모르지만, 그렇다고 해서 반드시 행복해진다고 할 수 있을지는 모르겠다. 외모는 타고난 거라서 성형수술을 하지 않는 한 바뀌지 않는다. 바뀐다고 해도 더 아름다워진다는 보장도 없기 때문에 겉모습에 구애되기보다는 내면의 아름다움에 신경을 쓰는 것이 더 중요하지 않을까?

열일곱 살에 양손을 잃은 여인이 있었다. 그녀는 불교에 귀의한 후 입으로 붓을 사용하는 교육을 받아 만년에 뛰어난 그림들을 남겼다. 헬렌 켈러는 시청각장애에 굴하지 않고 특수 타자기로 글을 썼으며, 자신의 생애를 다른 불우한 사람들의 영혼을 구하는 데 바쳤다. 이러한 사람들을 보면, 겉모습에 불만이 있어도 사지가 멀쩡한 사람들은 자유롭게 손발을 움직일 수 있는 것만으로도 감사할 것이다.

중국의 유곡원(兪曲園)이 저술한 『안면문답』에는 입과 코와 눈과 눈썹 간의 대화 내용이 있다. 입이 불평하고 코가 불만스러워하며 눈이 납득하지 못하는 것이 있었는데, 바로 사신들이 항상 눈썹 아래에 있다는 것이었다. 그래서 어느 날, 눈썹은 입, 코, 눈으로부터 "왜 네가 대단한 자인 양 우리 위에 뽐내고 있는 거냐? 도대체 너는 무슨 역할을 하고 있는 거냐?"라고 힐문당했다. 눈썹이 말했다. "정말 너희들은 대단한 역할을 하고 있어. 음식을 먹고, 숨 쉬고, 물건을 보는 너희들의 수고에 늘 감사하고 있어. 그런 점에서 속상해. 나는 그저 여기에 가만히 있으면서 뭐하나 하는 것이 없어. 밤낮으로 생각해 봐도 그저 열심히 내 자리를 지

내 안의 미혹 제거하기

키는 것밖에 없네." 그러고 나서 이렇게 말했다. "나는 지금까지 입과 코와 눈의 마음가짐으로 살았는데, 그건 틀렸어. 지금부터는 눈썹의 마음가짐으로 살 거야."

우리는 외모의 추함을 부끄러워하기보다 내면의 추함을 부끄러워해야 한다. 일찍이 미국 대통령 링컨은 "인간은 마흔을 넘으면 자신의 얼굴에 책임을 져야 한다"라고 했다. 타고난 외모는 어떻게 해도 바꿀 수 없는 이상, 내면의 아름다움을 갈고 닦아야 한다. 있는 그대로의 얼굴은 색안경이라도 끼지 않는 한 속일 수 없다.

언제나 눈동자는 맑아야 한다.
탁해져 버리면 못 쓴다.

어느 불교 시인의 글이다. 늘 맑은 눈으로 세상을 바라보는 사람에게는 외모의 아름다움과 추함은 문제가 되지 않는다.

외모에 자신이 있는 사람에게

18편

열등감에 빠진 사람에게

> 세상의 모든 것은 환영과 같다.
> 이것을 이해한다면 그 마음이 흔들리지 않는다.
> 『화엄경(華嚴經)』

누구든 다른 사람에게 알리고 싶지 않은 결점이나 약점을 가지고 있다. 이 약점에 너무 신경 쓰다 보면 점점 자신이 초라하다고 생각하고, 때로는 절망감 때문에 남들 앞에 나서기를 꺼리는 대인공포증에 빠지게 된다. 열등감은 심신의 결함, 경력, 물건, 집안 등이 다른 사람보다 낮다는 생각에서 비롯되는 감정으로서, 한번 느끼기 시작하면 좀처럼 없어지지 않는다.

나도 일찍이 사투리 때문에 열등감에 빠진 적이 있다. 시골에서 태어나 사투리를 쓰는 데다 생김새도 촌스러워서 상경한 뒤 얼마나 주눅이 들었는지 모른다. 표준어로 대화하려 해도 사람들이 이해하지 못해 다시 말해달라고 부탁하고, 몇 번이나 열심히 고쳐 말해도 상대방이 고개를 갸우뚱하고 있으면, 내 목소리가 점차 작아지고 결국에는 말하는 것이 싫어서 대화를 그만둬 버린 적도 있다. 내가 이야기하는 것을 도대체 왜 알아듣지 못하는 걸까 괴로워했지만, 한두 달 지난 뒤에 악센트와 억양의 차이 때문이라는 것을 알아차리고, 그것을 고쳐보려고 노력했다.

확실히 시골 사투리는 표준어와 비교하면 촌스럽고, 지방 특유의 말투가 있어서 일반적이지 않다. 모든 방송과 인터넷은 물론 전국 어디에서나 표준어를 사용하지만, 사투리야말로 허세 없이 진솔한 마음으로 자기 생각을 말할 수 있는 고향 언어라고 생각한다. 처음 만난 사람으로부터 "선생님의 출신은 어딥니까?"라고 질문을 받는 일도 있는데, 그것을 알고 있다고 해서 뭐가 달라지겠는가? 어쩌면 출신지나 출신 학교를 통해 상대방을 평가해보려는 것일지도 모르겠다. 지방 출신을 촌사람이라고 놀리는 자는 마치 머리가 아래에 있는 신체 부위를 향해 "너는 추하고 못생겼어"라고 욕하는 것과 같다. 위장, 폐, 심장, 그리고 다른 배설 기관이 없이 머리만으로 신체가 건강하게 발달할 수 있을까?

도시는 문화 시설도 잘 정비되어 있고, 물건을 사거나 일자리를 찾거나 교통수단을 이용할 때도 편리한 곳임이 틀림없다. 하지만 시골은 공기도 좋고 조용하며, 물가는 낮고 인정도 넘친다. 이처럼 도시와 시골 중 어디가 더 사람다운 삶을 살 수 있는 곳인지 판단하기는 쉽지 않다. 굳이 시골에서 충분히 연구 활동을 할 수 있는 사람에게는 어디에 거주해도 크게 다르지 않을 것이다.

열등감에 빠진 사람에게

촌사람이라는 소리를 들어도 열등감을 느낄 이유도 없고, 어쩌면 도시인보다 더 많은 문화생활을 누릴 수도 있다.

촌놈으로서의 열등감을 없앴다고는 했지만, 사실은 완전히 없애지 못하고 열등감의 원인과 내적으로 대치하고 있는 게 아닌가 하고 나 자신에게 반문할 때가 있다. 나는 절에서 태어나 스무 살부터 새치가 나기 시작한, 타고나길 초라한 학생이었다. 아무리 봐도 보잘것없는 촌놈이었다. '자, 나는 촌놈이다. 비웃고 싶은 녀석은 마음껏 비웃어라. 너희들이 비웃고 있는 사이 나는 세계 어느 도시인보다도 더 뛰어난 것을 취하는 사람이 될 것이다'라는 이상한 결의를 다지고 해외에 나갔다. 그리고 어느샌가 벌써 십수 년의 세월이 흘러 오랜만에 귀국해 보니, 도시에 살든 시골에 살든 상관없는 사람이 되어 있었다. 이제는 시골 생활을 하고 있어도 도시 생활과 별 차이를 못 느끼고, 전화 한 통으로 세계 각국의 사람들과 통화가 가능하며, 주위에 외국인도 많이 있다. 또 가끔 동료가 놀러 오기도 해서, 시골살이가 전혀 무료하거나 괴롭지 않다. 공기도 좋고, 조용한 데다, 음식도 신선한 채소로 가득하다. 전차로 한 시간이면 도시에 갈 수 있기 때문에 오고 가며 가벼운 책 한 권을 읽을 수 있다. 하루하루가 더할 나위 없이 좋다.

19편

겁이 많은 사람에게

> 귀로 듣고 눈으로 본 것은 바깥의 적이 되고,
> 정욕에 의한 의식은 내면의 적이 된다.
> 내면을 맑게 하여 방 안에 홀로 앉아 있으면
> 적들이 변해서 한 식구가 된다.
>
> 문인 홍자성(洪自誠), 『채근담(菜根譚)』

겁이 많은 사람은 어디에나 있다. 이런 성격을 지닌 사람은 의지가 약하고 기가 죽어 있으며 걱정이 많다. 무엇이든 단념해 버려 끝까지 해내지 못한다. 금방 후회하고 끙끙거리며 칠칠치 못한 자신을 책망한다. 결국 홀로 방에 틀어박혀 바깥세상에 대해 흥미를 잃고 만다.

이렇게 무기력하고 무관심한 사람의 성장 과정을 조사해 보면, 대부분 유소년 시절에 강한 부모로부터 과보호를 받으며 자랐고,

자신의 말과 행동 전부를 부모에게 맡긴 채 부모의 눈치만 보았던 경우가 많다. 최근 이러한 성격을 지닌 사람이 증가하고, 무엇을 시켜도 남들에게 미루며 꿈과 희망도 없이 마지못해 살고 있다고 고백하는 사람이 많다.

자신의 의지나 감정 표출을 하지 못해 거세된 동물과 같은 사람은 그 자폐증이 심해지면 정신분열증이 되기 쉽다. 일찍이 프랑스 화가 샤갈은 "요즘처럼 감동에 조금의 눈물도 흘리기 어려운 시대는 없었다"라고 갈파했다. 자신이 하고 싶은 것이나 희로애락(喜怒哀樂, 기쁨 노함과 슬픔과 즐거움)을 표현하고 싶은데 그럴 수 없는 제약이 가정이나 학교 혹은 회사에 너무 많다. 그것에 얽매여서 사람들은 점차 의욕이 사라지고 만다. 이것은 본인에게도 국가 차원에서도 큰 손실이다.

가마쿠라 시대의 집권자 호조 도키무네는 "만약 누군가 일본 야마토국의 정신을 묻는다면, 몽고의 사신을 베어버린 도키무네를 보라"라고 했을 정도로 용맹한 사람으로 알려져 있다. 하지만 실제로는 매우 겁이 많은 사람이었다고 한다.

몽고의 침입이라고 하는 국가 존망의 위기가 닥치자, 어쩌면 좋을지 결단을 주저하고 있었다. 생각다 못해 엔각쿠지(円覚寺)의 창립자이자 선사 무가쿠 소겐(無学祖元)에게 무섭증을 치료할 방법을 물었다. 그러자 선사는 "무섭증을 치료하는 건 정말 쉽습니다. 바로 겁이 나는 이유를 알면 됩니다"라고 답하며, 그 미망의 원인을 가지고 오라고 했다. 도키무네가 "겁이 나는 이유를 전혀 알 수 없습니다"라고 말하자 선사는 "그건 당신으로부터 옵니

내 안의 미혹 제거하기

다. 내일부터 당신을 제거하고 오시오"라고 답했다. 재차 "나를 어떻게 제거합니까?"라고 묻자 선사는 "모든 생각을 끊으시오"라고 답했다. 그리고 "그저 앉아서 몸과 마음이 고요해지기를 기다리시오"라고 했다. 도키무네는 "세속의 업무에서 벗어나지 못하니 시간이 부족한 걸 어쩌겠습니까?"라고 답했다. 그러자 "걷고 서고 앉고 눕는 모든 일이 최고의 수행도량입니다"라고 일갈했다. 이는 '평상(平常)이 도가 된다'는 의미로, 일상생활 이외의 장소에서 좌선하는 것만이 수행이 아니라는 것이다. 이 일갈에 도키무네는 단박에 깨달아 자신을 버리고 스스로 일심으로 단련하여 몽고의 침입을 눈 하나 까딱하지 않고 단호히 격퇴했다.

수필 『병상육척』에는 다음과 같은 구절이 있다. "선(禪, 붓다가 깨달은 진리)을 깨달으면 언제든 어디서든 죽을 수 있는 것이라고 생각했지만, 잘 생각해 보니 그것은 큰 실수였다. 어디서든지 평온하게 살아가는 것이었다." 어떤 일을 맞닥뜨리더라도 태연하게 대처할 수 있는 박력을 갖는 일은 결코 쉬운 것이 아니다. 자신을 버리고 나서 비로소 그러한 길이 열리는 것이다.

무엇을 해도 좋으니, 자신에게 맞는 방법으로 마음을 집중시켜서 겁내는 습관을 불식시키면 된다.

겁이 많은 사람에게

20편

술, 담배를 끊지 못하는 사람에게

잘 사는 방법은 염불하면서 보내는 것입니다.
염불에 방해가 되는 것은 바로 버려야 합니다.

승려 호넨(法然), 『칙수어전(勅修御伝)』

불교의 오계(五戒, 불교의 근본이 되는 다섯 가지 계율) 중에는 '불음주계(不飮酒戒)'라고 해서 술을 마시면 안 된다는 규율이 있다. 동남아시아 불교도는 이것을 지금도 엄격하게 지키고 있어서, 만약 이 계율을 어기면 '포살(布薩)'이라는 날에 붓다 앞에서 참회하고 다시는 어기지 않겠다고 서약한다. 원래 열대지방에서는 무더위에 술을 마시는 사람 자체가 적다. 게다가 소량으로도 금방 취하고 숙취의 고통도 상상을 초월하기 때문에, 술은 생명을 단축하는 독이라고 간주한다. 따라서 불교뿐 아니라 이슬람교나 힌두교에서도 술은 금기시되고, 아프리카, 중동, 인도, 남아시

내 안의 미혹 제거하기

아 일대에서 알코올 소비량은 매우 미미하다.

하지만 일본은 겨울이 추워서인지, 불교 국가라고 불리면서도 불음주계는 유명무실한 것이나 다름이 없다. 승려들조차도 '반야탕(般若湯, 지혜의 물)'이라고 부르며 공공연하게 술을 마시고 있다. 물론 술에는 어느 정도 자양 성분이 있고, 사교 활동의 윤활유 역할도 하며, 기분을 좋게 하는 약이 될 수도 있기에 무조건 나쁘다고 할 수 없다. 하지만 '첫 잔은 사람이 술을 마시고, 두 잔은 술이 술을 마시고, 세 잔은 술이 사람을 마시는 것'이라서, 몸과 마음을 상하게 하고 간단한 일도 할 수 없게 만든다. 술을 어떻게 마시냐에 따라 우리가 살기도 하고 죽기도 하기 때문에 술 자체에 죄가 있는 것은 아니다. 그것을 마시는 우리에게 책임이 있는 것이다.

일본에서는 계율을 형식적으로 지키는 것보다 대승적 차원에서 '무엇을 위해 계율을 지키는가' 하는 내용에 중점을 두기 때문에, 음주의 이유 여하를 막론하고 금지하기보다는 술을 마시는 사람의 마음가짐이나 전후 맥락을 고려하는, '수범수제(隨犯隨制, 먼저 규범을 세우기보다 위반 사례의 맥락을 고려하여 규범을 만듦)'적 해석을 하고 있다. 염불의 성자라 불린 승려 호넨은 어느 날 제자로부터 "술을 마시는 것은 죄입니까?"라는 질문을 받고 "엄밀히 말하자면 마셔서는 안 되지만 이 세상의 관습이니 어쩌겠습니까"라고 답했다.

술은 인간의 정신을 흐트러뜨리기 때문에 마시지 않는 것이 제일 좋지만, 마시지 않을 수 없는 상황에서는 어쩔 도리가 없다는 것이다. 이러한 모호한 답변을 떨떠름하게 생각하는 사람도 있다. 백인지 흑인지 분명히 나누는 방식이 좋다고 생각할 수도 있지만, 승려 호넨은 이러한 세상일에 구애받기보다는 문제의 핵심을 이해하기를 원하고 있다. 즉 『칙수어전』의 문구처럼 요점은 무엇을 하든 '염불을 하면서 지내는' 것이다.

여기서 '염불'을 이해하기 쉽게 공부나 일로 바꿔서 설명하자면, 술을 마시는 쪽이 공부나 일에 도움이 된다면 마셔도 좋고, 마시지 않는 쪽이 더 낫다면 마시지 않아도 된다는 의미일 것이다. 술을 마시든 마시지 않든 그것은 어디까지나 염불의 수단이지 목적이 아니기 때문에 그것에 구애될 필요가 없다는 뜻이다.

술은 마치 칼과 같은 것이다. 그것을 어떻게 사용하는가에 따라 병자를 살리는 수술용 메스가 되기도 하고 강도의 손에 들어가 사람을 죽이는 단도가 되기도 한다. 메스도 단도도 모양이 예쁜 작은 칼에 지나지 않는다. 만약 칼을 살인 도구라고 하며 사용을 일절 금한다면 의사는 수술할 방법이 없어서 병사자만 늘어날 것이다. 칼 그 자체는 죄가 없다. 요점은 그것을 사용하는 우리들의 마음가짐이 어떠한가에 달려 있다.

술이나 칼에는 죄가 없고 그것을 사용하는 우리에게 책임이 있다면, 사용방식을 주의해야 할 것이다. 하지만 과연 우리가 언제나 자신의 행위에 책임을 질 수 있을 정도로 성숙한 인간인가? 만약 책임질 자신이 없고, 필요한 때가 아니라면 되도록 술잔이나 칼을 손에 쥐지 말아야 할 것이다.

담배도 마찬가지다. 최근에 담뱃갑에는 "건강을 위해 지나친

내 안의 미혹 제거하기

흡연을 삼가고 조심하시오"라고 표기되고 있다. 일본에서만도 매일 수억 개비의 담배가 소비되고 있다. 동남아시아 불교의 승려들도 계율에 없다고 하며 담배를 피우고 있다. 아무리 생각해 봐도 담배는 백해무익하니 피우지 않는 쪽이 좋다. 그런데도 "알고 있지만 끊을 수가 없습니다"라며 국가원수부터 걸인까지 담배를 피우고 있다. 어떻게 해서도 끊을 수 없다면 자업자득으로 그것 때문에 본인의 수명이 단축되어도 할 말이 없을 것이다. 더구나 흡연자가 비흡연자에게 얼마나 피해를 주고 있는지 생각한다면, 단순한 문제가 아니라고 생각한다.

언젠가 담배 연기를 싫어하는 사람들로부터 '혐연권(嫌煙權)'이라는 용어가 제기되어, 애연가들의 흡연 권리가 위협받고 있다. 회사나 공공장소, 가정에서도, 애연가의 횡포가 버젓이 통용되는 것을 보면, 이러한 목소리를 내는 사람들이 단결해서 애연가에 대항하는 것이 너무 늦은 것은 아닌가 생각할 때가 있다.

21편

폭음과 폭식에 빠진 사람에게

> 식사가 너무 과하면 몸이 무겁고 게으름이 생겨
>
> 현세와 미래세에 큰 이익을 잃는다.
>
> 졸아서 자신을 괴롭게 하고, 타인을 힘들게 한다.
>
> 또 괴로워서 잠을 자기 어렵다.
>
> 따라서 때에 맞추어 적당량을 먹어야 한다.
>
> 『니건자경(尼乾子經)』

1960년대에는 세계 식량 생산량이 인구증가를 따라가지 못한다는 이유로, 현재는 이상기후 등으로 식량난이 우려되고 있다. 또한 석유 및 석탄을 비롯한 연료 자원도 한계가 있어서 새로운 자원이 개발되지 않는 한 에너지 위기를 겪게 될 것은 명약관화(明若觀火, 밝은 불 보듯 빤함)하다.

그런데도 우리는 세계 각지에서 그날그날 끼니도 얻지 못하는 극빈자를 못 본 척하며 의식주를 사치스럽게 하고 있다. 몸은 폭식과 운동 부족으로 비대하고 허약해져서 스스로 사지로 몰아넣고 있지 않은가? 우리는 이쯤에서 끝을 모르는 욕망을 충족시키는 것을 멈추고, 인간다운 생활방식을 회복해야 할 것이다.

돌과 모래로 꾸민 마당으로 유명한 교토 소재의 사찰 입구에 쓰쿠바이(蹲)라고 불리는, 세숫물을 담아둔 돌 그릇이 놓여 있다. 그릇의 표면에 "오유지족(吾唯知足)"이라는 네 글자가 새겨져 있다. 문자 그대로 '나는 오직 만족을 알 뿐'이라는 것을 가르치고 있다. 우리의 욕망은 아무리 억압하고 끊어버리려고 해도 잘되지 않는다. 그냥 내버려 두면 들불과 같이 번지기 쉽다. 이런 파괴적 욕망을 방치하지 않고 잘 제어해서 건설적인 욕망으로 전환 혹은 승화시키는 것이 인간다운 생활방식일 것이다.

일찍이 사찰 도다이지(東大寺)의 관장이었던 주지 시미즈 코쇼(淸水公照)는 유럽으로 여행했을 때, 식사 중에 어느 독일인으로부터 "무(無)란 무엇입니까?"라고 질문받은 적이 있다고 한다. 사람들은 그가 갑작스럽게 받은 이런 형이상학적인 질문에 간단히 설명하는 것을 주저할지도 모르겠다고 생각했다. 코쇼는 천천히 무거운 맥주잔을 들어 올려 벌컥벌컥 다 마셔버리고 "잘 마셨습니다!"라고 일본식으로 예를 표한 후 통역사를 통해서 "배가 고프면 뭐든 맛있습니다"라고 답했다고 한다. 그때 사람들이 박수를 치며 즐거워했다고 한다.

무엇을 추가하면 영양가가 높아질까, 어떤 음식이 맛있을까 등을 분석적으로 추구해야 마땅할 것이다. 하지만 배가 고프면

폭음과 폭식에 빠진 사람에게

무엇이든 맛있다고 하는 발상도 필요할 것이다. 아무리 맛있다고 해도 너무 많이 먹으면 오히려 고통을 느끼고 배탈이 날 때도 있다.

찹쌀떡 서른 개를 먹으면 돈을 안 받는 데다가 경품까지 준다는 말을 들은 젊은이가 스무 개에서 나자빠지고 찹쌀떡을 보는 것도 싫어졌다고 한다. 나도 학생 시절에 됫술을 마시고 취해서 휘청거리다가 길 위에서 잠들어 버린 적이 있다. 다음날 깨어보니 머리가 지끈지끈하고 이틀 동안 숙취로 고생하다 '다시는 술을 안 마실 거다'라고 맹세한 적이 있다.

신체의 위험을 사전에 알아차려서 생명을 지키는 것은 다른 동물에서도 잘 볼 수 있는 행동이다. 그런데 '생각하는 갈대'라고 불리는 인간에게서 그것을 볼 수 없다면 얼마나 슬픈 일이겠는가? 이래저래 재산, 지위, 명성 등을 쫓으면서 '본래무일물(本來無一物, 본래 아무 것도 지니고 있지 않았음)'이라는 우리 인간의 특징을 잊는다면 모든 것이 무의미하다. 이제부터는 인간으로서 살아가면서 필수불가결한 것에 만족하고 그 이상을 바라지 않는 '소욕지족(少欲知足, 만족할 줄 모름)'의 정신을 모두가 지녀야 하지 않을까?

내 안의 미혹 제거하기

22편

진심으로 웃지 못하는 사람에게

> 자애로운 눈으로 중생을 본다면,
> 복의 쌓임이 바다와 같이 한량없을 것이다.
>
> 『법화경(法華經)』「보문품(普門品)」

　우리의 주변을 잘 관찰하면 '인생이 빌어먹게 재미없다'는 듯이 불쾌한 표정으로 하루하루 살아가는 사람이 있다. 그런 사람은 "집을 한 발짝 나가면 적이 일곱이나 있다"라며 눈 감으면 코 베어 가는, 방심할 수 없는 이 세상을 살아가는 동안 학교나 직장, 사회에서 진심으로 웃지 못한다.

　대개 활짝 웃음을 터뜨릴 수 있는, 믿을 수 있는 상대가 주위에 없기 때문에 그에게서 어느샌가 호쾌한 웃음이 사라져 버린다. 그나마 술로 시름을 달래거나, 라디오와 예능 프로그램, 혹은 부산스러운 희극을 통해서 웃어보려고 한다. 덧붙이자면, 웃음소리가 '아', '이', '우', '에', '오' 중 어떤 소리에서 시작하는데, 이 중 '아하하하'가 진심으로 웃는 소리라면 그 외에 '이히히히', '우후후후', '에헤헤헤' 등은 야비하고 뭔가 뼈가 있는 거짓 웃음 같다. 그런데 현대인에게서는 압도적으로 이런 웃음이 많은 것 같다.

웃음의 의미를 학술적으로 처음 분석한 사람은 프랑스 철학자 베르그송이다. 그는 "진심으로 웃는 것은 건강한 생명이 활동하고 있다는 증거"라고 말했다. 그러고 보니 우울한 사람에게서는 그런 웃음을 찾아보기 어렵다.

그들은 늘 주위 사람과 일이 잘되도록 협조하는 것에 신경을 쓰기 때문에 진심으로 즐겁게 웃지 못하고 웃는 척만 한다. 이렇게 삐걱거리는 마음은 점점 자신을 내향적으로 만든다. 사람들로부터도 진정한 자신으로부터도 등을 돌려 밀폐된 자기만의 공간에 갇혀, 비현실적인 세계를 꿈꾸게 된다. 흔히 '그냥 하루하루가 별 볼 일 없다', '무엇에도 흥미가 생기지 않는다', '무엇을 해도 실감이 나지 않는다'라고 한다. 그런 와중에 노래를 잊어버린 카나리아같이 대인기피증 같은 병마가 은밀히 올라온다.

'파안대소(破顔大笑)'라는, 근심 걱정 없는 웃음은 심신의 건강을 위해서도 좋다. 또 신진대사를 활발하게 해준다는 것도 생리학적으로 증명되었다. 다만, 혼자 느닷없이 큰 소리로 웃는 건 잘못이 아니지만 결코 자신과 타인을 쾌활하게 하는 웃음은 아닌 것 같다.

미소는 인간의 깊숙한 곳에 기인한 마음의 언어로서 웃음의 원천이기도 하다. 이 '미소'에 대해, 어느 작가는 이렇게 읊었다.

내 안의 미혹 제거하기

낟알 하나도 심지 않겠다, 미소를 지을 수 없게 된 씨앗은.

아무리 작아도 소중하게 키울 것이다, 미소의 싹은.

이 두 가지만 끊임없이 실행해 나간다면

인간이 태어나면서 가지고 있는,

언제 어디에서도 누구에게나 미소 짓는 마음은 빛날 것이다.

인생에서 가장 중요한 것 전부가, 이 단어 안에 함축되어 있다.

우리가 미소짓는 마음을 잃어버린다면 인간으로서 실격이다. 붓다의 얼굴은 언제나 아름다운 미소를 띤다. 그 미소는 늘 화가 나 있는 우리에게 평온함을 전해준다. 이러한 붓다와 마주하면, 어느덧 우리의 마음도 정화되어 온화해지니, 참으로 불가사의하다. 만약, 미소짓는 마음을 다른 이에게 전할 자신이나 용기가 없다면, 붓다의 마음을 자신의 마음으로 삼아보면 어떻겠는가.

진심으로 웃지 못하는 사람에게

제2장

인간관계의 갈등
끊어내기

23편

집에 있는 것이 즐겁지 않은 사람에게

> 서방*을 향해 예배할 때
> 부인에게 예배한다고 생각해야 한다.
> 남편은 부인에게 가사를 위탁하고
> 부인은 남편을 존중해야 한다.
>
> 『육방예경(六方禮經)』

최근 가정에서 가장은 월급 갖다주는 사람으로 전락하고 가정에서 권위가 없어졌다고 언급된다. 특히 직장인은 주중에 아침 일찍부터 밤늦게까지 일한다. 지위나 급료가 오름과 더불어, 회사 운명의 일부분을 짊어지고, 새로운 시장을 개척한다. 동료들과 경쟁하면서도 아래 직원을 챙기느라 몸도 마음도 녹초가 되

---

* 아미타불의 세계.

어 귀가한다. 하지만 기다리고 있는 것은 안락하고 단란한 가정이 아니라 가족들의 불평불만이다. 직장이나 가정에서의 스트레스를 견디지 못하고 술에 의존하다 알코올 중독이 되어버린 가장이 증가하고 있다고 한다.

상담사나 의사가 환자에게 해주는 가장 좋은 처방은 술을 싫어하게 만드는 약을 투약하거나 입원시키는 것이 아니라, 집 한편에 자신이 좋아하는 것을 할 수 있는 서재나 사무실을 만들게 하는 것이라고 한다.

우리의 주변은 어떠한가? 술집이나 유흥주점이 성행하고 있는 것은 이런 현상과 관계가 없을 리 없다.

자신의 마음을 편안하게 할 수 있는 장소를 집에서 찾을 수 없게 되면, 점점 집에서 멀어지고, 가족을 내팽개치게 된다. 가정은 배우자와 자녀만의 공간이 되고, 배우자는 자녀에게만 목매게 된다. 예컨대, 남편이 가정을 외면하여 오로지 부인만 집안을 다 챙기는 집안에서는, 서로에 대한 불신감이 싹트고, 이 경험이 무의식중에 자녀에게 영향을 끼쳐서 남자아이라면 열등감, 성적인 불능에서 비롯된 노이로제, 결핍으로 이어지고, 여자아이는 우월감, 성적인 과잉에서 비롯된 히스테리, 방만함을 유발할 수 있다고 한다. 비행 청소년이 나오기 쉬운 곳도 이런 가정이라는 점을 통계가 잘 보여주고 있다.

예전 아버지들처럼 부인과 자녀를 굴종케 하는 권위적인 존재가 되라고 말하는 것이 아니다. 일본은 전통적으로 남존여비 사회라고 불리지만, 사실 그렇지 않다. 남성은 이상주의자적 기질

　　　　　　　　　　　인간관계의 갈등 끊어내기

이 있어서 모험을 좋아한다. 여성은 그런 남성을 잘 조종하고 분발하게 해서 일하도록 해왔던 것은 역사가 증명하고 있다. 남성다운 남성이 여성을 여성답게 만들고, 여성다운 여성이 남성을 남성답게 만든다는 것은 틀림없는 듯하다.

『육방예경』에는 다음과 같이, 부부로서 마땅히 해야 할 법도가 설명되어 있다. "서쪽을 향해 예배하는 방법은 남편이 부인을 공경하는 것이다. 즉, 이것에 다섯 가지 의의가 있다. 첫째, 부인의 인격을 존중한다. 둘째, 부인을 올바르게 사랑한다. 셋째, 금전, 의복, 장신구를 준다. 넷째, 경제, 가사, 육아를 맡긴다. 다섯째, 부인의 부모를 공경한다. 부인도 남편에 대해서 다음과 같은 마음가짐을 가져야 한다. 첫째, 남편을 공경한다. 둘째, 남편을 따른다. 셋째, 남편을 봉양한다. 넷째, 남편의 일을 돕는다. 다섯째, 가정생활을 중시한다. 여섯째, 사랑하는 마음을 갖는다. 일곱째, 타인을 친절히 대한다. 여덟째, 좋은 말, 진실한 표현을 사용한다. 아홉째, 방문자를 잘 대접한다. 열 번째, 인격자를 칭찬한다. 열한 번째, 집을 청결하게 한다. 열두 번째, 영양가 있는 요리를 만든다. 열세 번째, 종교인을 공양한다." 이런 것을 실천한다면, 반드시 재화가 쌓이고 집안이 번성할 것이다. 오늘날에도 이러한 마음가짐이 부부 사이에 반드시 필요하지 않을까?

집에 있는 것이 즐겁지 않은 사람에게

24편

유세 떠는 사람에게

우둔한 까막눈처럼,

막 출가한 무지한 자들처럼,

지혜로운 자인 양 허세 부리지 않고,

그저 한결같이 염불해야 한다.

승려 호넨(法然), 『일매기청문(一枚起請文)』

"정말, 당신은 바보 멍청이야. 변변한 수입도 없으면서 허세만 부리고 있어"라고 욕을 하면, 다른 한쪽에서는 "작작 좀 해! 당신이야말로 가사도 직장 일도 제대로 못 하면서 입만 살았어"라며 싸움만 하는 부부가 있다. "부부싸움은 칼로 물 베기"라고 하는데도 버젓이 말다툼하는 본인들은 의외로 태연하고, 심지어는 일상의 스트레스를 해소하는 것처럼 보인다. 옆에서 지켜보고 있자면, 당장이라도 머리끄덩이를 붙잡고 싸우는 부산스러운

인간관계의 갈등 끊어내기

희극이 시작될 것만 같은 험악한 분위기가 풍겨서 조마조마하고 듣고 있기 힘들다. 우리 주위에도 이런 부부가 있지 않은가.

이런 사람들이 조금 더 나아가면, 소위 조울증에 걸리고 항상 자신의 울분을 해소해 줄 상대가 없다며, 흥분해서 사람들의 불편은 생각지도 않고, 그냥 들어 넘길 수 없는 말들을 내뱉는다.

이러한 사람은 상대방이 자신에게 넙죽 엎드려 "그렇군요"라며 맞장구를 쳐주면 더할 나위 없이 만족한다. 하지만 자신에게 만족스럽지 못하면 호통치듯 화를 내고, 체면 따위 신경 쓰지 않으며, 일을 망치고 울고불고한다. 일찍이 프랑스 사상가 파스칼은 "자신만큼 훌륭한 사람은 없다고 생각하는 광신적인 사람은 주위의 상식적인 사람들과 마찰을 일으키기 쉽다. 때로는 사소한 것 때문에 타인과 언쟁하고 다투며 쓸데없이 에너지를 소비한다. 이것은 신 앞에서의 겸허함을 잊은 인간의 과신이다"라고 했다. 우리도 무의식적으로 이러한 조증에 걸릴 때가 있으므로 평소에 조심해야 한다.

누구나 '내 생각대로 하고 싶다'든지 '으스대 보고 싶다'는 욕망이 있지만, 이런 기분을 자제할 수 없는 사람은 동물과 다름없다. '내가 조금 지나치지 않았나' 하고 자기를 반성하는 마음이 생기지 않는다면, 영원히 조증에서 벗어날 수 없다.

언제나 언쟁이 끊이지 않는 집의 남편이 이웃의 단란한 분위기와 사이좋은 관계를 의아스럽게 생각해서 "어째서 싸움이나 언쟁이 없습니까? 비법을 가르쳐주십시오" 하고 청했다. 그러자 옆집의 남편이 "저희 부부는 둘 다 나쁜 사람이라서 싸움이 나

유세 떠는 사람에게

지 않습니다"라고 답했다. 어느 날 이웃집 자전거가 도난당해 소
동이 벌어졌다. 이전에 이웃집 남편의 대답에 분개했던 그는 이
웃집에서 나는 소리를 엿들었다. "현관문을 닫는 것을 깜빡한 내
잘못이야." "자물쇠를 채워 놓지 않은 내 잘못이었어." "아니에
요, 자전거를 거기에 둔 제 잘못이에요." 모두 자신의 잘못을 말
하고 있었다. 그 대화를 전부 들은 그는, 처음으로 자신의 잘못을
깨닫고 다음부터 '절대로 입을 더럽히는 말을 내뱉거나 상대방
을 슬프게 만들지 않겠다'고 맹세했다.

"나쁜 일은 자기에게 두고, 좋은 일은 남에게 주어, 자신을 잊
고 타인을 이롭게 하는 것이 궁극의 자비이다"라는 말이 있다.
이러한 것을 실행할 수 없다면, 우리에게는 밝은 미래가 없지 않
을까? 이렇게 말해도 실천하기는 생각보다 어려운 일이다.

인간관계의 갈등 끊어내기

25편

핑계만 대는 사람에게

> 어떤 일은 후회하고 울고 그 과보를 받는다.
> 그 업(業)이 다시 선하게 되는 법은 없다.
>
> 『법구경(法句經)』

'하지만', '그렇지만' 등 상대방의 견해에 반대하는 말을 내뱉지 않고는 못 배기는 사람이 있다. 이러한 풍토가 흔하게 전염되어 '그렇긴 해도 말야', '그래도'를 연발하는 사람이 많아졌다. 평상시의 욕구불만이 쌓여서, 때로는 응석 부리고 싶어서, 만만한 배우자에게 불만을 쏟아내려고 하는 사람들에게 이런 경향이 있는 듯하다.

어느 부부의 대화이다.

"당신, 가끔은 좀 일찍 일어나는 게 어때?"

"그래도 밤늦게 잘 수밖에 없으니까 아침잠 가지고 뭐라고 하지 마."

"그렇지만 당신이 일찍 일어나지 않으니까 아이도 학교에 지각하잖아."

"그렇게 일찍 준비할 수가 없다니까."

"말도 안 돼. 나도 조금 도울 테니까 그렇게 해봐."

"그렇다고 그렇게 무작정 재촉하면 어떡해? 정말 못 참겠네."

이렇게 다른 사람에 대한 존중이 없는 태도를 아침마다 반복하는 가정이 의외로 많은 것 같다. '그래' 혹은 '맞아'처럼 긍정적인 말이 입에서 나오지 않는 것일까? 체면이 걸려 있다고 생각하는 걸까?

고약(膏藥)이 어디에나 붙듯이 핑계도 어디에나 붙일 수 있다. 자꾸 억지를 쓰다 보면 일이 진전되지 않는다. 중요한 것은 말하는 게 아니라 행동하는 것이다. 일의 성과보다도 자신의 의견이 관철되었는지 아닌지에 더 중점을 두고, 관철이 되지 않으면 일할 기분이 아니라고 한다. 이러한 사람은 중요한 일을 하지 않고 변명만 늘어놓기 때문에 감당이 안 된다.

한 군대 장교가 부하를 이끌고 적진 앞의 강을 건너는 연습을 했다. 그때 배가 난파되어 전복되었다. 전원이 헤엄쳐서 언덕에 겨우 올라가자마자 장교는 "뭘 멍하니 있는 건가!"라고 호통을 쳤다. 한 병사가 변명하려고 하자 되려 얻어맞았다. 장교는 "쓸데없는 말하지 마라. 첫째, 이걸 연습이라고 생각하고 있는 건가. 이건 실전이다. 실전에서 배가 침몰하면 너희들은 죽는다. 너희들은 이미 죽은 목숨이다. 죽은 자가 말하는 걸 봤나!"라고 엄하

인간관계의 갈등 끊어내기

게 꾸짖었다고 한다.

교토 토후쿠지(東福寺)의 선사 테슈(鼎州)와 관련해서도 비슷한 일화가 전해진다. 어느 날, 선사가 제자를 데리고 정원을 걷고 있는데 갑자기 바람이 불어 잎이 떨어졌다. 선사는 걸으면서 잎을 한 장 한 장 모아 소매에 넣었다. 이를 본 제자가 "스님, 그만하세요. 제가 곧 다 쓸어버리겠습니다"라고 했다. 이를 들은 선사는 크게 혼을 냈다. "어리석은 녀석아! 나중에 쓴다고 말만 해서 아름답게 되나. 한 장을 쓸면 그 한 장만큼 아름다워진다."

자신이 해야 할 것을 잘 판단하여 척척 처리하는 사람은 아무리 힘든 일이라도 결코 불평불만을 말하지 않고 묵묵히 실행한다. 그리고 사람들이 일의 성과에 대해 이러쿵저러쿵 이야기해도 핑계나 변명을 대지 않는다. 무언가 말하지 않으면 진정되지 않는다는 것은 일에 전념하지 않고 있다는 증거이다. 일 그 자체보다 자신이 인정받고 싶은 것일 뿐이다. 우리는 되도록 이런 사람이 되지 말아야 하며 이런 사람에게 익숙해져서도 안 된다.

핑계만 대는 사람에게

26편

쓸데없는 말을 많이 하는 사람에게

> 선근(善根) 쌓는 일을 게을리하면서
> 타인의 공덕에 관해 묻는 것은,
> 맹인이 젖(乳)에 대해 질문하는 것과 같다.
> 실상을 말한다고 해서 무슨 이익이 있겠는가?
>
> 승려 지반(志盤), 『불조통기(佛祖統紀)』

위 『불조통기』의 글은 중국 천태종(天台宗)의 조사 지의(智顗)가 임종할 때, 제자들을 모아놓고 마지막으로 설법한 내용 중 일부이다. 제자 중 한 명이 "선생님께서는 돌아가신 후에 어디에서 다시 태어나십니까? 저희는 누구를 스승으로 모시면 되겠습니까?"라고 질문했을 때 위와 같이 대답했다고 한다. 즉, "너희들은 자신의 선근(善根)을 쌓는 것은 게을리하면서, 왜 다른 사람의 공덕을 묻는 것이냐? 그것은 마치 맹인이 젖이 어떤 색인지 묻는 것과 같은 것이다. 그 실상을 듣는다고 해서 안다고 할 수 없다. 중요한 것은 먼저 젖을 먹고 자기 자신의 선근(善根)을 쌓는 것이다"라고 한 것이다.

한가한 사람은 대폿집이나 찻집에 앉아, "누구는 돈 좀 벌었다", "네가 한 일 전해 들었다" 같은 다른 사람에 대한 소문을 소재 삼아 이야기한다. 본인과 관련 없는 것들을 대상으로 삼아 당사자 말은 듣지도 않고 일방적으로 규정하며 일상의 스트레스를 푸는 것 같다. 이들의 잡담은 참새 소리는 비교도 되지 않을 정도로 시끄럽다. 가끔은 그러한 우물가 '쑥덕공론'도 평소에 말할 상대가 없는 주부나 노인들의 정신건강에는 필요할지도 모르겠다. 하지만 해야 할 일을 내팽개칠 정도로 잡담에 몰두하거나 하루하루를 쓸모없이 보내서는 안 될 것이다.

독일인은 이렇게 독도 약도 되지 않는 잡담을 "공회전한다"라고 표현하며 피한다. 르네상스 예술가 라파엘로도 "총명한 사람이 되고 싶다면 제대로 된 질문을 하고, 주의 깊게 듣고, 차분하게 대답하고, 하고 싶은 말이 더 없을 땐 조용히 있는 법을 배워야 한다"라고 말했다. "침묵은 금이다"라는 격언도 있다.

석가의 주변에도 쓸데없는 말을 내뱉는 사람이 많았던 것 같다. 그의 제자들이 수행 중에 이런저런 잡담을 했던 것이 불전에 기록되어 있다. 어느 날, 석가는 그런 제자들에게 "비구들이여, 그대들의 모임에서는 두 가지를 지켜야 한다. 즉 올바르게 말하는 것, 그리고 상대방을 존경하며 침묵하는 것이다"라고 했다. 다른 날에는 "말에 노여움을 싣지 말며 말을 되도록 삼가라"라고

쓸데없는 말을 많이 하는 사람에게

경계하고 있다.

일찍이 일본의 어느 문예평론가는 "저는 제가 한 말에 책임지고 죽을 수 있습니다"라고 했다. 우리는 과연 자신이 한 말에 책임지고 언제든 죽을 준비가 되어 있는가. 오히려 '입이 화를 부르는 도구'가 되어 있지 않은가. 입으로 무책임한 말을 쏟아내며 자신의 울분을 풀고 다른 사람에게는 불편을 주고 있지 않은가. 이런 언어의 홍수는 소음과 다르지 않다.

스위스 철학자 막스 피카르트도 『침묵의 세계』에서 "말은 침묵에서 시작하여 침묵으로 돌아간다. 소음은 소음에서 시작하여 소음으로 돌아간다"라고 했다. 소음은 물과 같이 끝없이 이어진다. 침묵에서 나온 진정한 말이야말로 우리의 심금을 울리며 큰 영향을 끼친다. 나 역시 그런 말을 하고 싶다.

인간관계의 갈등 끊어내기

27편

남 밑에서 일하지 못하는 사람에게

다른 사람의 부정함을 보지 말라.

다른 사람이 무엇을 하고 무엇을 하지 않는지를 보지말라.

그저 내가 무엇을 해야 하고

무엇을 하지 말아야 하는지만 생각하라.

『법구경(法句經)』

누구나 사람에게 인정받고, 인생이라는 무대에서 화려하게 주목받고 싶어 한다. 하지만 늘 앞에 나서지 않고 그늘에서 일하는 사람처럼, 남의 밑에서 일하기를 강요받으며 음지에서 생애를 마감하는 경우도 있다. 그런 때는 자신의 불우함을 탄식하기 전에, 주위에 있는 식물의 모습을 떠올려보자. 백합이나 글라디올러스는 꽃이 만개하면 영양분을 구근(球根)에 축적하기 위해서 얼른 꽃을 떨어뜨린다. 나무를 옮겨 심을 때에도 물이나 비료를 너무 많이 주면 식물이 게을러져서 뿌리를 제대로 내리지 않기 때문에 되도록 내버려 둔다.

삼나무도 이끼가 없으면 자라지 않는다. 이끼에는 직사광선이 닿지 않는 것이 좋기 때문에 삼나무 잎이 태양으로부터 이끼를 보호한다. 또한 이끼는 삼나무 잎에서 나오는 이슬을 자양으로 삼아 자라면서 삼나무에 수분을 공급한다. 삼나무와 이끼는 공존하여 함께 번영하고 있으며, 서로에게 필요한 존재이다.

우리 신체의 일부인 새끼손가락도 일상생활에서는 그 역할을 그다지 의식하지 못하지만, 없어서는 안 되는 부분이다. 예컨대, 새끼손가락이 말을 듣지 않으면, 쇠망치를 쓰기도 어렵고 야구도 제대로 하기 어렵다. 물구나무를 설 때도 새끼손가락이 없으면 균형을 못 잡고 쓰러지고 만다. 새끼손가락을 무시하고 함부로 다루어서는 안 된다. 그것을 잃고 나면 그것이 얼마나 중요했는지 알게 될 것이다. 고속철도가 시속 삼백 킬로미터 이상으로 달릴 수 있는 것도 보존공사와 같은 기초작업이 지속해서 수행되었기 때문이다. 만약 그런 작업을 하던 일손이 없어지면 고속철도도 곧바로 멈추고 말 것이다.

자연의 섭리는 참으로 오묘하다. 세상에 존재하는 만물은 각자의 본분을 알고 서로서로 알차게 돕고 의존하는 관계를 맺고 살아가고 있다. 그래서 조화를 이루는 것이다. 서로가 상대방을 찍어 누를 때까지 자기주장을 고집하고 혼자만 두드러지려고 한다면 어떻게 되겠는가? 전체를 이루는 개별 요소들이 원만하지 않고 서로 대립한다면, 세상이 하루도 제대로 돌아가지 않을 것이다. 이런 생각을 평소에 하고 있다면, 잘 드러나지 않는 존재로 떠밀려졌다고 해도 너무 전전긍긍하지 않을 것이다.

일본 정토종(淨土宗) 하와이 분원에 주재하는 포교사로 근무할 무렵, 아침부터 저녁까지 청소만 했던 적이 있다. 그 당시에는 수행자 신분이기도 했던 터라 "첫째는 청소, 둘째는 수행, 셋째는 공부"라고 되뇌었다. 청소도 제대로 못 하면 어떻게 수행이나 공부를 할 수 있겠냐고 말이다. 지상낙원이라고 불리며 관광객으로 붐비는 풍경을 엿보면서 작업복을 걸치고 잔디 깎기나 청소만 했다. '어째서 나만 이런 보잘것없는 생활을 하는 건가' 하고 하늘을 원망한 적도 있다. 나중에서야 그 덕에 신체가 건장한 대장부가 되고, 아픈 곳 하나 없이 맛있는 식사를 할 수 있었다는 사실을 알게 되었다. 당시에는 자신을 돌아볼 여유를 갖지 못하고 끊임없이 타인과의 생활을 비교하며, 나의 불우한 처지를 한탄하기만 했다.

밑바닥에서 드러나지 않게 생활하기란 쉽지 않다. 특히 혈기왕성한 청년에게는 견딜 수 없는 시련이다. 하지만 모든 위대한 사람은 한때 어둡고 긴 밑바닥에서부터 일을 했다. 그들은 하루아침에 대성하지 않았다. 겉보기에는 화려해 보여도, 거기에 이르기까지 남몰래 한 수련, 주변의 도움 같은 영양분 축적 및 공급이 있었기에 주목을 받고 좋은 실적을 낼 수 있었던 것이다. 결코 우연히 되는 법은 없다.

남 밑에서 일하지 못하는 사람에게

28편

제멋대로인 사람에게

> 상당히 많은 사람이 자신의 견해에 집착하며,
> 일부분만 보고 서로 왈가왈부하며 싸운다.
>
> 『우다나(優陀那)』「중육모상경(衆育模象經)」

　전후(戰後), 가치와 목적이 다양해지면서 여러 권위가 실추되었다. 정직한 사람은 바보 취급을 받고, 자신 이외에는 믿을 만한 사람이 없다며 서로를 신뢰하지 않는 풍조가 만연하다. 누군가 '이 세상이 원래 그래'라고 생각한다면, 그가 제멋대로 행동하는 것도 무리는 아니다. 어쩌면 그렇게 하는 편이 사려 깊게 사는 것보다 나아 보일 수도 있다.

　그런 사람은 자신의 마음에 드는 것만 받아들이고 마음에 들지 않는 것은 무조건 거부한다. 자신과 관계가 좋은 사람을 '선한 사람'이라고 칭찬하고, 관계가 좋지 않은 사람은 '악한 사람'으로 만들며 모든 가치를 자기중심으로 결정한다. 이러한 행위에 사로 잡히는 이유는 다른 사람의 생각이나 불편은 고려하지 않고 '나만 이득을 얻고, 즐겁고, 멋지고 싶다'라는 단순한 이기주의에 기반한다.

혼자 이익을 얻으면 다른 사람을 앞질러서 통쾌하겠지만, 주위 사람들의 질시나 반감을 사기 마련이다. 그래서 그것이 싸움이나 반목의 씨앗이 되어 고립되고 만다. 즐거움이 고생 없이 편한 상태이기는 하다. 하지만 '나태'라는 벌레가 몸과 마음을 좀먹어 무엇을 시켜도 해낼 수 없는 인간이 되기에 십상이다. 멋진 것도 좋지만, 그 허상이 벗겨지는 때는 반드시 온다. 어느 쪽이든 약과 같이 일시적으로 통증이 줄어들거나 쾌감을 초래하지만, 결국 자신과 타인을 함께 살리기는커녕 파멸로 이끄는 촉진제가 될 뿐이다. 그 위험을 예견하지 못하고 일시적인 쾌락에 취하면 어쩐단 말인가.

모든 것이 허락되는 것은 일견 좋아 보인다. 하지만 그것만을 향해 폭주할 위험성을 늘 내포하고 있어서, 각자에게 어지간히 강한 브레이크가 없다면 '폭주 탈선'을 피할 길이 없다. 요즘 세상에서는 사소한 폭주에 대해서 아무도 충고하려고 하지 않으며, 법에 저촉되지만 않으면 비난받지 않는다. 하지만 이러한 풍토에 편승해 제멋대로 살아온 사람은 그렇게 못하는 상황이 되면 바로 불평한다. 도스토옙스키가 『죄와 벌』에서 묘사한 대학생 라스콜니코프는 자신의 행위를 정당화하고 자신의 마음에 들지 않는 상대는 제거해 버리는 등 제멋대로인 데다가 자기 정당화만

제멋대로인 사람에게

그럴듯하게 했다. 테러리스트 같은 자들이 그런 길을 걷고 있지 않은가.

자신은 물론 타인까지 힘들게 하면서도 반성하거나 자책하는 마음이 옅어지고, 비행의 책임을 다른 사람이나 사회에 전가한 채 성찰하지 않는 자가 많다. 이런 사람은 자기 뜻대로 되지 않으면 절망하고 자포자기에 빠져버린다. 우리는 스스로 파멸로 이끄는 생활을 단절해야 한다. 해도 되는 일과 그렇지 않은 일이 무엇인지 정리해 볼 필요가 있다.

그것을 위해 먼저 사람들이 싫어하는 것이나 사회에 폐가 되는 행위는 피하고, 쾌락적인 것을 참아보자. 결단과 용기가 필요한 일이지만, 모두의 공존과 번영을 위해 불가피한 일이다.

독문학자이자 번역가 다카하시 겐지는 문단의 '하고 싶은 말을 다 하는' 풍토를 비판하며, "외부로부터의 억압에 의한, 표현의 자유를 구속하는 일을 허용해서는 안 된다. 하지만 표현의 자유라고 해도, 우리 업계에서 자율적인 절제는 필요하다"라고 했다.

모든 것이 허용되는 오늘날이야말로, 우리의 일상 언행을 스스로 제어하는 절제가 필요하다는 것이다.

우리는 지금까지 자유와 방종을 동일시하고 혼동해 온 듯하다. 그러나 이 두 가지는 엄연히 다르다. 자신감을 가지는 것과 자만하는 것도 다르다. 자립과 고립, 품위와 자기 우월감도 다르다. 어찌 된 일인지 요즘 혼동되고 있는 개인주의와 이기주의의 차이도 분명히 해야 한다. 자신이 지켜야 할 정도를 알고, 분수에 맞게 살며 부끄러움을 알아야 할 때가 온 것 같다.

인간관계의 갈등 끊어내기

29편

현실을 외면하는 사람에게

> 요즘 사람들은 '불법(佛法)은 깨닫지 않으면 쓸모가 없다'라고
> 생각하지만 그렇지 않다.
> 불법이라는 것은 그저 지금 자신의 마음을 잘 운용하는 데
> 도움을 주는 것이다.
> 승려 스즈키 쇼산(鈴木正三), 『여안교(驢鞍橋)』

어느 날, 중국의 선승 조주(趙州)가 자신의 스승 남천(南泉)에게 "도는 무엇입니까?"라고 물었다. 남천은 "평상심이 도이다"라고 대답했다. '일상생활에 불도(佛道)가 있다. 불도란 일상생활 그 이상도 그 이하도 아니다'라는 의미이다.

교토 쇼코쿠지(相國寺)에 엣케(越溪)라고 하는 고승이 있었다. 당시 외무대신의 아버지가 엣케에게 면회를 요청한 적이 있었다. 그는 "알고 계실 거라고 생각합니다만, 저는 유학(儒學)을 공부한

사람으로서 도가 무엇인지 정도는 얼추 알고 있습니다. 하지만 선(禪)불교의 도는 잘 모르기 때문에 오늘 가르침을 듣고 싶어서 왔습니다"라고 했다. 그러자 엣케는 갑자기 그의 뺨을 찰싹 때렸다. 그는 당황해서 엉겁결에 방 밖으로 도망 나왔다. 엣케는 무관심한 표정으로 원래 자리에 앉았다.

그는 너무 분한 나머지 가지고 있던 검을 뽑아 당장에라도 베어버릴 듯한 표정을 지었다. 지나가다가 그것을 본 승려가 "무슨 일이십니까"라고 묻자, 그는 바들바들 떨면서 "저 중의 무례함은 무사로서 용서할 수가 없습니다. 베어버릴 겁니다"라고 했다. 이를 들은 승려는 "저희가 잘은 모릅니다만, 나중에 사정을 알아볼 터이니 우선 진정하시고 차라도 한 잔 드시지요"라며 다실 쪽으로 안내했다. 그리고 그가 엽차를 입에 갖다 대려고 하는 순간, 승려가 찻잔을 든 그의 팔을 탁, 쳤다. 차가 쏟아져 바닥이 흥건해졌다. 그러고는 "좀 전에 당신은 도가 무엇인지 얼추 알고 있다고 했는데, 그것이 뭡니까"라고 승려가 물었다. 그는 곧바로 사서오경(四書五經)의 한 구절을 말하려고 했지만 입 밖에 나오지 않았다. 승려가 "그 도는 어떤 도입니까? 말씀해 보세요"라고 다그치자 더더욱 도가 입 밖에 나오지 않았다. 그 승려는 "정말 실례되는 말씀입니다만, 저희의 도를 보여드릴까요?"라고 말했다.

그는 분했지만 자신이 생각하는 도를 무엇이라고 대답할 수 없었다. 그는 할 수 없이 고개를 끄덕였다. 그러자 승려는 언저리에 있던 걸레로 쏟아진 차를 닦으며 "이것이 저희의 도입니다"라고 답했다. 그는 그것을 보고 엉겁결에 "과연 그렇군요"라고 수

인간관계의 갈등 끊어내기

긍하며, "예전부터 도는 가까이에 있다고 들었습니다만, 그것을 멀리서 구했습니다"라고 크게 깨달았다. 다시 엣케의 방에 들어가 가르침을 구하며 그의 제자가 되었다고 한다.

예전에는 불교를 불도(佛道)라고 했다. 불교는 지식으로만 아는 것이 아니라 석가가 걸어간 길을 따라가며 그것을 우리의 일상생활에서 실천하는 것이다. 지금 여기에서 반드시 해야 할 일에 몸과 마음을 다하여 후회 없는 인생을 보내야 한다. 그렇게 한다면 언젠가, 우리 자신이 바로 불도를 걸어가고 있을 것이다.

평범한 업무에서도 '시간은 사람을 기다려주지 않는다'. 바로 지금 자신이 해야 할 일을 하지 않고 나중에 하겠다고 생각한다면, 영원히 못 하게 된다. 대개 '일을 나중에 해야겠다'라고 생각하는 것 자체가 그 일에 흥미가 없다는 증거이다. 일단 일을 맡은 이상, 신속하고 확실하게 처리하는 것이 좋다. 할 수 없는 것은 처음부터 맡지 않겠다는 각오도 필요하다. 그렇게 현재에 최선을 다하는 것이 쌓여 실적으로 남는 것이다. 일을 그림의 떡처럼 바라보고만 있어서는 나의 성과로 남을 리가 없다.

　　　　　　　　　　　　　　현실을 외면하는 사람에게

30편
다른 사람 흉내만 내는 사람에게

> 다른 사람에게 종속되는 것은 그게 무엇이든 고통이다.
> 모든 주권은 즐거움이다.
>
> 『자설경(自說經)』

"친구가 부츠를 신고 모피코트를 샀으니 나도 사야겠다", "이웃집 아이들이 비디오게임을 가졌으니 우리 집도 그래야 한다"라며 없는 돈을 몽땅 털어 무리하면서까지 남을 따라 하고, 경쟁하려는 사람들이 있다. 그들은 그렇게 하지 않으면 위축되고 사교 활동이 불가능하다고 착각한다.

경쟁심이나 허영심 때문에 유행을 좇고 남을 따라 해야 안심하는 것은, 자신의 마음이 빈곤하다는 증거이다. 그런 열등감을 숨기고 겉으로 보이는 모습만 신경 쓰면 일생을 다른 사람을 쫓아가는 데 쓰게 된다.

인간관계의 갈등 끊어내기

일본은 섬나라이고 폐쇄적인 사회로서 오랜 세월 동안 어쩔 수 없이 공동생활을 해왔기 때문에, 주체성을 발휘하는 것을 번번이 사회질서와 조화를 교란하는 것으로 여겨왔다.

그것 때문에 이상한 상업주의적 선전이 범람하고 다른 사람을 따라 하지 않으면 불안을 느끼는 것도 사실이다. 하지만 그렇게 해서는 자신이 자신의 주인이 될 수 없다.

레스토랑이나 찻집에서 주문할 때, 대부분 서로 눈치를 보다가 주도적인 사람이 "이거랑 이게 좋을 것 같네. 너는 어때"라고 물으면, 그제야 "그럼 그렇게 하자"라고 한다. 이런 획일적 추종주의는 곳곳에서 나타난다.

단체로 호텔에 숙박하며 식사를 하는 경우에도 은밀히 천편일률적인 요리가 마련되어 있어서 자신의 좋아하는 것을 주문하는 것은 금지이다.

누군가 "이 물건이 싸고 좋다"라고 하면, 물건에 대한 평가나 자신에게 필요한지 생각해 보지도 않고 모두가 달려들어서 금세 동이 난다. 이러한 부화뇌동(附和雷同, 남의 의견에 따라 움직임)은 낮은 주체성의 정도를 보여준다. 식사의 메뉴나 쇼핑에 한정된다면 그나마 다행이겠다. 그러나 자신의 일생이 걸린 중대한 일마저 다른 사람에게 맡긴다면 정말 문제다.

부모, 형제, 친구 등 자신이 신뢰할 수 있는 사람을 신뢰하는 것은 좋지만, 지나치게 신뢰하면 의존심이 생겨 자신의 주체성을 잃게 된다. 심지어 그 사람을 잃게 되었을 때는 망연자실하게 되어 어떻게 처신해야 할지 모르는 상태가 되고 만다.

다른 사람 흉내만 내는 사람에게

석가가 만년에 바이샬리에서 병에 걸렸다가 겨우 회복했을 때에도 그러했다. 제자인 아난다가 스승을 우러러, "스승님께서 병으로 쓰러지셨을 때, 저는 전신에 힘이 빠지고 온 세상에 깜깜해져 버렸습니다. 하지만 스승님께서 뒷일에 대해 아무것도 말씀하시지 않고 돌아가실 리가 없다고 생각하자 점점 마음이 안정되었습니다"라고 했다.

그러자 석가는 "아난다여, 그대는 나에게 무엇을 기대하고 있는 것인가. 나는 늘 어떤 것도 숨기지 않고 모든 가르침을 설파해 왔다. 내가 지도자라 하면서 제자들이 나를 의지하고 있다고 생각한다면, 인생의 마지막 순간에 무슨 말이라도 남겨야겠으나, 지금까지 말해 온 것이 나의 전부다"라고 말했다. "그러니, 아난다여, 그대는 이제 자신을 등불로 삼고, 자신을 의지하고, 가르침을 등불로 삼아 가르침을 의지하여 타인을 의지하지 않고 살아가야 할 것이다"라고 말했다.

사람들에게 의존하지 말라는 것이 타인의 배려를 거절하고 고지식하게 살라는 의미가 아니다. 무슨 일이 있어도 스스로 해야 할 일에 책임을 지고 다른 사람에게 떠밀지 않겠다는 마음가짐이 중요하다.

『임제록』에도 "마음은 만 가지 거울에 따라 이동한다. 움직이는 곳은 실상 매우 오묘하다. 어디로 이끌리든 그곳에서 주인이 된다면 서 있는 모든 곳이 진실의 장소가 된다"라고 했다. 이처럼 내가 나의 주인이 된다면, 누구에게도 속박되지 않는 '독좌대웅봉(獨坐大雄峰, 대웅봉에 홀로 앉다)'의 자유로운 세계가 펼쳐지지 않을까?

31편

예의범절 가르치는 것이 어려운 사람에게

> 자신의 몸과 마음을 가르칠 수 있으면,
> 타인을 가르치는 것이 어렵지 않다.
> 남을 가르치고자 한다면 먼저 자신을 가르쳐라.
>
> 『불치신경(佛治身經)』

점점 자녀들이 "너무 버릇이 없다", "다른 사람이 말하는 것을 듣지 않는다"라고 고민을 토로하는 부모가 증가하고 있는 듯하다. 그렇게 된 원인을 사회 풍조, 학교 교육의 부조리나 미디어, 또래의 영향 등에서 찾는 경우가 많은 듯하다. 그러나 무엇보다도 가정에서 부모가 아이에게 예의범절을 제대로 가르치지 않은 것이 가장 큰 원인이다.

가정에서 받는 예의범절 교육이 아이들의 심신 발달의 출발점이다. 부모가 선생에게 "우리 아이에게 일찍 일어나라고, 똑바로 앉아서 밥을 먹으라고 혼내주세요"라고 부탁하는 경우도 있다. 그런 가정의 예의범절 교육은 효과가 없으며, 아이보다 먼저 부모 자신이 예절 교육을 제대로 받아야 한다.

　당신은 자녀에게만큼은 맛있는 것을 먹이고 좋은 옷을 입히고 좋은 학교에 보내고 행복하게 살다가, 노후에 자신을 돌봐주었으면 좋겠다고 생각하고 있는가? 만약 그렇게 생각하고 있다면, 바로 그 사고방식 안에 예절 교육이 어려운 원인이 숨어 있을지 모른다.

　어떤 부모라도 분명 자신의 아이가 가장 예쁠 것이다. 하지만 부모가 자신의 아이를 소중하게 여기면 여길수록, 다른 아이를 밀어내게 된다. '우리 아이만 행복하면 된다'는 부모의 이기적 사고방식이 아이에게도 이심전심으로 전해진다. 아이도 부모의 기질을 이어받아 '나만 좋으면 다른 사람은 어떻게 되어도 상관없다'는 생각을 가지게 된다. 그러면 아이가 커서도 자기중심으로만 세상을 생각하게 되고, 부모나 선생님이나 타인이 말하는 것을 듣지 않게 된다. 그러다 나중에는 부모를 내버려 두고 돌보지 않으며, 제멋대로인 인간으로 자라게 된다. 이래서는 타인을 배려하는 마음이 생길 수가 없다.

　아이의 모든 요구를 다 들어주고 싶은 것이 부모의 마음이다. 그러나 과보호하며 응석을 받아주는 것과 사랑하는 것은 다르다. 버럭 야단치는 것과 잘 가르치는 것도 다르다. 자기 기분대로 아이 응석을 받아주거나, 분명한 이유 없이 아이를 야단치면서도 이것이 예절 교육이라고 잘못 생각하는 부모가 많은 것 같다. 이래서는 아이가 부모의 눈치만 보며 때로는 아부만 하고 때로는 애먼 사람에게 화풀이하는, 동물만도 못한 사람으로 크고 만다.

한 평론가는 일찍이 "옛날에는 집에서 시끄럽게 아이를 가르치지 않았다. 조용한 예절 교육이 가정을 떠받치고 있었다"라고 했다. 그는 어머니가 "안돼!"라고 말씀하는 것을 들어본 적이 없다고 한다. 그저 "아이고" 한 마디로 충분했다. 옛날에는 밥상에 앉아서 밥을 먹었는데, 아이가 자세를 바로 하지 않아 무릎을 보이면, 어머니가 "아이고, 무릎께서 마중 나오셨군요"라고만 했다. 그러면 아이가 바로 자세를 고쳐 앉았다고 한다. 요즘 이렇게 말하려고 하면 아이에게 꼰대라고 비난받는다. 그래서 아이를 타이를 자신을 잃고 그냥 내버려 두는 부모가 많은 것일까?

가정에서 좋은 아버지 어머니가 되려고 하지 않고 남편과 아내로서 지위를 우선시해서, 아이 앞에서 자꾸 싸우고 자기 마음대로 하는 부모들도 있다. 아이가 혼란을 겪고, 부모를 존경할 수 없는 것이 당연하다. 부모가 솔선수범하여 모범을 보이고 '내 가정과 아이만 잘 되면 된다'는 이기적 사고방식을 버리면 분명 아이는 바르게 성장할 것이다.

예의범절 가르치는 것이 어려운 사람에게

32편

감당하기 힘든 아이를 키우는 사람에게

> 모든 사람은 불법(佛法)의 그릇이 된다.
> 절대로 그릇이 될 수 없다고 생각하지 마라.
> 불법을 따라 수행하면 반드시 깨달음을 얻을 수 있다.
> 이미 마음을 가지고 있으면
> 선과 악을 분별할 능력이 있는 것이다.
> 선사 도겐(道元), 『정법안장수문기(正法眼藏隨聞記)』

부모는 자신의 자녀가 아무리 망나니라도 귀엽다. 그런 부모의 마음도 모르는 자녀는 부모에게 있는 대로 응석을 부리면서 스스로 감당할 수 없는 상황에 빠지면 부모에게 해결해 달라고 애원한다. 부모는 부모이기 때문에 그런 한심한 자식일수록 애틋하게 생각하고 더 많은 애정을 쏟는다. 범죄를 저지른 자식이나 허약체질인 자녀를 데리고 사는 부모가 오로지 자식만 생각하는 모습을 보곤 한다. 그럴 때마다 부모와 자식 간의 깊은 정에 새삼 숙연해지고 부모의 가슴앓이가 얼마나 심할지 생각하게 된다.

하이쿠로 유명한 선승 료칸(良寬)도 조카 때문에 애를 먹은 적이 있었다. 료칸은 동해를 바라보는 이즈모자키 출신인데, 십칠 년 정도 수행을 한 후 귀향하여 쿠가미산 근처로 거처를 옮기려고 했다. 그 무렵 료칸의 조카가 본가에 함께 있었는데, 이 청년은 부부도 손을 못 쓸 정도의 탕아였다. 어쩔 줄 모르던 부부는 마침 료칸에게 "어떻게든 본가에 머물면서 아이를 돌이킬 방법을 생각해 주시게"라고 애원했다.

료칸은 본가에 와서도 조카에게 특별히 충고하지 않았다. 마루에 나와서 이를 잡는 것 말고는 하는 것도 없었다. 부부는 아무것도 하지 않는 료칸의 태도에 속을 끓였고, 료칸도 지내기가 불편하여 쿠가미산에 가기로 했다. 드디어 떠나는 날, 료칸은 조카에게 고고암까지 바래다 달라고 부탁했다. 료칸은 현관 앞에서 조카에게 "정말 미안하지만, 내 짚신 끈 좀 묶어주게" 하고 청했다. 조카는 말없이 료칸의 발 앞에 쭈그리고 앉아 짚신 끈을 묶었다. 바로 그때 무언가 따뜻한 것이 조카의 목덜미에 떨어졌다. 이게 뭔가 싶어 의아해하며 올려다보니, 그건 료칸의 눈에서 방울방울 떨어지는 눈물이었다. 조카는 깜짝 놀랐지만, 시치미를 떼고 료칸보다 앞장서서 쿠가미산에 가는 길을 서둘렀다. 가는 내내 료칸은 조카를 따라 걸어가며 "너도 쓸쓸하겠구나. 나도 네 나이 때는 쓸쓸해서 견딜 수가 없었다. 어떠냐? 노래라도 지어볼 생각 없느냐? 내가 교정해 줄 테니 지어보아라"라고 불쑥 말했다. 그

감당하기 힘든 아이를 키우는 사람에게

후로 조카는 종종 료칸이 있는 고고암에 놀러 가곤 했고, 사람이 완전히 바뀌었다고 한다.

　세상에는 번듯한 사람으로 돌아올 기회를 잡지 못하고, 일생을 타락한 생활로 끝내고 마는 사람이 있다. 제임스 딘 주연 영화 「이유없는 반항」에서 묘사된 불량 청소년들도 부모로부터 버림받고 누구에게도 신뢰받지 못하는 데에서 오는 애정결핍 때문에 스스로 파멸적 상황으로 이끌었다. 만약 그렇다면, 사랑에 굶주린 그 청년의 입장에 서서, 그 기분을 충분히 살필 수 있는 자비심을 지닌 자가 되어야 한다. 그렇지 않으면 그들을 올바른 방향으로 이끌기 어렵다. 『유마경』에는 "모든 중생이 아프기 때문에 나도 아프다"라고 하는 구절이 있다. 그렇게 자비심을 가지고 사람을 이끄는 것 말고 직접 타인을 구제할 방법은 없다.

33편

사랑하는 자식을 잃은 사람에게

진실로 인연에 의해 생긴 것은 무상(無常)하며
생멸(生滅)을 본성으로 한다.
생성된 것 또한 소멸한다.
그것에 대해 동요하지 않는 것이 안락이다.

『대반열반경(大般涅槃經)』

자신의 열과 성을 다해 키운, 마음의 기둥이자 안식처인 자식을 먼저 보내는 것은 부모로서 장이 끊어지는 것보다 더 큰 고통임이 틀림없다. 아무리 울어도 아무리 소리쳐도 다시는 웃는 얼굴로 살아 돌아오지 못하게 변한 자식의 모습에 매달려 "돌아와라! 우리 애를 돌려주세요!"라고 반쯤 미쳐서 몸도 돌보지 않고 목메어 우는 어머니의 모습을 얼마나 많이 보았는가? 이런 이별의 아픔은 자신의 아이를 잃어보지 않은 사람은 알 수 없다.

자식에 대한 부모의 사랑은 끊기 어려울 정도로 강하다. 그 사랑은 어느 시대에도 변하지 않는다. 석가가 살아 있을 때, 인도 슈라바스띠에도 끼사 고따미라는 어머니 이야기가 전해진다.

어느 날 고따미의 아이 하나가 이제 아장아장 걸음마를 막 시작했을 무렵 병에 걸려 결국 죽고 말았다. 비통에 빠진 고따미는 어떻게든 자기 아이를 살려달라고 부탁하고자 죽은 아이를 품에 안고 생명을 되살리는 약을 찾아 마을을 돌아다녔다. 하지만 누구에게 물어도 그런 약을 찾지 못했다. 그때 사정을 들은 한 현자가 다가와 "부인, 그 약에 대해 알고 있는 분을 가르쳐주겠습니다"라고 말했다. 고따미는 뛸 듯 기뻐하며 "누구입니까?"라고 묻자, "도시의 남쪽, 제따바나(祇園精舍)에 석가라고 하는 분이 계시니, 그분께 물어보세요"라고 가르쳐 주었다. 고따미는 즉시 석가가 머무는 곳으로 가서 자초지종을 설명했다. 석가는 "당신의 아이를 살릴 수 있는 약은 하얀 겨자씨입니다. 그것을 마을에 가서 얻은 다음, 아이의 입에 머금게 하면 숨이 돌아올 것입니다. 다만 그 겨자씨는 지금까지 그 누구도 죽지 않은 집안에서 받아야 합니다"라고 가르쳤다.

고따미는 마을에 가서 집집이 돌아다니며 누구도 죽지 않은 집을 찾아다녔다. 하지만 그런 집은 하나도 없었다. 결국 피로해져 다시 석가에게 돌아와 "말씀해 주신 겨자씨를 찾아보았습니다만, 어디서도 찾지 못했습니다"라고 고백했다. 석가는 "그렇습니다. 태어난 자는 반드시 죽습니다. 그 도리에 반하는 자는 이 세상에 한 사람도 없습니다"라고 설명했다. 고따미는 자신의 어

인간관계의 갈등 끊어내기

리석음을 깨닫고, 죽은 아이를 잘 보낸 후 출가했다고 한다.

　나의 친구도 자식의 죽음을 계기로 세상의 이치를 진지하게 생각해 보고 '부모가 울고 있으면 죽은 자식이 부모에게 불효를 한 것이 되어버리니, 나는 내 아이를 절대 불효자로 만들지 않을 것이다'라고 결심했다. 그리고 죽은 아이를 위해서 눈물을 흘리지 않고, 저세상에서 아이가 기뻐할 수 있도록 매일매일 열심히 살아가고 있다.

　가장 사랑하는 자식을 잃고, 누구도 평온하게 있을 수 있을 리가 없다. 문제는 그 죽음 이후에 남겨진 사람이 무엇을 배울 것이냐에 있다. 그저 울며 애통해하고 망연자실해 있기만 해서는 고인의 넋이 떠나지 못한다. 고인에 대한 진정한 예의는 죽은 사람이 저세상에서 안심하고 웃으며 편히 잠들 수 있도록, 남겨진 사람들이 열심히 사는 것이다. 그래야 비로소 '고인이 성불했다'고 말할 수 있다.

　지는 벚꽃도
　남은 벚꽃도
　모두가 벚꽃

　이런 노랫말도 전해져 내려오듯, 결국 우리 일생도 언제 끝날지 알 수 없는 덧없는 것이다. 인생이 짧기는 하지만, 우리는 앞선 사람들이 남긴 가르침이나 염원을 생애에 실천하고, 그것을 후세에 전달할 책임이 있다.

　　　　　　　　　　　　　　　사랑하는 자식을 잃은 사람에게

34편

부모 역할이 자신 없는 사람에게

선남자(善男子), 선여인(善女人)은 여래의 집에 들어가서
여래의 옷을 입고 여래의 좌석에 앉고
사부대중(四部大衆)*을 위해 이 경을 설하라.
여래의 집은 일체중생에게 있는 대자비심이며,
여래의 옷은 유화(柔和)하고 인욕(忍辱)하는 마음이며,
여래의 좌석은 일체법이 공(空)하다는 진실이다.

『법화경(法華經)』「법사품(法師品)」

러시아 소설가 투르게네프가 쓴 「참새」라는 작품이 있다. 1878년 4월 어느 날, 투르게네프는 사냥을 마치고 개와 함께 돌아오고 있었는데, 근처에 있던 자작나무의 둥지에서 작은 참새가

---

*   불교의 네 제자 비구, 비구니, 우바새, 우바니를 이른다.

날아갈 힘도 없이 날개를 퍼덕거리며 길 위에 떨어졌다. 개가 가까이 가자, 새까만 어미 새가 날아와 개의 머리에 자신의 몸을 세 번 부딪히더니 숨이 끊어졌다. 움찔한 개는 뒤로 물러설 수밖에 없었다. 투르게네프는 아기 새를 향한 어미 새의 사랑에 잠시 감동하다가 정신을 차리고 개를 불러들인 후 서둘러 그 장소를 빠져나갔다고 적고 있다.

눈을 돌려 우리 인간 세상을 돌아보면 어떠한가? 과연 이런 동물에 필적하는 헌신적인 부모가 있는가? 물론 없다고는 할 수 없지만 마음 기저에 아이들을 어릴 적에는 애완동물 대용으로 삼고, 커서는 자신의 노후를 책임져 주기를 바라고 있지는 않은가? 만약 그렇다면, 그건 진정한 부모의 마음이 아니다. 자녀 양육에 들인 시간, 에너지, 비용을 자녀에게 보상해 달라고 요구하는 치사한 '기브 앤드 테이크' 경제 활동에 지나지 않는다.

노후를 즐거이 보내고 싶은 마음에 아이를 이용하는 자가 있다면, 그런 부모는 효도를 받기는커녕 오히려 결국 자녀의 반항만 사게 된다. 부모에게는 자신의 아이를 잘 길러야 할 의무가 있다. 그러나 효도는 어디까지나 자녀의 자유의지에 맡겨야 한다.

농가 출신으로 열한 명의 형제 중 한 명으로 태어난 일본 장기 선수는 일찍이 다음과 같이 술회했다. "저의 아버지는 술을 마시고 노름을 하셨습니다. 결코 좋은 아버지가 아니었죠. 하지만, 저에게는 이 이상의 은사가 없었다고 생각합니다. 아버지께는 죄송하지만, 아버지는 나쁜 행동의 표본을 보여주셨습니다. 그래서 저는 아버지 반대로만 행동하면 되었기 때문에 이 이상 쉬운

부모 역할이 자신 없는 사람에게

일이 없었습니다." 이런 못난 아버지마저도 자식들에게 역설적인 의미로 도움을 주기도 한다. 애정은 반짝이는 별과 같다. 부모는 결코 대가를 자녀에게 바라지 않는, 여래와 같은 자비와 유화한 인욕, 어디에도 구애되지 않는 그런 마음을 가져야 한다. 그럴 때야 비로소 아이가 그러한 부모를 존경하고 효도하고 싶어지는 것이다.

형편없는 부모 밑에 있음에도 자신의 삶 속에서 무언가를 이루고자 하는 대단한 자가 있다. 하지만 훌륭한 부모를 두고서도 부모의 훌륭함을 모르고, 평생 부모에게 대들며 부모를 힘들게 하는 괘씸한 자식도 있다. 어떤 자식을 데리고 있든, 부모는 자식의 거울이다. "모든 일이 내가 받는 과업이라고 생각하고, 사람도 세상도 원망하지 말라"라는 말처럼 내 자식을 나무라서는 안 된다. 자식은 부모가 말한 대로 되지 않고 행동한 대로 된다. 그러니 자식을 낳고 키우는 이상, 「법사품」의 문장과 같이, 부모가 솔선수범하여 여래의 방에 들어가서 그의 옷을 입고 그의 자리에 앉아서 깊은 자비심을 가지고 행동하는 데 전념해야 한다.

결론적으로 자식을 부모의 마음에 들게 교육하지 말고, 부모와 자식이 진정한 자신을 깨닫고 올바른 길을 걷고 있는지 함께 고민할 필요가 있다. 그런 생활에 자신이 없는 부모는 자력으로 이것을 해내려 하지 말고 신과 붓다에게 빌며 그의 가호를 바라는 것 말고 다른 방법이 없다.

인간관계의 갈등 끊어내기

35편

돈에 휘둘리는 사람에게

> 부를 잃는 것은 적게 잃는 것이다.
> 가장 큰 손실은 지혜를 잃는 것이다.
>
> 『증지부경전(增支部經典)』

아이들에게 "너희들, 자신의 생명 다음으로 중요한 게 뭔지 아니?"라고 묻자 바로 "돈이요!"라는 대답이 돌아왔다. 어린아이의 마음에도 돈의 위력은 절대적인 것 같다. 돈만 내면 무엇이든 원하는 것을 살 수 있고, 하고 싶은 걸 할 수 있고, 생활의 불안도 해소할 수 있다. 그러니 부모도 자식도 모두 돈에 집착하는 것이 무리는 아니다.

'희망직업' 결과에서도 대다수 아이가 의사나 변호사 등 소득이 높은 직업을 원하는 것으로 드러난다.

부모는 자녀들을 초등학생 때부터 높은 수험료를 내면서 학원에 보낸다. 가혹한 입학시험을 통과하고 일류대학에 입학하는 것도 오로지 유리한 조건으로 일류회사에 들어가서 고액 연봉을 받는 직장에 종사하기 위함이다. 이는 자녀들이 다른 사람보다 일 원이라도 더 벌어서 생활을 안정시키고 풍요로운 일상을 보냈으면 하는 부모들의 마음 때문일 것이다. 부모 자신들도 저축을 꾸준히 하는데, 노후를 안정적으로 보내고 싶기 때문이다.

하지만 고도경제성장의 파도를 타고 순조롭게 출세해서 고액 연봉을 받게 되면 문제가 없지만, 요즘처럼 불황의 파도가 덮치면, 임금은 깎이고 실업이나 파산하는 사람을 보게 된다. 그런 때에는 돈의 소중함을 한층 더 느끼게 된다.

약 이십 년 전에 처음 혈혈단신으로 미국으로 유학 갔을 때, 뉴욕의 버스 정류장에서 가진 돈을 몽땅 잃어버린 적이 있었다. 많은 짐을 버스 정류장에 두고 고작 몇 분간 버스의 출발 시간을 확인하러 매표소에 간 사이에 누군가가 수표와 여권을 넣어둔 가방을 가지고 가버려서 빈털터리가 되어버렸다. 다행히 주머니에 버스표와 삼 달러 정도의 잔돈이 있었기 때문에, 아는 사람도 없는 하숙집을 찾아가 사흘간 하루에 한 끼만, 그것도 빵으로 버텼다. 결국 가지고 있는 돈을 전부 써버리고 말았다. 그래서 그간 사정을 하숙집 어르신께 말씀드렸는데 갑자기 몸에 열이 나면서 실신해 버렸다. 눈을 떠보니 병원에 누워 있었다. 그 후 꿈을 꾸듯 몽롱한 상태로 하루하루를 보내다가 열이 내린 후 처음 꺼낸 말은 "언제 퇴원합니까?"였다. 의사와 간호사가 회진 올 때는 안절부절못했고, 병이 빨리 낫지 않기를 기도했다. 빈털터리라서

인간관계의 갈등 끊어내기

입원비를 낼 수가 없었기 때문이다.

일주일이 지난 어느 아침, 간호사가 하얀 종이를 들고 나에게 다가왔다. 당시에는 일본에서 송금받는 것도 불가능했고, 수업료는커녕 생활비도 없던 나에게는 공부를 그만두고 접시라도 닦으며 연명하는 것 말고는 방법이 없었다. 그래서 마음을 다잡고 자초지종을 설명한 후 일해서 돈을 벌어 병원비를 마련할 테니 그때까지 기다려 달라고 부탁하기로 결심했다. 하지만 그 하얀 종이는 퇴원 청구서가 아니라 경찰서로부터 온 잃어버린 수표를 발견했다는 전보였다. 구사일생한 나에게 그 전보문이 너무도 소중하게 느껴졌다. 지옥에서 붓다를 보면 이런 감정일까, 생각하며 가슴을 쓸어내렸다.

옛날부터 "일 원을 우습게 여기는 자는 일 원 때문에 운다"라는 말이 있다. 앞에 말한 체험으로부터 돈의 소중함을 뼈저리게 느꼈다. 돈은 확실히 살아가기 위해서 반드시 필요하다. 돈 없이는 하루하루 의식주에 문제가 생기며 생활할 수 없어진다. 하지만 돈은 살아가기 위한 필요조건이지 절대적인 것은 아니다. 필요 이상으로 돈을 가지고 있다고 해서 그것을 과시해서도 안 된다. 자랑하면 할수록 더욱 사장될 뿐이다.

얼마간 돈, 명예, 권력을 획득하고 멋진 직업을 얻는다고 해도, 그것이 부의 축적이나 가족의 이득이 목적이라면, 아무도 대단하다고 존경하지 않으며 본인도 이래저래 눈치를 보게 된다. 결국 돈은 저세상에 가지고 갈 수 없고 오히려 재산싸움 등 뒤탈을 남기게 된다. 이런 생각으로 꼭 필요한 돈을 소중하게 사용하고 한

　　　　　　　　돈에 휘둘리는 사람에게

편으로는 스스로 절제하며 지금까지 살아왔다.

『상응부경전』에는 "설산을 바꿔 황금으로 만들고 그것을 세 배로 불려도 한 인간의 욕망을 다 채울 수 없다. 그러니 사람들이여, 올바르게 불도(佛道)를 닦아라"라고 서술하고 있다. 그와 같이 돈은 인간이 생활하기 위해 불가결한 것이지만, 그것만으로 잘살 수 없다. 우리는 돈을 위해 사는 것이 아니라 살기 위해 돈을 쓰는 것이다. 따라서 사람다운 삶을 살기 위해서는 돈의 노예가 아니라, 그것을 효과적으로 사용하는 주인공이 되어야 한다. 그렇지 않다면 무엇을 위해서 이 세상을 사는지 이해할 수 없다.

36편

애욕의 노예가 된 사람에게

> 석가께서 말씀하시길,
> 사람이 애욕을 마음에 품어서 도를 못 보게 되는 것은,
> 비유하자면, 여러 가지 색깔의 탁한 물을 넣고 휘저어 버리면,
> 사람들이 모두 물 앞에 서도,
> 자신의 그림자를 볼 수 없게 되는 것과 같다.
>
> 『사십이장경(四十二章經)』

경찰이 된 스물네 살 청년이 제복을 입고 여대생의 아파트에 들어가서 폭행살인죄를 범한, 전대미문의 사건을 생생하게 기억한다. 그는 반년 전부터 기회를 엿보았고 범행 중에는 자신이 경찰이라는 자각이 전혀 없었다고 진술했다. 그 정도의 인간은 정욕에 휩싸이면 눈에 보이는 것이 없어 본능이 시키는 대로 상대를 죽이면서까지 자신의 욕구를 충족시키려고 한다. 가해자

가 경찰이라고 하는, 세상 사람들이 신뢰하는 직업을 가진 사람이었기 때문에 충격은 더 컸다. 그러나 경찰이라고 해도 악마가 씌면 무슨 일이든 하는 것이 인간이다. 별것도 아닌 일로 일생을 망치는 젊은이가 얼마나 많은가. 담배 살 돈이 없다고 절도를 하고, 우발적으로 살인을 저지르는 등 어처구니가 없는 범죄가 계속 발생하고 있다. 그만큼 세상에 선과 악을 구분하지 못하고 인내심이 모자란 사람이 늘어나고 있다. 경찰마저도 그러하니 '브루투스, 너마저'라는 생각을 지울 수 없다.

욕망을 다스리기 어렵다는 것은 오늘날 처음 제기된 문제가 아니다. 오래전부터 불경에도 반복적으로 이 문제를 다루고 있다. 석가의 가르침에서 중점을 두고 있는 것은 고통의 원인이 되는 욕망을 어떻게 처리하느냐 하는 점이었다. 비교적 석가의 직접적 언설을 후세에 전달하고 있다고 여겨지는 『경집』이나 『법구경』에 따르면, 그 욕망의 근원을 애집(愛執) 혹은 갈애(渴愛)라고 불렀다. "욕정에서 걱정이 생기고, 욕정에서 후회가 생긴다. 욕정을 벗어나면 걱정이 없으니 어떻게 후회가 있겠는가?" 묻고, "독으로 가득 찬 격렬한 애욕에 굴복당한 사람은 저 우거진 풀과 같이 걱정이 점점 자라게 된다"라고 서술하고 있다. 석가는 미혹의 근원인 욕정의 실체에 대해 진지하게 성찰하고 매일매일 그 욕정을 제거함으로써 열반에 도달하였다.

『범망경』에는 "마음이라는 말(馬)은 악도(惡道)로 제멋대로 달려서 제지하기가 어렵다"라고 하였다. 중국 승려 도작(道綽)이 저술한 『안락집』에는 "사람들의 마음은 야생말과 같고, 원숭이보

인간관계의 갈등 끊어내기

다 요란하게 감각 대상에 내달리며, 무슨 일이 있어도 멈추지 않는다"라고 했으니, 그 실정을 제대로 이야기하고 있다.

『육십화엄경』에 "보리심(菩提心, 깨달은 마음)을 내면 욕망의 불길에 타지 않는다"라고 설한다. 욕정이 솟아오를 때는 그것을 상대하지 않는 편이 좋다. 섣불리 상대해 주면 기세가 올라가기 때문에 모른 척하고, 다른 방향으로 욕망이 승화되도록 해야 한다.

애욕의 노예가 된 사람에게

37편

실연당한 사람에게

> 거울을 닦고 먼지를 제거하여 깨끗하게 만들면
> 자기 모습을 제대로 볼 수 있다.
> 욕심을 끊고 공(空)을 지키면,
> 곧 도의 진면목을 보고 숙명을 알게 된다.
>
> 『사십이장경(四十二章經)』

첫사랑은 씁쓸하다고 한다. 실연의 아픔은 씁쓸하다고 해야 할까 아니면 뜨거운 물을 끼얹은 것 같다고 해야 할까. 후회와 괴로움이 동시에 밀려드는 그 기분은 직접 체험해 보지 않으면 이해할 수 없다.

지금까지 사랑했던 상대방이 상처를 주고 또 이별의 아픔을 준다는 것은 가슴 아픈 일이다. 하지만 연애하는 사람은 언젠가는 이런 순간을 맞이하지 않을 수 없는 운명에 있다. 이별하는 것

인간관계의 갈등 끊어내기

이 싫다면, 처음부터 연애 같은 건 하지 않는 것이 좋다. 시작하지 않으면 실연당할 일도 없기 때문이다. 그런 걸 알고 있어도 사랑하지 않을 수 없는 것이 인간이다.

인생 모든 것이 생각대로 되지는 않는다. 태어나는 것도, 늙는 것도, 병드는 것도, 죽는 것도, 어느 하나도 고통을 동반하지 않는 것이 없다. 이것이 끝이 아니다. 애별리고(愛別離苦), 사랑하는 사람과 이별해야만 하는 고통. 원증회고(怨憎會苦), 싫어하는 사람을 만나야만 하는 고통. 구부득고(求不得苦), 원하는 것을 갖지 못하는 고통. 오온성고(五蘊盛苦), 너무 많이 가지는 고통. 이 네 가지 고통도 평생 우리를 따라다닌다. 불교에서는 이런 고통을 '사고팔고(四苦八苦, 네 가지 고통과 여덟 가지 고통)'라고 한다. 그 근원을 더듬어보면, 모두 자신의 욕망을 충족시키고픈 이기심에서 비롯된다는 것을 알 수 있다.

특히 연애할 때 사랑하는 상대방을 독점하고 싶다는 생각이 가득 차게 된다. 때로는 상대방의 기분을 무시하고 상처를 주기도 한다. 또는 앞뒤 가리지 않고 자기 자신을 희생해 가면서까지 상대방을 우상화하여 자신의 몸과 마음을 다 바치기도 한다. 이렇게 자기확대나 자기희생 중 극단으로 치닫는 과정에서, 연인들은 어느새 서로 어긋나 좌절하면서 싸우게 된다.

확실히 연애는 우리 인생을 다채롭게 하고 정화해 준다. 하지만 관계가 변하기 쉽고 그것이 우리를 배신할 수 있다는 점도 각오해야 한다. 모리아크의 『테레즈 데케루』나 앙드레 지드의 『좁은 문』처럼 동서고금의 여러 연애소설을 읽어보면 연애의 최후가 비극적으로 끝나기도 한다.

　연애하며 상대방에게 빠지는 것은 사랑과 비슷한 감정이기는 하다. 하지만 상대방을 진정으로 사랑하는 것과는 근본적으로 다르다. 그 차이를 모른 채 상대방에게 홀리는 것과 사랑하는 것을 혼동하는 사람이 많다. 도스토옙스키의 『카라마조프 가의 형제』에서 미챠 드미트리 카라마조프가 애정과 질시와 증오의 불길에 휩싸인 마음을 품고서 동생 알료샤를 향해 "홀려 있는 것과 사랑하는 것은 같은 것이 아니야. 홀려 있는 것은 상대방을 증오하면서도 할 수 있는 것이기 때문이지. 잘 기억해 둬!"라고 소리친다. 사람은 상대방에게 빠지기는 해도 진정으로 사랑하는지는 잘 모른다. "가슴이 쥐어뜯기는 것 같은 실연을 당했다"라고 소리치는 사람이 있지만, 사랑의 상실인지 자기 연민인지 알 수 없는 상황이 많다.

　생텍쥐페리의 『사람들의 땅』에서 "정말로 사랑하는 것은 서로를 응시하는 것이 아니라 함께 같은 방향을 보는 것"이라고 했던 것처럼, 진정한 사랑은 공동의 목적이나 가치를 향해 함께 노력하는 상호보완적 관계이다. 이를 위해서는 관계에 뛰어들어 모든 것을 쏟는 용기가 필요하다.

38편

부부 사이가 좋지 않은 사람에게

> 믿음을 잘 지키면,
> 가정이 평화롭고 복이 자연히 찾아온다.
> 신이 그것을 내려주심이 틀림없다.
>
> 『아난분별경(阿難分別經)』

신혼 초기의 풋풋함은 어디론가 가버리고, 어느 정도 세월이 지나고 나면 서로의 결점이 보이기 시작한다. 사소한 것이 원인이 되어 말다툼이 벌어지고, 결국 별거하거나 이혼하는 부부가 많다. 나도 가끔 이런 싸움의 중재를 부탁받기도 한다. "부부 싸움에는 함부로 끼어들지 말라"라는 이야기가 있듯이, 그들의 이야기를 진지하게 듣고 있다 보면 몸이 너무 괴로워진다.

석가가 살던 시대도 아마 이런 부부 싸움이 끊이지 않았던 것 같다. 『육방예경』에서 "남편은 아내에 대해 존경과 예의와 정조를 가지고 대하고, 가정을 맡기고 가끔은 장신구를 선물하라"라고 하고, "부인은 가정을 잘 정돈하고 사람과 적절히 관계 맺고 정조를 지키고, 재물을 낭비하지 않으며 가정을 잘 번성시키라"라고 권장하고 있다.

아나타삔디까의 장남에게 시집간 수자따라는 악처가 있었다. 그 집안은 언제나 사고가 끊이지 않았다. 어느 날 석가가 그녀를 불러 다음과 같이 이야기했다고 『옥야경』에 기록되어 있다.

"수자따여, 세상에는 일곱 종류의 부인이 있습니다. 첫째는 살인자 같은 부인으로서, 오염된 마음을 가지고 남편에 대한 존경과 애정이 없으며 끝내는 다른 남자와 바람을 피우는 부인입니다. 둘째는 도둑 같은 부인으로서, 남편의 직업을 이해하지 못하고, 자신의 허영만 쫓고, 식욕만 채우며 남편의 수입을 낭비하고 남편의 것을 훔치는 부인입니다. 셋째는, 주인 같은 부인으로서, 가사를 살피지 않고 자신은 게으르게 식욕만 채우고 늘 뻔뻔한 말로 남편을 들들 볶는 부인입니다. 넷째는, 엄마와 같은 부인으로서, 남편에게 깊은 애정을 품고, 어미가 자식을 대하듯이 남편을 지키는 부인입니다. 다섯째는, 누이와 같은 부인으로서, 남편을 형제자매를 대하는 것 같은 애정과 부끄러움을 가지고 섬기는 부인입니다. 여섯째는, 친구와 같은 부인으로서, 늘 남편을 보고 즐거워하는 것이 정말 오랜만에 만나는 친구를 대하는 것과 같고, 정숙하면서도 올바르게 남편을 공경하는 부인입니다. 일곱째는, 성실한 부인으로서, 남편을 잘 섬기고 공경하며, 남편이 하는 일을 잘 따르고 원한을 품지 않으며, 늘 남편을 소중하게 생각하려고 노력하는 부인입니다. 그런데 수자따여, 당신은 이 중에 어떤 부류의 부인이 되려고 하십니까?"라고 물었다. 그녀는 스스로 매우 부끄럽게 여기고 그 후로는 정숙한 부인이 되었다고 한다.

오늘날의 부인들은 이런 이야기를 시대에 맞지 않는 소리라고 일축할지도 모르겠다. 하지만 현대에도 이해하기 어려운 이야기는 아니라고 생각한다.

잘 생각해 보면, 부부라는 것은 가정을 유지하고 발전시키기 위해 불가결한 단위이다. 이런저런 목적을 함께 추구하고 지켜나가는 위대한 일을 분담하는 운명공동체이다. 가장은 바깥에서 돈을 벌고 그것을 가지고 가정을 부양하는 것을 목표로 열심히 일하고, 가정주부는 가정에서 가사를 정돈하고 가장과 아이들을 보살피면서 가정을 지켜야 한다. 이 중 누구 하나 빠져도 가정이 잘 돌아가지 않는다. 그 역할들의 위대함을 이해하지 못하고, 두 사람이 함께 서로의 일을 돕지 않으며, 서로가 같은 일만 하려고 경쟁한다면, 언젠가는 부부관계나 가정이 파탄 날 것이 뻔하다.

『아난분별경』에서 말한 "믿음을 잘 지키는 것"은 부부 각자가 분담한 역할을 인정하고 이행하는 것이다. 만약 부부 사이가 안 좋다면, 다시 한 번 자신을 둘러보고 허심탄회하게 그 원인이 어디에 있는지 진지하게 반성해 볼 필요가 있다.

39편

질투심이 강한 사람에게

> 만약 어떤 사람이 삿된 마음이 없는 자를 해치고,
> 티 없이 맑은 마음을 가진 자를 더럽힌다면,
> 그 악은 그 사람에게로 돌아온다.
>
> 『법구경(法句經)』

　옛말 중에 "이웃과 사이가 좋았는데 요즘은 소원해졌다. 그들이 부자가 되어서"라는 표현이 있다. 다른 사람 집의 곳간이 차면 나의 배가 아프다고 할 정도로 우리는 다른 사람의 성공을 엿보며 시샘하고 질투한다. 프랑스 사상가 루소도 그의 저서 『에밀』에서 "인간은 자신이 행복한 것만으로 충분하지 않다. 다른 사람이 불행해야 한다"라고 서술하고 있다. 시샘하고 질투하는 것만이 아니라 때로는 다른 사람의 행복을 무너뜨리는 것을 즐거움으로 삼는 일도 있다.

보통 질투심을 여성 특유의 것이라고 생각하지만 그렇지 않다. 질투심은 누구나 가지고 있는 욕망이다. 누구나 자신의 욕구를 충족시키려는 마음이 있다. 우리는 무언가를 성취하고자 할 때, 상대와 자신을 비교하고 스스로 부족하다고 생각하며 상대방을 앞지르고자 한다. 경쟁심과 승부사 기질이 자라는 것이다. 만약 우리에게 이렇게 상대보다 더 나아지려는 생각이 없었다면 진보하거나 성장하는 것이 불가능했을 것이다.

동일선상에 있는 사람들이나 기업은 절차탁마(切磋琢磨, 끊임없이 학문과 덕행을 갈고닦음)하여 함께 진보하고 성장한다. 자동차 레이서나 경마 기수도 서로의 실력이 막상막하일 때는 상대방보다 한 발짝 먼저 가려는 승부사 기질이 샘 솟는다. 만약 상대가 낙오하면 그런 승부사 기질도 샘솟지 않는다. 그러므로 자유로운 경쟁심은 문명사회의 발전에 빠질 수 없는 요소라고 할 수 있다.

하지만 경쟁심이 잘못된 방향으로 흐르면 큰 폐해를 불러일으킨다. 예를 들어, 사이가 좋은 학급 친구와 같은 학교를 지원할 때 경쟁심을 느껴 실력의 측면에서 따라잡으려고 노력하는 것까지는 좋지만, 상대방을 비열한 수단으로 쓰러뜨리려고 하면 문제가 된다.

언젠가 한 고등학교에서 친구를 칼로 찔러 죽이는 사건이 발생했다. 내가 살던 동네의 고등학교에서도 수험생이 성적을 비관하여 자살했을 때 학급 친구 중에는 슬퍼하기는커녕 "라이벌이 하나 사라졌다"라며 좋아하는 학생이 있었다고 한다. 상대방을 낙오시키면서까지 자신만을 부각하려고 할 때 경쟁심이 어느새

질투심이 강한 사람에게

질투심으로 변질한다.

다른 사람에 대한 애정이 없는 질투심의 예로, 『비유경』에 어느 부부 이야기가 실려 있다. 어느 날 남편이 부인에게 "항아리에서 술을 가지고 오시오"라고 했다. 부인이 즉시 술 항아리 뚜껑을 들어 올리자 그곳에 아름다운 여인의 모습이 보였다. 부인은 질투심을 이기지 못하고 "당신은 아름다운 여인을 숨기고 있었군요"라고 따졌다. 그러자 남편은 "아니 그런 것 없소"라고 하며 술독을 들여다보았다. 이번엔 거기에 남자의 모습이 보였다. "당신이야말로 남자를 숨기고 있었군요"라며 서로 붙잡고 치고받는 싸움이 되어버렸다. 이 소란을 듣고 때마침 지나가던 현자가 싸움의 원인을 듣더니 "그러면 제가 그 남녀를 꺼내보겠습니다"라고 말하며 그 술독을 보고 깨부수어 버렸다. 그리고 현자는 "술독에 떠오른 남녀는 실체가 없는 영상입니다. 어리석은 사람은 공(空)한 영상을 실체라고 믿습니다. 잘못된 것을 믿는 것이지요. 어서 빨리 미혹의 꿈에서 깨어나지 않으면 안 됩니다"라고 설했다고 한다.

이처럼 질투심은 실체가 없는 것을 실체가 있는 것처럼 보는데에서 생기는 미혹이다. 또한 특정 상대에 대한 경쟁심이나 질투심이 샘솟을 때는 왜 그런 마음에 사로잡히는지 냉정하게 성찰해야 한다. 그리고 함께 성장할 수 있는 길을 찾아야 할 것이다.

인간관계의 갈등 끊어내기

40편

고부간 갈등으로 괴로워하는 사람에게

> 부용, 향나무 등 꽃향기는 포근하게 사람을 감싼다.
> 향기는 바람을 거스르지 않는다.
> 선한 사람, 덕이 있는 사람의 좋은 향기를
> 막을 수 있는 바람은 없다.
> 그리고 어느 낯선 곳이라도 그 향기를 풍긴다.
>
> 『법구경(法句經)』

며느리와 시어머니의 관계는 시대를 막론하고 쉽지 않은 것 같다. 여성의 인권이 회복되면서 시어머니가 며느리를 괴롭히던 관행이 사라지고 있지만 여전히 문제가 발생한다.

부모는 자식이 은혜 갚기만을 기다리지 않는다. 하지만 부모가 지금까지 희생하며 잘 키워준 은혜를 깨달아 나이든 부모를 효도하고 봉양하기 위해 노력해야 할 것이다. 『부모은중경』에 "불쌍한 부모, 나를 낳고 고생하셨다. 그 은혜에 보답하고자 하지만 하늘과 같아 보답하기 어렵다"라고 했다. 대부분 성인이 된 자녀들은 배우자를 들이자마자 부모와 멀어지기 마련이다.

노년의 적적함은 글로 표현하기 어렵다. 그래서 『부모은중경』에는 "부모는 나이가 들면 늙고 기력이 쇠약해져, 의지할 것은 오직 자식뿐이고 믿을 것은 그저 며느리뿐이다. 그러니 아침저녁으로 문안 인사드리며 위로해 드려라. 아버지가 어머니를 먼저 보내거나 어머니가 아버지를 먼저 보내면, 홀로 빈방을 지키는 것이 여행객이 홀로 자는 것과 같다. 늘 주고받는 사랑과 은혜가 부족하고 담소의 즐거움도 없다. 저녁 이부자리는 차갑고 몸은 편하지 않으며 날이 밝을 때까지 잠은 오지 않고 적절할 때도 있다. 아버지 어깨를, 어머니 허리를 주무르며 인사를 드려라. 부모는 그 건네는 말에 기뻐서 눈물을 흘린다"라는 글도 있다. 부모를 챙겨야 하는 이유를 구구절절 말하고 있는 것이다.

하지만 강한 며느리가 주부의 자리를 점하면 남편과 시어머니를 제대로 모시기는커녕 업신여기면서도 태연히 지낸다. 그러면 마음 약한 남편은 자신의 한심함을 홀로 탄식하기만 한다. 『부모은중경』에는 그런 상황을 "장성하면 목소리 높여 싸우고 화를 내며 아버지의 말을 듣지 않고 어머니의 말에 분노를 품는다. 배우자를 맞아들이면 은혜를 모르는 사람처럼 부모에 등을 돌린다. 원한이 있는 사람처럼 형제를 증오하고 혐오하면서 처가 식구들을 위해서는 잔치를 열어 대접한다. 아, 중생이 올바로 생각하지 않아서 친한 사람을 소원히 대하고 소원한 사람을 더 가까이 여긴다"라고 개탄하고 있다. 모든 가정이 이런 것은 아니겠지만, 세상 곳곳에 이런 집안이 있는 것이 사실이다.

이런 고부 불화에 괴로워하는 사람들이 참고할 만한 일화가 중국의 불전『종용록』에 나온다.

어느 날, 선승 수산(首山)의 처소에 한 승려가 찾아와 "붓다란 무엇입니까?"라고 물었다. 수산은 웃으며 "신부가 나귀를 타면 아가(阿家)가 끈다"라고 답했다. 아가는 시어머니이다. 붓다는 다름 아니라, 꽃다운 새신부가 나귀를 타면 시어머니가 그 나귀의 고삐를 잡아끄는 것과 같은 것이라고 설명한다. 화창하고 한가로운 봄날처럼, 시어머니가 며느리를 말에 태우고 말의 고삐를 잡고 있는 모양은 정말로 한 폭의 그림같이 아름답다. 이 정도로 넓은 도량을 갖춘 사람이 붓다라는 것을 말하고 있다.

범부에게는 좀처럼 이러한 경지에 이르기 어려울 수도 있다. 하지만 세상의 며느리와 시어머니가 꼭 이것을 본받았으면 좋겠다.

고부간 갈등으로 괴로워하는 사람에게

41편

노인을 잘 돌보지 못하는 사람에게

> 부모를 봉양하는 것은 백 가지 행동의 근본이다.
> 부모가 살아 계실 적에는
> 봉양을 우선으로 삼고 부모를 모시는 데 힘써야 한다.
> 부모가 돌아가신 후에도 제사를 근본으로 삼아
> 보은의 의무를 다해야 한다.
>
> 『대방편불보은경(大方便佛報恩經)』

　　예전에 노인은 지식과 체험을 지닌 선각자였다. 지위나 재산도 있었으며, 모든 면에서 후배들을 지도하는 위치에 있었다. 하지만 최근에는 생활양식이 급변하여 사회의 진보발전을 좇아가지 못하는 노인이 많다. 그들은 옛날 생활방식을 고집하고 젊은 사람을 강압적으로 대하다가 반발을 산다. 무시당하거나 골치 아픈 사람으로 취급받는 경향도 있다.

고도성장의 물결을 타고 생활 수준이 높아지고 있다. 노인복지도 유럽이나 미국 수준에 근접해졌다고 한다. 평균수명도 연장되고 점점 노인의 사망률도 낮아져서 고령화 사회로 나아가고 있다. 한편으로는 핵가족화도 진행되어, 젊은 사람은 독립하고 노인들은 사회의 한편으로 밀려나 자기들만의 가정을 꾸리고 산다. 이런 왜곡 속에서 노인은 경제적으로 불안한 경우가 적지 않고 정신적으로 무미건조한 생활을 강요받고 있다.

일본에는 예부터 전해오는 '우바스테야마(姥捨山)'라는 고사(故事)가 있다. 일할 힘을 잃은 어머니를 등에 지고 산에 버리러 가던 자식이 길을 가던 중에 등 뒤에서 툭툭하고 나뭇가지를 꺾는 소리를 들었다. 자식은 '틀림없이 버려지고 난 후 스스로 내려오기 위해 몰래 나뭇가지로 표시해 두는 걸 거야'라고 생각했다. 그런 생각을 하면서도 목적지에 도착해서 노모를 땅에 내려주었다. "이제 이별입니다"라고 말하니, 노모는 "네가 길을 잃지 않도록 나뭇가지를 꺾어 표시해 두었다. 그러니 그것을 보며 내려가거라"라고 했다. 자신을 버린 아들의 무정함을 원망하지 않고 그 자식을 위해서 이정표를 만드는 무한한 자비심에 정신을 차렸다. 아들은 불효의 죄에 대해 용서를 구하고 다시 노모를 등에 업어 집에 돌아와 효도하며 지냈다고 한다.

일본의 대문호 요시카와 에이지는 스무 살 무렵 부모를 여의고, 실업자인 데다가 어린 동생을 데리고 있어야 했다. 당장 다음 날 생활도 보장할 수 없어서 신문광고를 보고 취직시험을 보러 갔다. 그러나 면접관의 "종교가 무엇인가요?"라는 질문에 "없습

노인을 잘 돌보지 못하는 사람에게

니다"라고 답해 면접에서 탈락했다.

그래서 그는 집으로 돌아와 "신도 붓다도 없지만, 나의 마음속에는 어머니가 계신다. 어머니가 마음속에 계신다면 나쁜 마음을 먹을 수 없다. 살아계실 적에 고생만 시켜드리고 뭐 하나 즐겁게 해드린 적 없었지만, 항상 자애롭게 나를 키워주신 어머니를 슬프게 할 일은 절대로 하지 않겠다고 맹세했다. 어머니가 조금이라도 기뻐하실 만한 일이라면 무슨 일이라도 하겠다고 생각하며 하루하루를 보낸다"라고 썼다.

예전에 어느 시인도 "장난삼아 어머니를 업어보니 너무나 가벼워서 눈물이 났다. 세 걸음도 걷지 못했다"라고 읊었다. 이러한 기분이야말로 자식이 부모를 생각하는 감정의 자연스러운 발로일 것이다.

효심이 결핍된 사람은 자신이 노인이 되었을 때를 상상해 보길 바란다. 성인이 된 자식으로부터 버림받고 누구에게도 의지할 수 없고 같이 울어줄 사람도 없이 혼자서 쓸쓸하게 생을 보내는 고독한 노인이 눈에 선하지 않은가.

42편

가장 사랑하는 사람을 잃은 사람에게

> 태어나서 살아가는 존재는 모두 죽는 법이다.
> 세상에 비할 자 없는 스승이자
> 위대한 여래인 정각자(正覺子)*도 돌아가셨다.
>
> 『대반열반경(大般涅槃經)』

　죽음은 원하든 원하지 않든 갑자기 찾아온다. 과거 선사 잇큐(一休)도 "태어난 것은 죽는 법이다. 석가도 달마도 고양이도 주걱도 모두"라고 말했을 만큼 유명한 사람도, 그렇지 않은 사람도, 죽음은 평등하게 한 번씩 찾아온다. 하지만 짧은 시에 "언제까지나, 살고 있다고 생각하는, 얼굴뿐"이라는 구절도 있다. 죽음을 잊고 있어도 모두 죽는다는 것은 변하지 않는다. 언제까지나

---

*　올바른 깨달음을 성취한 자.

가장 사랑하는 사람과 함께 살 수 있다고 안일하게 생각해도, 평범한 범부에게 돌연 죽음이 찾아온다. 그때가 되면 어찌할 바를 몰라 허둥댄다.

석가의 감화를 받은 제자들도 예외는 아니었다. 스승인 석가가 여든두 세의 고령이 되었을 때 일이다. 바이샬리로 탁발하러 간 석가는 언덕에 올라 곁에 있는 제자 아난다에게 "이 마을을 보는 것도 이번이 마지막일지 모른다"라고 공표했다. 그런 일은 없을 거라고 생각하며 제자들은 석가를 따라 파바마을의 망고나무가 무성한 정원으로 들어갔다. 그곳에서 춘다라는 대장장이가 공양한 음식을 먹은 석가는 체하여 병을 얻게 됐다. 병든 몸을 이끌고 제자들과 함께 쿠시나가라에 당도한 석가는 마침내 "아난다여, 피곤하다. 눕고 싶구나. 저 사라수 아래에 침상을 만들어줬으면 한다"라고 말하고 머리를 북쪽으로 향해 옆으로 누웠다.

아난다는 여기에서 처음으로 스승의 죽음이 가까워져 온 것을 깨닫고, 몰래 자리를 빠져나와서 "아, 나는 스승께 배워야 하는 것이 아직도 많이 남았는데… 나를 버리고 가시는 건가"라며 혼자서 하염없이 울고 있었다. 석가는 아난다가 옆에 없는 것을 알아차리고 울어서 눈이 퉁퉁 부은 아난다를 병상 옆으로 불렀다.

"아난다여, 슬퍼하지 말라. 울어서는 안 된다. 나는 항상 가르치지 않았는가. 아난다여, 네가 오랜 기간 내 곁에 있어주어 고마웠다. 진심으로 감사한다. 앞으로 더욱더 정진하여 소기의 목적을 달성하도록 하라. 아난다여, 또 너희들 중에는 다음과 같이 생각하는 자가 있을지도 모르겠다. '우리 스승의 말씀은 끝났다. 우

    인간관계의 갈등 끊어내기

리 스승은 더는 없다'라고 말이다. 하지만 아난다여, 나의 육체를 보는 자가 나를 보는 자가 아니다. 나의 가르침을 이해한 자가 나를 보는 자이다. 내가 없어진 후에는 내가 설했던 가르침과 계율이 너희의 스승이다. 이것을 잘 지키고 스승으로 삼아라.”

『천태대사화찬』에 따르면, 제자들이 엄숙한 침묵을 지키는 동안 석가는 또한 다음과 같이 말했다. “그럼, 제자들아, 나는 너희들에게 고하고 싶다. 이 세상의 것은 무상하다. 게으르지 않게 정진해야 한다. 이것이 내 최후의 말이다”라고 하고는 조용히 눈을 감았다. 옆에 우두커니 서 있는 제자들은 애석한 마음을 금치 못하고, 어떤 자는 통곡하고 어떤 자는 오열했을 것이다. “그때 구름과 바람이 떠들썩했고, 초목이 고개를 숙이고 눈물을 흘리는” 광경이었다고 한다.

분명 지금까지 함께 살고 어떤 방식으로든 도움을 받은 사람을 먼저 떠나보내는 것은 몸을 베이는 것보다 더 고통스러운 일이다. 가능하다면 하루라도 더 오래 살기를 바라는 것이 사람의 마음이다. 하지만 무상한 세상은 그런 인간의 마음을 비정하게도 찢어버린다.

『반니원경』에 보면, 석가는 생전에 “내가 남긴 가르침을 실행하지 않는 자는 내 곁에 있으면서도 나와 만나지 않으며, 나에게서 멀리 떨어져 있는 것이다. 또한 나의 가르침을 실행하는 자는 나에게서 멀리 떨어져 있어도 나와 함께 있는 것이다”라고 가르쳤다. 가장 사랑하는 사람과 함께 있든 있지 않든 마음이 통하고 있다면, 자신의 마음속에 그 사람이 살아 있다고 할 수 있다.

가장 사랑하는 사람을 잃은 사람에게

제3장

스스로 삶의
기쁨 만들기

43편

명성을 얻고 싶어 하는 사람에게

> 파초와 대나무 잎은 열매를 맺으면 손상되고
> 짐 싣는 말은 새끼를 낳으면 죽고
> 악인은 명성에 의해 해를 입는다.
>
> 『잡아함경(雜阿含經)』

　사람들은 "다른 사람보다 더 많은 연봉을 받고 싶어요", "빨리 출세하고 싶어요"라며 열심히 사회생활을 해나간다. 하지만 현실에서는 실력이나 연고가 있는 사람에게 점점 밀려 평생 출세하지 못하고 끝나기 마련이다.

　하지만 선(禪)의 대가 사와기 코도(沢木興道)는 "나는 평생 성공하지 않겠다고 생각하며 노력하고 있다"라고 아무렇지도 않게 이야기했다. 일반적으로 공을 세우고 명예를 인생의 목표로 삼고 있는 사람에게는 이 말이 마른하늘에 날벼락 같을 것이다. 선사는 계속 이야기한다. "인생의 행복은 부자가 되는 것에 있는 게 아니다. 돈을 많이 가졌다는 것은 돈을 지키고 있다는 것을 의미할 뿐이다. 자신이 그것을 마음대로 쓸 수 있을 리 없다. 또한 고위급 관직이 되었다고 해서 그리 대단한 것이 아니며, 육군대장이 되어 훈장을 가슴에 달아도, 고양이 목에 매달아 놓은 방울과 같은 것이다. 훈장을 받은 사람이 대단한 게 아니라, 다른 사람을 위해 일생을 헌신하는 성품이 훌륭하다."

예전에 그리스 철학자 에피쿠로스는 "돈, 쾌락, 명예를 사랑하는 사람은 인간을 사랑할 수 없다"라고 갈파한 적이 있다. 일본 소설가 모리 오가이도 "모두 공명과 이익을 생각하며 사물을 본다면 세상에 존귀함이 사라질 것이다"라고 엄하게 경계하고 있다. 자의식을 충족시키느라 분주한 사람은 자기 자신을 망가뜨리고 만다.

석가는 『사십이장경』에서 "사람이 정욕을 따라 명성을 구하는 것은, 향이 스스로를 소멸시키면서 타는 것과 같다. 어리석은 사람은 세속의 명예를 탐하고 진정한 불도(佛道)를 지키지 않는다. 명성은 자기 자신을 위태롭게 하는 화근이 된다. 나중에 그런 것을 추구한 것을 후회하게 된다"라고 했다.

또한 『비유경』에는 다음과 같은 이야기가 수록되어 있다.

옛날에 부인 네 명을 거느린 남자가 있었다. 수명이 다하여 세상을 떠날 즈음, 그중 한 사람을 데리고 가겠다고 이야기했다. 평소 가장 사랑했던 첫째 부인을 불러서 이야기를 꺼내자 그녀는 "저는 싫습니다" 하고 차갑게 거절했다. 그래서 두 번째 부인

스스로 삶의 기쁨 만들기

을 불러 부탁하자, 역시 "미안합니다"라고 반대 의사를 표했다. 세 번째 부인도 "묘지를 돌보는 것 정도야 할 수 있지만 저세상까지는 가기 싫습니다"라고 했다. 남자는 하는 수 없이 하녀처럼 부리던 네 번째 부인에게 부탁했다. 그러자 생각했던 것과 달리 "기꺼이 그리하겠습니다. 거기가 무간지옥(無間地獄, 불교의 팔열지옥 중 하나로, 한 겁의 고통을 받는 지옥) 불 속이라도 끝까지 떨어지지 않고 함께 하겠습니다"라며 함께 죽겠다고 했다.

이 이야기에서 첫 번째 부인은 우리의 육체를 비유한 것이다. 늘 가장 아끼는 것은 자신의 몸이지만, 그것을 세상에 가지고 가는 것은 불가능하다. 두 번째 부인은 재산, 지위, 명예, 권력 등을 의미한다. 다른 사람을 곤궁에 빠뜨리면서까지 손에 얻은 것도 모두 저세상에 가지고 갈 수 없다. 세 번째 부인은 실제 부인이다. 아무리 사랑했어도 저세상까지 함께 가는 것은 불가능하다. 네 번째 부인은 우리가 생활 속에서 지은 선업(善業)과 악업(惡業)이다. 그것은 저세상까지도 그림자처럼 따라다니며 떨어지지 않는다.

특히 우리는 조금이라도 유명해지면 그것에 취해서 마치 그 허황된 명성을 자기 자신과 동일시하며 득의만만해진다. 하지만 그것은 결코 자신을 높이기는커녕 오히려 더럽힌다.

노벨문학상을 사양했던 구소련 작가 보리스 파스테르나크는 "창조의 목적은 헌신이지, 평판이나 성공이 아니다. 얼떨결에 모두의 입에서 오르는 것은 부끄러운 일이다"라고 했다.

44편

삶의 보람이 없는 사람에게

> 보살은 여러 수행을 하면서도 게으른 법이 없다.
> 용맹하게 노력하고
> 누군가를 억누르지 않으면서도
> 모든 지혜를 갖춘다.
>
> 『화엄경(華嚴經)』

어느 날 한 학생이 나를 찾아와 다음과 같이 물었다. "선생님, 하루하루가 의미 없게 느껴지는 걸 막을 수가 없습니다. 강의에, 숙제에, 시험에, 과외에, 정말 바쁘게 하루하루를 살기는 합니다. 사람들은 일생에서 가장 즐거운 청춘이라고 말합니다. 하지만 저에게는 일상이 즐겁지 않고 뭔가 공허합니다. '이렇게 지내도 되는 걸까?' 하는 생각만 계속합니다. 그것에 비하면 다른 사람들이 하는 것이나 성취한 것은 즐거워 보여, 샘이 납니다. 가끔 공연히 화가 나기도 나고 이렇게 지내는 제가 싫어지기도 합니다. 어떻게 해야 활기찬 생활을 해나갈 수 있을까요?”

나에게도 이 학생의 괴로움이나 불안을 해소해 줄 결정적 묘안이 있을 리 없다. 나는 역으로 그 학생에게 지금까지 정말로 어렵지만 보람 있는 일을 해본 적이 있는지 물었다. 특별히 없다고 대답했다. 감동이나 감격했던 적은 있냐고 물으니, 그런 적도 없다고 했다. 학생은 삶의 즐거움이나 목표가 ‘아무것도 하지 않아도 자연히 얻을 수 있는 것’이라고 생각하고 있는 듯했다.

내가 해줄 수 있는 건 아무것도 없다. 학생의 고민은 얼마나 사치스러운 것인가. 하지만 뭐라도 대답해야 하지 않겠는가. 나는 학생이 원하는 것이 위로나 격려의 말 한마디라고 생각했다.

“그렇다면, 무리해서 고민할 필요 없습니다. 먼저 자신의 마음이 가는 일을 해보세요. 결과나 효과를 기대하지 말고 정말로 좋아하는 일을 해보세요. 그러다가 뭔가 잡히는 게 생기면 그걸로 된 겁니다. 할 수 있는 것만 해보고, 그래도 공허함이 남은 것 같으면 그때 한 번 더 상담하러 오시지요.”

그러나 해야 할 일이 너무나 많음에도 봐도 못 본 척, 그냥 좋은 결과가 오기를 앉아서 기다리며 입만 멍하니 벌리고 있는 사람들도 있다. 그러면서 인생은 즐겁지 않고 공허하다고 탄식한다.

오스카 해머스타인 2세가 지은 뮤지컬 『사운드 오브 뮤직』의 노래 중 「모든 산을 오르세요」라는 노래가 있다.

삶의 보람이 없는 사람에게

모든 산을 오르세요.

높은 곳, 낮은 곳을 더듬어 걸으며

모든 길을 걸으며

알고 있는 오솔길도 걸어보세요.

모든 산을 올라 보세요.

모든 시내를 건너고

모든 무지개를 좇아가며

당신의 꿈을 찾아보세요.

꿈을 위해서는 당신의 모든 애정을 쏟아부어야 해요.

당신이 살아 있는 동안 매일매일.

공허함을 날려버리고 인생의 보람을 맛보기 위해서는 "이거야!" 하고 느껴지는 일에 자신을 투자하고 그 한가운데로 뛰어들어야 하지 않을까? "일이 즐거우면 인생은 낙원이다. 일이 의무라면 인생은 지옥이다"라고 고리키가 『밑바닥』에서 쓰고 있듯이, 삶의 보람이 있는 생활을 영위하기 위해서는 자신이 정말로 좋아하는 일을 찾는 것이 선결되어야 한다.

45편

공부하는 방법을 모르는 사람에게

> 경전에 근거하여 의미를 이해하고,
> 가르침을 살펴보고 자취를 안다.
> 여러 그릇이 하나의 쇠붙이에서 나온다는 것을 알며
> 만물의 본처로서 자신을 이룬다.
> 삿됨과 올바름을 구분한다면, 옳고 그름을 구분할 수 있다.
> 아직 이 불문(佛門)에 들어올 수 없다면 임시로 자취를 본다.
> 선승 곽암(廓庵), 『십우도(十牛圖)』 「견적(見跡)」

　　중국의 선(禪)불교 서적인 『십우도』는 열 장으로 된 목동 그림이다. 임제선의 수행단계를 순서대로 정리한 것이다. 소—우리의 참된 마음—를 잃어버린 목동이 소를 찾아가는 과정에 빗대어 수행이 깊어지는 과정을 열 장의 그림으로 표현하고 제목을 달았다. 위의 글은 그중 두 번째 단계인 「견적」을 해설한 것이다.

소의 발자국을 찾아낸 후 스승에게 가르침을 구하며, 불전을 읽고 이해하는 단계를 나타내고 있다.

그것이 말하고자 하는 바를 이렇게 요약할 수 있겠다. 아무리 많은 서적을 읽고 학문에 정진하더라도 겉만 번드르한 표현만 구하면 아무것도 되지 않는다. 참된 의미에 도달하기 위해 자신의 사사로운 생각을 버리고 그 가르침에 들어가 한 몸이 되었을 때 비로소 그것이 무엇인지 제대로 이해할 수 있다.

교육열이 뜨거워 고양이도 주걱도 공부에 매진할 정도라는 말이 있다. 하지만 도대체 무엇을 위해, 무엇을 공부하고 있는지는 알지 못한다. 그저 부모, 선생, 친구가 권하기에 어쩔 수 없이 어떻게든 경쟁심을 불태우며 공부하고 있는 경우가 많다고 한다. 예외가 있겠지만, 상급학교 진학률이 높고 문맹률이 낮은 것을 고려하면 확실히 다들 공부를 열심히 하는 것이 틀림없다. 하지만 배운 것이 자신의 피와 살이 되고 실제로 도움이 되는가 하는 점에서는 큰 의문이 든다.

어느 작가는 "오늘날의 학습방법은 사물을 이해하는 것보다는 사물을 기억하는 것에 중점을 두고 있다"라고 지적하고 있다. 확실히 입시를 목적으로 하는 주입식 교육에서는 그저 시험에 나오는 문제를 달달 외워서 답안을 쓸 수만 있으면 된다는 풍조가 있다. 따라서 어학 등을 몇 년간 학교에서 공부해도 졸업하면 모두 잊어버려서 실제로는 효과가 없다고 비판하기도 한다.

아이들에게 "이 꽃을 잘 보라"라고 이야기하면, 꽃의 색깔이나 형태, 꽃잎의 수, 잎의 모양을 관찰한 후, 그 꽃이 자신이 알고 있

스스로 삶의 기쁨 만들기

는 코스모스라면, 코스모스라고 답한 후에는 흥미를 잃고 더는 보려고 하지 않는다. 어느 시인은 "자세히 보니 냉이꽃이 핀 생(生) 울타리인가"라고 한 적이 있다. 어떤 꽃에도 그 꽃이 아니면 볼 수 없는 아름다운 색과 미묘한 형태가 있다. 하지만 아이들은 획일적이고 표면적으로만 대상을 알고 나면 그것을 이해했다고 여긴다. 자기 자신에게 주어진 틀에 기대어, 추상적 개념이나 선입견에 개별 사물을 끼워 맞추고, 잘 맞으면 그걸로 이해했다고 말한다. 이러한 자기 멋대로 해석한 사물이 어느샌가 진짜 사물과 바꿔치기 되고 있다는 생각이 드는 것을 막을 수 없다.

영어에서 '대상이 무엇인지 알았다'라는 의미를 지닌 동사로 '이해Understand'라는 단어를 사용한다. 이 단어를 둘로 나누면, '아래under'와 '놓다stand'이다. 즉 '대상 사물이 서 있는 그 중심에 자기 자신을 놓는다'는 것을 의미한다.

문화훈장 수상자이며 수학자인 히로나카 헤이스케는 어느 날 "수학에 관한 이야기입니다만, 문제 하나를 해결하기 위해 먼저 자기 자신이 그 문제와 하나가 되어야 합니다. 서로가 융합되었을 때 비로소 문제를 해결할 실마리가 보이고 법칙을 적용하는 것이 가능해집니다"라고 말했다.

진정한 공부 방법은 공부해야 할 대상(문제) 속으로 들어가서 대상 그 자체가 되어 제대로 이해하는 것 아닐까? 대상 속으로 들어가지 않는다면, 그 진의를 파악하지 못한다. 설령 파악했다고 생각이 들더라도 그것은 빈 껍데기에 지나지 않을 것이다.

공부하는 방법을 모르는 사람에게

46편

부산하게 돌아다니는 사람에게

> 인간은 일을 쉬지 않고 하면서
> 낮이고 밤이고 목숨이 점점 사그라드는 것도 모른다.
> 그것은 바람에 흔들리는 등불이
> 꺼지려고 하는 것과 비슷한 상태이다.
>
> 선도(善導)대사,『왕생예찬(往生禮讚)』「일몰무상게(日沒無常偈)」

"너무 바빠서 감당이 안 된다"라고 불평하는 사람이 있다. 그대들은 어떤가? 확실히 우리의 일상은 물질적으로 풍부해졌다. 하지만 잡다한 일이 많아 매일 바쁘게 하루를 보내야 하는 처지에 놓여버렸다.

아침 식사도 대충 때우고 사는 직장인들이나 교통신호는 무시하고 역으로 뛰어가는 학생들이 온종일 바쁘게 여기저기 다닌다. 집에 돌아와서도 저녁은 얼렁뚱땅 때우고 텔레비전 앞으로 간다. 길에서 지인과 만나 "요즘 잘 지내십니까?"라고 인사하면 "아, 여전히 바쁘고 아등바등 살고 있습니다"라고 바쁜 삶을 자랑한다.

사실 나 역시 바쁘기를 원하지 않지만 바쁘게 질주하듯이 하루하루를 보낸다. 손님맞이, 전화 통화, 물건 팔러 오는 사람이나 돈 받으러 오는 사람 응대, 회의 참석 등등 일이 쌓여 있다. 일방적으로 모두 끊을 수도 없다. 다 끊어버리면 일이 잘 진행되지 않고 "그 사람 변했어. 같이 어울리기가 힘들겠어"라는 비난이 쏟아진다. 지금까지 이런 생활에 구애되어 있으니 내가 해야 할 일을 하지 못하고 희생할 수밖에 없다. 때문에 양립을 위해서는 자신을 채찍질하고 가정도 어느 정도 희생하면서까지 바쁘게 살아야 한다.

그런데 잘 생각해 보면, 사교 활동의 폭이나 업무의 양이 증가하면 바쁜 생활에 얽매여서 사교 활동이나 업무마저 기계적이고 비인간적으로 처리할 수밖에 없게 된다. 이렇게 되는 데 자신의 책임이 없다고는 할 수 없다. 일상생활이 바쁠수록 일이나 잡무에 휘둘리지 않고 그것에 의연하게 대처하는 나의 태도가 관건이다. 사람이나 일을 기계적으로 대충해서는 일이 결코 제대로 진행되지 않는다.

선도(善導)대사는 그저 세상이 무상함을 비관만 한 것이 아니다. 그 속에서 미혹된 사람들에게 한가지 길을 제시하고 있다. 그 길을 "이하백도(二河白道, 불과 물로 된 두 강 사이의 하얀 길)의 비유"라고 부른다.

부산하게 돌아다니는 사람에게

어느 날 나그네가 서쪽으로 광야를 걷고 있었다. 눈앞에 큰 강이 나타나 더는 가지 못하고 있었다. 내려다보니 바닥을 알 수 없을 정도로 깊었다. 강의 남쪽에는 불이 타오르고 있었고 북쪽은 물로 뒤덮여 있었다. 그 사이에 폭이 네다섯 치 정도의 가느다랗고 하얀 길이 서쪽 연안까지 이어져 있었다. 무슨 일인가 싶어 서서 주위를 둘러보니 등 뒤에서는 많은 도적과 짐승들이 시시각각 다가오고 있었다. 나그네는 벌벌 떨면서 '지금 뒤로 물러서면 죽을 것이다. 여기 머물러도, 앞으로 가도 죽을 것이다. 어떻게 하면 좋을까'라고 생각했다. 그때 동쪽 둔덕 어딘가에서 "당신, 그냥 마음을 단단히 먹고 하얀 길을 찾아 건너시오. 죽을 만큼 어렵지는 않을 것이오. 만약 거기 그대로 있으면 죽음을 면키 어렵소"라며 어떤 사람이 권했다. 서쪽 둔덕에서도 "당신, 한마음으로 염불하며 똑바로 오시오. 내가 당신을 보호하겠소. 물이나 불 속에 떨어지는 걸 걱정하지 마시오"라고 외치는 소리가 들렸다. 그래서 나그네는 하얀 길로 나아가고자 했다. 그러자 배후의 여러 도적과 짐승들이 "그 길을 가면 위험하니 돌아오시오"라고 끌어당겼다. 하지만 나그네는 집중하여 하얀 길을 건너니 곧 서쪽 둔덕에 도착했다. 서쪽 둔덕은 극락을 비유한 것이다. 도적과 짐승은 우리의 감각작용이며, 물이 많은 강은 탐욕, 불로 가득한 강은 분노와 증오에 대한 비유이다. 하얀 길은 우리의 집중하는 마음을 비유한다. 동쪽 언덕에서 나오는 목소리는 석가이고, 서쪽 언덕에서 나오는 소리는 아미타불이며, 그곳은 미혹에서 벗어난 경지를 가리킨다.

이 이하백도의 비유는 우리에게 이런저런 삿된 공부나 의견에 휘둘리지 말고 편견과 독단을 제거하며 우주 자연의 도리를 탐구하여 우주의 개별 사물에 대해 전폭적으로 마음을 기울이는 삶을 살아가라고 가르치고 있다. 이러한 생활방식을 도쿄에 있는 조죠지(增上寺)의 주지였던 벤쿄 시이오(椎尾弁匡)는 다음과 같이 말했다. "바로 지금, 내가 발 딛고 있는 여기에서 열중하고 있는 목숨은 영원한 목숨"이라고 말했다. 매일매일의 생활이 설령 바빠졌다고 하더라도 결코 중요한 것을 놓쳐서는 안 된다. 자신이 정말로 해야 할 일을 선택해서 그것에 전심전력을 다 하는 경지가 있다. 시이오의 말은 이것을 가르치고 있다.

부산하게 돌아다니는 사람에게

47편

아무래도 자신감이 생기지 않는 사람에게

> 누군가로부터 물건을 받을 때,
> 이미 가졌다고 생각하는 것과
> 아직 가지지 않았다고 생각하는 것 중
> 어느 것이 더 낫겠는가.
> 나는 이미 가졌다고 생각하며 염불을 하고 있다.
>
> 승려 호넨(法然), 『화어정록(和語灯錄)』

무엇을 해도 "내가 이것만큼은 해냈다" 하고 성취감이나 자신감을 가지지 못하고, "예상대로 이것도 못 했다. 이것도 제대로 해내지 못했다"라며 후회만 남는 사람이 있다. 그런 상황에서는 지금 할 수 있는 일에도 손이 가지 않고 적당히 끝내고 만다. 그러는 사이, 그런 자신을 비참하다고 생각하며 책망하면서 스스로 못쓰게 만들어버린다.

모든 사람에게는 좋은 면이 있기 마련이다. 자신이 그것을 자각하지 못하고 다른 사람도 그것을 알아봐 주지 못하면 그 재능이 쓸모없게 되어버린다. 그러니 혹시 주위에 저렇게 말하는 사람이 있다면 "당신은 당신이 생각하는 만큼 쓸모없는 사람이 아닙니다" 하며 위로하고 격려해 주어야 한다.

정토종(淨土宗)의 시조인 호넨은 어느 날 고야산에서 염불의 성인으로 불리는 묘헨(明遍)에게 "말법 시대 악세(惡世)에 태어나 우리같이 죄로 얼룩진 범부가 어떻게 생사윤회를 벗어날 수 있습니까"라는 질문을 받았다. 호넨은 "나무아미타불을 외우며 극락을 기다리는 것이 좋습니다"라며, 염불을 외면 나쁜 인간도 구제받는다고 답했다. 하지만 묘헨은 이런 진부한 답변에 만족하지 않고 "염불을 외워도 마음이 시끄럽다면 어떻게 해야 합니까"라고 추궁했다. "그건 저도 어찌할 수 없는 것입니다. 시끄럽더라도 염불을 외우면 붓다의 원력을 타고 왕생할 수 있다고 알아야 합니다"라고 했다. 또 "요약하자면, 열심히 염불을 외는 것이 최선입니다"라고 거침없이 답했다. 묘헨은 "그렇습니다. 그렇습니다. 그렇게 하겠습니다"라고 만족했다.

이것을 오늘날 상황에 적용해 보면 "구제될 수 없는 나쁜 사람도 이미 구제되어 있다. 따라서 그런 것에 구애되지 말고 자신이 해야 할 일에 전념해야 한다"라는 의미이다.

"자신이 없으면 없는 대로 자신이 있는 것처럼 열심히 해라. 그러면 언젠가 자신감이 생긴다"라고 미국 심리학자 윌리엄 제임스가 말했다. 자신이 없으면 무서워하지 말고 스스로 '자신있다'고 암시를 걸고 운을 하늘에 맡기고 해야 할 일을 해나가면 반드시 길이 열릴 것이다.

'지혜제일의 호넨보(法然坊)'라고 불렸던 호넨도 히에잔에서 수행하며 십수 년간 두문불출했고, '호온조(報恩藏)'라고 불리던 곳에서 수천 권의 『일체경』을 다섯 번 읽었지만 스스로 납득할 수 있는 불도(佛道)를 얻을 수 없었다. 그는 "한탄하며 경장을 파고들고, 슬퍼하며 성스러운 가르침을 마주하고 있을 때, 손에서 저절로 펼쳐진 선도대사의 『관경소』에 오로지 한 마음으로 아미타불의 이름을 외우며 모든 생활 속에서 끊임없이 염불을 그치지 않는 것, 이것을 진정한 삼매(三昧)라고 부른다. 그가 붓다의 원(願)에 따르고 있기 때문이다"라는 구절이 눈에 들어왔다. 이후 "그 순간 나와 같이 무지한 자는 오로지 이 도리를 믿으며 매 순간 염불수행하여 반드시 극락왕생하는 근거를 마련해야 한다고 생각했다"라고 했다. 그리고 그때까지 그가 가지고 있던, 지식에 의거한 불교 이해를 버리고 오로지 염불 수행에 진력했다고 한다.

이것은 바로 예수 그리스도가 설한 "구하라, 그러면 얻을 것이다. 찾으라, 그러면 보일 것이다. 문을 두드려라, 그러면 열릴 것이다"(「마태복음」 7장 7절)와 같은 의미이다. 자신이 없다고 끙끙거리지 말고, '서두르는 게 최선이다'라고 생각하며 우선 실행하면 원하는 것을 구할 수 있다.

무엇을 해도 자신감이 생기지 않고 불만족스러운 사람이 있다면, 아마도 본인은 스스로 너무 지나치게 의식하거나 성공을 초조하게 기다리는 사람 둘 중 한 부류일 것이다. 옛 노래 중에 "실행하면 이루어지고 실행하지 않으면 이루어지지 않는 일을 이루어지지 않을 것 같다고 실행하지 않는 사람이 있다"라고 했다. 일 속으로 파고들어 그것과 한 몸이 되었을 때, 일도 훌륭하게 처리되고 "이것만큼은 내가 해냈다"라고 하는 성취감과 생동감이 샘솟지 않을까?

우리는 알고 있는 지식으로 이리저리 계산하는 머리만 사용하고 몸을 사용하지 않는다. 때문에 이도 저도 아닌 생각만 되풀이하다가 결국 아무것도 이루지 못하고 불안에 휩싸이게 된다.

아무래도 자신감이 생기지 않는 사람에게

48편

마음에 여유가 없는 사람에게

> 일 장(丈)의 굴을 건너고자 하는 사람은
> 일 장 오 척을 뛰고자 노력해야 한다.
> 극락왕생을 기대하는 사람은
> 확고한 믿음을 가지고 힘써야 한다.
> 승려 호넨(法然), 『칙수어전(勅修御伝)』

　　인간의 심리는 이상한 것이라서 한 시간 일할 생각이었는데 정말 한 시간 일하게 된 것과 한 시간 반 일할 생각이었는데 한 시간 만에 일을 끝내게 된 것은 기분상 매우 다르다. 한 시간 반 일할 생각이었는데 한 시간 만에 일을 끝내고 나면, 남은 삼십 분은 무언가 이득을 본 것 같은 기분이 들어 여유가 생긴다. 이것은 여러 곳에 적용해 볼 수 있다. 예를 들어, 십의 실력을 갖췄으면서 칠의 실력을 발휘하는 것과 칠의 실력을 갖췄으면서

　　　　　　　　　　　　　　스스로 삶의 기쁨 만들기

십의 실력을 발휘하는 것은 천지 차이다. 늘 여분의 실력을 남겨 놓고 실제 생활에서 그 힘을 조금씩 내어놓는다면 융통성을 가질 수 있다.

어느 육상선수가 있었다. 그는 천오백 미터를 달리는 중거리 육상선수였는데, 연습할 때는 항상 삼천 미터 정도를 뛰었다. 그러면 실제 경기에서는 침착하고 여유 있게 달릴 수 있다고 한다.

호넨도 마찬가지였다. 정토(淨土, 붓다와 보살이 사는 곳으로, 번뇌가 없는 깨끗한 세상)에 왕생하기를 바라는 사람은 그것이 가능할지 불가능할지 생각하지 말고, 틀림없이 왕생할 수 있을 거라는 확신으로 염불한다면, 왕생할 수 있다고 했다. 그래서 오히려 "이미 왕생을 얻었다고 생각하며 염불하라"라고 말하고 있다.

'될 거라고 생각하면 되고 되지 않을 거라고 생각하면 되지 않는' 사례는 얼마든지 들 수 있다. 그들은 "불가능은 없다. 하지 않을 뿐이다"라는 신념을 가지고 있었다. 그저 뚜벅뚜벅 방법을 연구하여 실현하는 데 이르렀다. 물론 처음에 무모하다고 여겨졌던 이런 기획이 단번에 실현되었을 리가 없다. 거기에 이르기까지 좌절과 실패를 반복했지만 모든 어려움에 굴하지 않고 마침내 성공에 이른 것이다.

"이상은 높게 몸은 낮게"라는 말이 있다. 이상은 얼마간 높아도 좋다. 밑져야 본전이라고 생각한다면, 설령 그것이 실현 불가능하다고 해도 고민할 필요는 없다. 그리고 위대한 이상을 세웠다면, 거기에 도달하기 위해 착실히 노력해야 한다.

49편

모든 일에 쉽게 싫증 내는 사람에게

> 비구여,
> 너희들이 열심히 정진(精進)하지 않는다면,
> 곧 일이 어렵게 될 것이다.
> 그러므로, 비구여,
> 너희들은 열심히 정진해야 한다.
> 적은 물이 끊임없이 흘러 돌을 뚫는 것처럼 말이다.
>
> 『유교경(遺教經)』

　세상에는 무슨 일에도 금세 싫증 내어 그것을 내팽개치거나 뭔가 즐겁지 않으면 직업을 바꾸는 사람이 있다. 대상에 전념하지 못하고 자꾸 다른 데에 눈이 가며 '나는 무슨 일이 있어도 이것만은 반드시 해내겠다'는 신념을 갖지 않는 것이다.

　자신이 원한 일이 아닌 다른 일이 주어져 직장을 옮기는 경우는 있을 수 있다. 하지만 반드시 해야 할 일을 힘들다며 그만둬 버리는 건 다른 사람을 힘들게 할 뿐 아니라 본인에 대한 신뢰도 바닥으로 떨어트리는 것이다. '나는 이걸 꼭 해낸다'고 맹세하고 사람들과 약속을 한 이상, 무슨 대단한 일이 없는 한 끝까지 일을 완수해야 한다.

"어떤 사람이 우리 회사에 필요한가?"라는 조사가 있었다. 이에 대한 답변을 살펴보면, 다음과 같은 성격을 지닌 사람이 상위를 점하고 있다.

1. 약속대로 실행하는 사람
2. 의지가 바위같이 단단하고 사소한 것에 휩쓸리지 않는 사람
3. 어떤 문제에도 자신의 의견을 가지고 있는 사람
4. 큰일이든 작은 일이든 진지하게 대처하는 사람
5. 자신을 위한 야심이 아니라 사회와 인류를 위한 포부를 지닌 사람
6. 기회를 민첩하게 포착하는 사람
7. 용기와 결단력이 있는 사람
8. 많은 사람 속에 있어도 자신의 특성을 잃지 않는 사람
9. 아무리 천한 일도 마다하지 않는 사람
10. 실패하더라도 실망하거나 낙담하지 않는 사람

반대로 "어떤 사람이 필요 없는가?"라는 설문에는 다음과 같이 답이 있었다.

모든 일에 쉽게 싫증 내는 사람에게

1. 말만 번드르르한 사람
2. 자존심이 너무 강해서 주변 사람들 속에 녹아들지 못하는 사람
3. 어떤 문제에 대해서도 꼭 한마디씩 거들며 참견하는 사람
4. 중요한 일과 부차적인 일을 구별하지 못하는 사람
5. 곧잘 대의명분을 내세우는 과대망상이 심한 사람
6. 눈앞의 일에 지나치게 몰입하여 큰 그림을 보지 못하는 사람
7. 진중함 없이 오로지 돌격만 하는 사람
8. 협력 및 융화 정신이 부족하여 독선적인 사람
9. 자신의 본분에 전력하는 것을 자랑스러워하지 않는 사람
10. 책임감이 부족하여 무신경한 사람

　자신의 이익만 생각하는 사람은 장기적으로 봤을 때 결코 직장에서 성공하지 못한다. 이것은 다른 일상생활에서도 들어맞는다고 생각한다.

　처음에는 일이 생각대로 잘되지 않는다. 이는 당연한 일이다. 그것을 제대로 해내는 방법을 아는 데는 시간이 필요하다. 일의 전모는 일을 다 완수하고 나서야 완전히 파악할 수 있다. 거기까지 가지 않고 "도저히 할 수 없다"라고 말하는 것은 처음부터 하고 싶은 마음이 없었다는 뜻이다. 할 수 없는 것은 없다. 하지 않는 것이다.

　선사 도겐은 『학도용심집』의 말미에서 "길을 반 정도 가고 나서야 뭔가 되고 있다고 생각하고, 길을 끝까지 가는 것을 포기하지 마라"라고 경계하고 있다. 어떤 것을 하겠다고 한 이상 그것

이 궤도에 오를 때까지 벼랑 끝에 매달려도 끝까지 완수하고, 그 성공 여부는 하늘에 맡기는 것 외에는 방법이 없다. 마찬가지로 도겐은 『정법안장수문기』에서 "간절히 바라면 반드시 얻는 법" 이라고 했다. 정말로 원하는 것이 있고 그것을 어떻게든 얻고자 결심하여 필사의 각오로 그것을 향해 돌진한다면, 반드시 얻을 수 있다고 믿는다. 우물을 파기 시작한 이상, 물이 나올 때까지 파지 않으면 아무 소용이 없다.

50편

시험에만 몰두하는 사람에게

> 젖은 풀을 움켜쥐면 손이 상하듯이
> 잘못된 구도(求道)*는 사람을 파멸로 이끈다.
>
> 『법구경(法句經)』

　고등학교, 대학교 입학시험은 여전히 필기시험에 당락이 좌우되는 경우가 많다. 취업의 경우에는, 면접에 중점을 두고 우수한 학력은 물론, 성격, 적성, 적극성, 건강 등을 중심으로 하여 종합적으로 사람을 평가하는 회사가 많다. 학교와 달리, 사회에서는 학력보다 실천력이 요구되기 때문에 첫 번째로 하고자 하는 의지, 두 번째는 학력, 세 번째는 명랑 활발한 성격, 네 번째는 협력의식, 다섯째로 건강이 중시되고 있다. 아무리 똑똑하고 명문

---

* 　불법(佛法)의 도를 탐구하는 것.

스스로 삶의 기쁨 만들기

대학 출신이라도 살벌한 기업이라는 전쟁터에서 살아남을 능력과 패기가 없다면, 일자리를 지키기 어렵다. 이것은 기업에서뿐만 아니라 사회 각 영역에서도 적용된다.

그런데 이렇게 씩씩한 몸과 마음이 요구되는 젊은이들은 어떤가? 명문학교 입학을 위해 수험공부를 위해 밤이고 낮이고 요점을 파악하는 기술만 갈고 닦은 탓인지, 확실히 요령은 좋지만 적극적으로 살아가고자 하는 패기가 없는 것 같다. 더불어 상식도 별로 없는 것을 보면, 무엇을 위한 교육인지 의문이 든다.

아이들은 행동반경이 학교와 가정으로 한정되기에 그들이 경험하는 사회는 매우 좁다. 그런 결점을 방과 후 활동이나, 친구 및 가족과의 대화를 통해 메워야 한다. 그런데 요즘 같이 수험 전쟁 속에서 아이들은 학교와 학원에서 수험 기술만 주입받고 있다. 가정에서는 부모가 혹여나 하는 마음에 조심조심 대하느라 제멋대로인 성격이 더 심해진다. 수험이라는 단어 하나로 친구와의 교제도 희미해지고 가정에서는 우쭐대게 된다.

모든 아이가 나쁘다고 말하는 것이 아니다. 이들을 대해는 부모나 교육계의 태도에, 넓게는 오늘날 사회구조에 문제가 있다는 것이다. 고등학교와 대학교 수험생은 열심히 자신의 진로를 생각해야 한다. 얼마간 수험 기술에 의해 주입된 지식에 숙련되어도 자신이 어디에 서 있고 어떻게 살아야 하는가를 생각하지 않는 인간은 사회에 나가도 늘 수험생과 같이 주어진 것밖에 못하는 쓸모없는 인간으로 간주된다. 이렇게 적극성이 결여된 사람을 요즘 대학생 사이에서도 흔히 볼 수 있다. 그들은 자신이 선택한 대학에서 전문 지식을 닦아야 하는 젊은이들인데도 말이다. 시험공부 이외에는 가족이나 친구, 사회에도 관심을 가지지 않는 오랜 습관이 그들을 그렇게 소극적인 인간으로 만든 것일까?

폭넓게 삶의 방식을 이해하고 사물에 대해 생각하는 방식을 배우는 것, 이것이 의무교육부터 고등교육, 대학교육을 관통하는 교육의 본질이다. 동서고금의 문화나 유산을 접하는 것뿐 아니라 가까운 친구, 교사, 부모도 인생의 귀감이 된다. 사계절의 변화에서 자연을 배우고 생명의 소중함을 배운다. 거리에 나가면 인간 사회의 다양한 면을 볼 수 있을 것이다. 이렇게 살아있는 학문이야말로 매일 교재와 미디어에 매달려 자신의 세계를 협소하게 만드는 아이들에게 필요한 것이다.

삶의 방식을 탐색하고 자신의 가능성을 끄집어내기 위해서 학문을 하는 것이다. 그것은 고등교육을 받기 위한 전제로서의 의무교육에서도 또한 전문지식을 탐구하는 대학에서도 마찬가지이다. 수험 기술을 연마하는 데 그치는 것은 자기 자신의 가능성을 닫아버리는 것이다. 사물을 진지하게 관찰하고, 모든 것을 흡수할 수 있는 중요한 시기이다. 사회에 나온 이후의 인생을 풍요롭게 하는 것도 빈곤하게 하는 것도 이 시기의 인격 형성과 지식 축적에 달려 있다고 할 수 있다. 학교, 학원, 가정이라는, 소위 마의 삼각지대에서 자신을 잃고 사회에 나왔을 때, 의욕이나 하고자 하는 마음 없이 쓸모없는 인간이 되지 않도록 스스로 살리는 자신만의 공부를 하길 바란다.

51편

아이디어가 잘 떠오르지 않는 사람에게

> "꾸준히 좌선하여 헤아림이 없는 경지에 대해 생각해 보라."
>
> "헤아림이 없는 경지를 어떻게 헤아립니까?"
>
> "헤아리지 말아라. 이것이 좌선의 핵심이다."
>
> 선사 도겐(道元), 『보관좌선의(普觀坐禪儀)』

"뭔가 좋은 아이디어 없을까?" 하고 애간장을 태우는 경우가 있다. 그때 쉽게 참신한 아이디어가 샘솟는다면 어려울 일이 없다. 하지만 아무리 생각해 보아도 아이디어가 나오지 않는다면 없는 지혜를 짜내지 말고 그 생각을 잠시 멈추고 머리를 쉬게 하는 게 제일 낫다.

선(禪)불교에서는 '방하착(放下著)'이라고 하여, 지금까지 고수하였던 자신의 평소 사고방식을 버리고 무심히 세상을 있는 그대로의 모습을 잘 관찰하라고 했다. 그러면 다른 각도에서 보는 눈이 열려 새로운 세계가 펼쳐진다고 한다. 헤아림이 없는 경지는, 우리가 색안경으로 세상을 보고 판단하기 이전의, 있는 그대로의 모습을 보고, 사물 자체에 뛰어드는 것이다. 이를 위해서는 먼저 눈을 감고 잡념을 제거한 후 정신을 통일하여 자신이 창작해야 할 것을 묵묵히 관찰하는 것이 좋다. 불교 조각가인 운케(運慶)는 목재를 무념무상의 상태로 관찰하면 그 목재 위에 훌륭한 형상이 나타난다고 했다. 그리고 그 형태에서 불필요한 부분을 제거해 나가면 훌륭한 불상이 탄생한다고 한다.

"눈을 감으면 보이고, 눈을 뜨면 사라진다"라는 표현이 있다. 맹인은 눈이 보이지 않기 때문에 오히려 정신을 집중하여 눈 밝은 사람이 보지 못하는 부분까지 민감하게 감지한다. 눈을 감으면 눈꺼풀 아래로 광대한 세계가 펼쳐지고 그 속에서 여러 가지를 상상해 볼 수 있다.

많은 예술가, 발명가, 기업인, 학자도 대체로 새로운 아이디어를 눈을 감고 있을 때 얻었던 건 어째서일까. 인간 시야각은 보통 백오십에서 백육십 도 정도이다. 하지만 정확히 초점을 맞추고 있는 건 오 도 정도라고 한다. 백오십 도, 백육십 도 정도의 광경이 보이는 건 눈동자가 계속 움직이고 있기 때문이다. 한 지점을 관찰하면 다른 부분이 시야 밖으로 사라져 보이지 않기 때문에 풍경을 두루 보기 위해서는 눈을 이리저리 굴리지 않으면 안 된다. 그러다 보면 마음이 가라앉지 않게 된다. 결국 대상을 흐리멍덩하게 보거나 제대로 보지 못한다.

그래서 눈을 뜨고 보아서는 대상의 실체를 볼 수 없는 것이다.

스스로 삶의 기쁨 만들기

더구나 눈에 보이지 않는 중요한 것을 보기에도 불충분하다. 하지만 눈을 감으면 눈에 보이지 않는 부분까지 볼 수 있다. 이것을 불교에서는 '관(觀)'이라고 한다. 관이란 우리의 오감을 사용하는 것을 말한다. 즉 눈으로 보고 귀로 듣고 코로 냄새를 맡고 혀로 맛보고 피부로 느끼고, 때로는 육감마저 동원하여, 전심전력으로 대상의 실체를 파악하는 것이다. '비사량(非思量, 헤아리지 않음)'은 특정한 사고방식에 얽매이지 않고 대상을 관찰하는 것이다. 이런 방법을 사용할 수 없다면 사물의 실체를 파악할 수 없고 새로운 아이디어도 떠오르지 않는다.

예를 들어, 여기에 백 원짜리 동전이 있다고 해보자. 그것을 위에서 보면 둥글지만 옆에서 보면 사각형이다. 그렇다면 동전은 둥그라미이면서 동시에 사각형이니, 둘 다 맞는 말이다. 이런 관점은 모순적으로 보인다. 우리가 대상을 보는 관점을 한 가지로만 고수한다면 동전은 전적으로 둥그라미이고, 다른 한쪽만 고수한다면 전적으로 사각형이 된다. 특정 형태에 사로잡히지 않고 대상을 보기 위해서는 굳어진 관점을 버려야 한다. 세계의 한쪽에서는 동전이 둥그라미이지 사각형일 리 없다고 완고히 주장하고, 다른 쪽에서는 사각형이라고 고집스럽게 주장한다. 이것은 자신의 관점이 유일하고 절대적이라고 생각하는 편협한 마음에서 나오는 것이다. '둥글면서 동시에 사각형'이라고 주장하는, 특정한 생각에 얽매이지 않는 관점을 가져야 한다.

아이디어가 잘 떠오르지 않는 사람에게

52편

아는 척하는 사람에게

> 이해했다는 생각은
> 이해하지 못하는 것으로 이어진다.
> 이해하지 못했다는 생각은
> 이해하는 것으로 이어진다.
>
> 고승 렌뇨(蓮如), 『어일대기문서(御一代記聞書)』

"우주와 인간은 무엇인가?"라는 거시적인 문제부터 단세포 생물인 짚신벌레나 원자핵 같은 미시적인 문제까지 "저는 알고 있습니다"라고 큰소리치는 사람들은 사실 잘 모르는 사람들이다. 사물의 실체는 연구하면 할수록 알쏭달쏭한 것이기 때문에 겸손한 학자라면 "알고 있다"라는 말을 하지 못한다. 만약 알고 있다고 말한다면, 그건 자기 공부의 미숙함을 스스로 인정하는 것과 다름없다.

예를 들어, 유클리드 기하학에 "두 점 사이의 최단 거리는 직선이다"라는 정의가 있다. 그러나 지도에서 비행기나 배의 항로를 보면 알 수 있듯이 지도상 항로는 곡선이 최단 거리이다. 직선 항로는 오히려 거리가 더 길다. 왜냐하면 지구가 둥글기 때문이다. 따라서 실제 측량하는 면이 평면이라고 전제할 때만 비로소 유클리드 기하학의 정의가 성립되기 때문에, 구면일 경우에는 이 정의가 맥없이 무너지며 적용할 수 없게 된다.

기둥은 천장을 지탱하는 사물이라는 정의도 마찬가지이다. 평면 천장이 있는 육면체 건물을 전제로 한다면, 분명히 기둥은 천장과 구별된다. 하지만 만약 돔 건축물의 경우에는, 기둥과 천장이 같은 구조와 재료로 만들어지기 때문에 어디까지가 천장이고 어디까지가 기둥인지 알 수 없다. 그래서 천장과 기둥의 경계를 명확하게 선으로 긋기 어렵다. 경계라고 하는 것은 인간이 임의로 결정한 약속이다. 자연 자체에는 경계가 없다. 철새는 국경을 자유롭게 넘나들며 하늘을 난다. 물고기, 벌레, 초목에도 국경이란 개념은 없다.

정의(定義)란 우리가 편의상 결정한 약속이다. 동서남북이나 상하좌우 같은 방위도 마찬가지이다. 지구상에 그런 좌표가 원래 있었을 리가 없다.

허상을 실상으로 오인하고, 그것을 실상이라고 맹신하는 것은 아래에 서술할 『대위덕다라니경』의 바보 설화와 비슷한 것이라고 생각한다.

어떤 바보가 큰 연못가에 서서 우두커니 수면을 바라보고 있었다. 그곳에 떠오른 자신의 모습을 보고 "도와주세요!"라고 소리쳤다. 그 소리를 듣고 근처에 있던 사람이 달려와서 무슨 일이냐고 물었다. 그러자 그는 "제가 연못에 빠져 있어요"라고 답했다. 달려온 사람이 "무슨 말을 하는 거야. 네가 빠져 있다니. 지금 이렇게 연못가에 서 있잖아"라고 이야기하니, 그는 "아니에요, 정말 빠져 있어요. 거짓말이라고 생각하신다면, 똑똑히 보여드리겠습니다"라며 연못가에 서서 "이걸 보세요. 아직 물속에 빠져 있어요" 하고 수면을 가리켰다. 사람들이 어이없어하며 그에게 "너는 정말 바보구나. 그건 네가 아니라 너의 영상이야. 봐라, 우리의 영상도 수면 위에 떠 있지 않니"라고 말했다. 그러자 그는 심각한 얼굴로 "당신도 빠져 있군요. 누가 우리 좀 구해주세요!"라고 계속 소리치다 미쳐서 죽고 말았다고 한다. 이렇게 잘못된 이치를 확고히 믿고 고치지 않으면 평생 세상의 진실을 알지 못한 채 들판에 버려져 죽게 된다.

우리는 철저히 실상과 허상의 차이를 관찰하고 허상에 현혹되어 실상을 보지 못하는 잘못을 범하지 말아야 한다. 아인슈타인은 무언가 난관에 부딪치면 자신이 완전히 이해할 때까지 경솔하게 판단을 내리지 않았다고 한다. 세상에서 현자라고 불리는 사람은 아는 척하는 사람이 아니라 사물을 겸허한 태도로 정확하게 판단하고, 그것을 어떻게 다루어야 할지 깊이 생각하는 사람이다.

53편

열의를 가지고 일을 하지 못하는 사람에게

비구여, 한곳에 머물지 말고 돌아다녀야 한다.

중생의 이익을 위해, 세상 사람에 대해 자비심을 내기 위해,

인간과 신의 이익과 안락을 위해 돌아다녀라.

수행자 둘이 같은 길을 가지 말고 각각 따로 다녀라.

『율장(律藏)』「대품(大品)」

석가는 서른다섯이 되던 해에, 인도 네란자라강 부근에서 깨달음을 얻고 붓다―깨달은 자―가 되었다. 그 후 자신이 얻은 지혜가 과연 다른 사람에게 전달할 만한 것인지에 고민하였다. 자신이 고민하고 스스로 극복한 것이기 때문에, 자신이 체험한 것을 다른 사람에게 가르쳐주지 말고 혼자 가슴속에 간직하라는 악마의 속삭임을 들었기 때문이다.

하지만 깨달은 자의 눈으로 세상을 바라보니, 꽃봉오리를 제외

한 나머지 부분이 모두 연못 아래에 잠겨 있는 연꽃과 같이, 평생 지혜라는 햇빛도 보지 못하고 번뇌라는 진흙탕 속에서 신음하는 인간들이 있었다. 그래서 석가는 자신의 경험을 사람들에게 알리지 말라는 악마의 속삭임을 물리치고 결연히 주위 사람들에게 "들을 귀가 있는 사람이여, 달콤한 이슬 같은 문이 열린다. 지금까지 가지고 있던 잘못된 믿음을 버려라"라고 선언하고, 가까운 사르나트(鹿野苑, 녹야원)에서 단 다섯 명의 제자에게 위 「대품」의 말을 설했다. 이런 포교를 통해 불교는 인도뿐 아니라 전 세계로 퍼져나갔다. 하지만 불교를 전파하는 것이 얼마나 어려웠는지는 아래의 일화를 읽어보면 잘 알 수 있을 것이다.

어느 날 석가의 제자 뿌라나가 스승께 가서 외국에 불교를 전도하러 가겠다고 말했다. 그러자 그의 의지를 시험하기 위해서 다음과 같은 문답을 주고받았다. 석가는 "그곳 국민은 흉악하다. 모욕을 받아도 괜찮겠는가?"라고 물었다. 그는 "그래도 상관없습니다"라고 답했다. "그들의 손이나 돌로 맞아도 좋은가?" "네, 그래도 괜찮습니다." "죽임을 당해도 괜찮은가?" "네, 괜찮습니다." 그제야 비로소 석가는 "그렇다면 가도 좋다"라고 승인하였다. 뿌라나는 기뻐하며 결사의 각오로 해외 전도를 위해 여행을 떠났다.

세계대전 전에 중국에 파견되었던 미국 기독교 선교사들도 이와 비슷한 결사의 각오로 현지에 건너갔다고 한다. 어떤 선교사는 칠 년이라는 긴 시간 동안 고군분투하여 마침내 중국인 한 명을 개종시켰다고 한다. 그는 선교사 밑에서 일하던 심부름꾼이었

스스로 삶의 기쁨 만들기

다. 그만큼 포교의 길은 길고 험하다.

우리의 근대화는 서구 여러 국가의 우수한 기계문명을 학습함으로써 달성할 수 있었다. 그래서 동양인은 모방만 잘한다고 놀림 받기도 한다. 하지만 동양인 중에서도 훌륭한 정신문화를 서양 여러 나라에 전파하기 위하여 해외로 건너간 사람이 있다는 사실을 잊어서는 안 된다.

열의를 가지고 일을 하지 못하는 사람에게

54편
게으름 피우는 사람에게

몸은 보리수요,
마음은 맑은 거울의 받침대와 같다.
시시각각 닦아서 먼지가 앉지 않게 하라.

선승 신수(神秀), 『신수선사어록(神秀禪師語錄)』

철을 오랜 시간 버려두면 어느샌가 녹이 슨다. 녹은 철과 산소와 수분의 화합물인데, 이 중 어느 하나가 없어도 녹은 생기지 않는다고 한다. 철이 지닌 에너지는 안정된 상태의 지구 표면 에너지보다 크기 때문에, 그 차이를 상쇄시키기 위해 산소나 물과 결합해서 녹이 되어 안정되고자 하는 것이라고 한다. 다시 말해 철 자체는 불안정하여 끊임없이 연마하지 않으면 그 상태를 유지하지 못하고 색이 바랜다.

철이 녹이 되는 것은, 세상 모든 사물이 시간의 흐름에 따라 끊

　　　　　　　　　스스로 삶의 기쁨 만들기

임없이 변하는 '제행무상(諸行無常)'을 말한다. 그리고 녹이 스는데 물과 산소가 없으면 안 되는 것은, 모든 것이 다른 것에 의존하여 성립한다는 '제법무아(諸法無我)'를 보여준다. 또한 철이 녹이 슬어 안정되는 것은, '열반적정(涅槃寂靜)'의 이치를 보여준다. 불교는 '제행무상', '제법무아', '열반적정'을 '삼진리(三法印)'라고 부른다. 또한 세상에 존재하는 모든 사물은 이 법칙을 따르고 있다고 설명한다. 우리가 이것을 믿든 믿지 않든 간에 이것이 우주의 철칙이라는 점은 변하지 않는다.

인간도 예외가 아니다. 몸과 마음을 끊임없이 갈고닦지 않으면 어느샌가 철처럼 녹이 슬고 바래어 대지로 돌아간다. 끊임없이 노력을 기울이지 않으면, 뽑아도 뽑아도 살아남는 여름 잡초 같은 것이 몸과 마음을 뒤덮어 버린다. 『법구경』에 "철에서 비롯된 녹은 그 철을 손상한다. 그와 같이, 부정(不淨)을 저지른 자는 그의 업에 의해 나쁜 곳으로 간다"라고 했다. 이것은 노력을 게을리하는 자는 자신에게서 나오는 녹이 자신을 급속도로 망친다는 것을 의미한다.

세상 사람 중에는, "아무리 노력해도 결국 나는 철에 녹이 슬어 사라지는 것 같이 소멸하기 때문에 노력하는 것은 의미 없다"라고 생각하는 자도 있는 듯하다. 정말 그럴까.

"해변까지 해녀도 도롱이를 입는다. 비가 오려나"라는 시구가 있다. 거의 나체로 작업하는 일본 해녀는 비에 젖어도 상관없을 것 같지만, 육지에 있을 때는 도롱이를 단정히 차려입는다. 시인 바쇼도 "곧 죽는다는 낌새를 전혀 드러내지 않는 매미의 울음소리"라는 유명한 구절을 썼다. 매미는 유충 껍데기를 벗고 사람들 앞에 나타난 지 나흘째 되는 날부터 울음소리를 내기 시작하여 일, 이 주 정도 살다가 죽는다고 한다. 그렇게 짧은 삶이지만, 금세 죽는다는 것도 모르고 열심히 울음소리를 낸다.

대단한 사람이든 대단하지 않은 사람이든 모두 이 세상에 태어난 이상 언젠가는 죽을 수밖에 없다. 하지만 누구나 죽는다고 해서 살아있는 동안 아무것도 하지 않는다면 헛되이 죽을 수밖에 없다.

한 가부키 배우가 죽음이 임박해 지은 시에서 "아직 부족하다. 뛰고 뛰겠다. 저세상에서도"라고 했다. 살아 있는 동안에는 계속 노력하여 '이제 이걸로 되었다'고 정해진 때가 없다는 것을 보여 주고 있다. 어느 바이올리니스트도 "하루 연습하지 않으면 그 차이를 스스로 느끼고, 이틀 하지 않으면 그것이 비평가들의 귀에 들린다. 사흘 하지 않으면 청중도 그것을 알아차릴 수 있다"라고 했다. 그 정도로 예술의 길은 엄격해서, 하루라도 연습을 게을리 하면 그만큼 퇴보하고 만다.

55편

수입과 지위에 만족하지 못하는 사람에게

> 얻은 것이 적어도,
> 그 획득물을 가볍게 여기지 말라.
>
> 『법구경(法句經)』

　오늘날 상당히 풍족해졌다고는 하지만, 인간의 욕망에는 끝이 없는지라 사람들은 더 많은 부를 축적하고자 아등바등 일하고 있다. 너나 할 것 없이 엘리트 코스를 밟아서 더 좋은 인생을 살고자 경쟁한다. 학교 교육현장에서도 명문대학에 진학하기 위한 코스가 암묵적으로 확립되어 있고, 그 코스에 들어가지 못한 학생은 인생의 낙오자라고 착각하게 만든다. 그들은 스스로 열등생이라며 스스로 주눅이 든다. 이렇게 일원화된 가치가 사회 전반에 만연하면 직업의 등급도 소득순으로 정해지고, 모두 고액소득자인 의사, 변호사, 고급관료가 되려 한다. 열심히 일하지만 사회의 안 보이는 곳에서 일하거나, 노력과 비교해 소득이 적은 직업은 멀리하게 된다.

동료와 같은 일을 했는데, 동료는 월급을 삼백만 원을 받고 자신은 백만 원 정도밖에 받지 못한다면, 일할 의욕이 사라질 것이다. 심지어 아침부터 저녁까지 일하고도 백 원도 벌지 못하는 전업주부의 생활은 불공평해 보인다. 하지만 결코 인간의 가치는 높은 소득이라는 단순한 지표로 측정될 수 있는 것이 아니다.

아무리 소득이 높아도 돈이 빠져나가는 것은 순식간이다. "동전 하나를 우습게 여기는 자는 동전 하나 때문에 운다"라고 하듯이 돈을 아무리 모아도 그것을 물처럼 쓴다면 쓰디쓴 결말을 맞이하게 될 것이다.

오늘날 직장인이 자신의 소득에 불만을 품고 임금 인상을 위해 투쟁하는 것은—물론 해고되어 십 원도 못 받는 자도 예외적으로 있기는 해도—"다른 사람의 소득에 비해 내 소득이 낮다"라거나 "물가상승률을 고려할 때, 내가 이 정도 월급을 올려받는 게 당연하다"라는 논리일 것이다. 지금의 소득으로 끼니를 걸러야 할 정도가 아니라면, 월급에 집착하는 것은 불필요해 보인다.

지난날 방글라데시 다카를 방문한 적이 있다. 그곳 아이들은 옷만 걸치고 장난감도 없이 진흙을 주무르며 즐겁게 놀고 있었다. 이들에 비해 일본 아이들은 정말로 행복한가. 나는 독신일 때 술이나 담배도 일절 끊고 홀로 살았다. 모든 면에서 절약하는 생활을 했지만, 오늘날 물가로 따지면 대략 이십만 원 정도 저금을 했던 것 같다. 무리해서 전시(戰時) 때처럼 궁핍한 생활을 하자고 말하는 게 아니다. 그렇게도 죽지 않고 생활할 수 있다는 사실을 지적하고 있을 따름이다.

우리에게 중요한 것은 소득이나 재산이 얼마나 있는가 하는 것이 아니고 그것을 얼마나 효과적으로 사용하고 있는가이다. 그저 가지고 있을 뿐이라면, 자기 집 장롱에 있든 은행에 있든 상관이 없다. 저세상에 가지고 가는 것도 아니니, 오히려 후손들 재산 분쟁의 원인이 될 뿐이다.

톨스토이 소설 중에 「사람에게는 얼마나 많은 땅이 필요한가」라는 단편이 있다. 파홈이라는 주인공이 넓은 토지를 소유한 부족에게 가서 토지를 사는 이야기이다. 그날 하루 동안 걸어 일몰 때까지 걸음을 시작한 곳으로 돌아오면, 그 걸은 만큼의 토지를 받을 수 있었다. 파홈은 욕심을 내어 성큼성큼 걸어 가능한 먼 곳까지 갔다가 급히 돌아왔는데, 시작점에 도착했을 때는 숨이 끊어져 버렸다고 한다.

이 이야기가 암시하듯이, 자신의 몸을 상하게 하면서까지 아등바등 일하여 소득을 늘리고 더 좋은 지위를 얻는 것이 반드시 능사는 아니다.

수입과 지위에 만족하지 못하는 사람에게

56편

역경에 충격받고 의욕을 잃은 사람에게

> 역경은 자주 일어나고,
> 순조로운 일은 자주 일어나지 않는다.
> 내 뜻을 거스르는 자가 있어도,
> 그저 인(忍)을 삼키고 잘 살피면
> 힘든 상황이 금세 지나간다.
>
> 몬슈(文守)·다이에(大惠), 『치문보장집(緇門寶藏集)』

    누구나 자신의 인생이 순조롭게 진행되기를 바라지만, 가끔
은 역경에 빠질 때도 있다. 순조롭게 남들 보호 속에 우쭐거리며
살던 자가 한 번 역경에 빠지면 그때까지의 객기는 온데간데없이
사라지고 의기소침해져서 크나큰 고독이나 염세적 생각에서 헤
어나오지 못한다. 일이 제대로 되지 않거나, 동료나 후배들에게
추월당해 혼자만 남겨진 것 같을 때는 특히나 비정한 세상에 분

풀이하고 싶어진다. 하지만 아무리 세상을 비관해도 일이 진척될 리 없다. 그런 때는 빈주먹으로 처음부터 다시 시작하는 용기와 잘 해낼 수 있다는 자신감을 가져야 한다.

『이솝우화』에는 「농부와 종달새」라는 이야기가 있다. 자신의 전답을 돌아보러 온 농부는 보리가 익어가고 있는 것을 보고 "친구들을 불러모아 베어야겠다"라고 혼잣말했다. 그곳에 둥지를 튼 엄마 종달새는 그 말을 듣고 아기 종달새에게 "아직 떠나지 않아도 된단다"라고 했다. 며칠 후 농부가 다시 와서, 정말로 베어야겠다고 의지를 피력하자 엄마 종달새는 "자, 이제 어디론가 떠나야겠구나. 친구들에게 의지하지 않고 스스로 베겠다고 하니 말이다"라고 했다고 한다. 스스로 진심으로 하겠다고 각오를 다지고 실행하면, 대부분 성취된다. 물론 끝내 완수하지 못하는 것도 있긴 하지만, 처음부터 꽁무니만 빼면 아무것도 할 수 없다.

바다 소라는 껍데기에 가시가 돋은 것이 있고, 돋지 않은 것이 있다. 껍데기에 가시가 돋은 소라는 가시가 없는 소라보다 맛있고 가격도 비싸다. 이 소라 껍데기의 가시는 몸통을 바다 바닥에 안정적으로 고정시키기 위한 것이다. 그래서 거센 조류에서 사는 소라일수록 가시가 잘 발달한다고 한다. 우리 인생도 이 소라와 많이 닮은 것 같다.

고생도 하지 않고 편하게 살아온 인간은 금세 좌절하지만 세파에 부대끼며 힘겹게 살아온 인간은 역경 속에 있어도 강인하게 헤쳐나간다. 옛날 결핵 나병 환자는 공기가 탁한 도시보다 시골에 더 많았다고 한다. 그만큼 도시 사람은 자기 몸에 면역력을

역경에 충격받고 의욕을 잃은 사람에게

갖추고 있는지도 모르겠다. 그렇다면, 역경을 맞닥뜨렸을 때 역경을 오히려 기쁘게 여기고 그것을 있는 그대로 받아들이는 태도가 중요할지도 모르겠다. 역경에 대치할 때 비로소 일이 순조롭게 진행되거나, 행복이 싹트는 곳이 어디인지 분명히 알 수 있다. 누구도 자기 주변에 싫어하는 것을 두기 원하지 않는다. 눈엣가시가 있을 때야말로 그것을 없애야겠다는 용기가 생기는 것이다.

혜심승도 겐신(源信)은 역경을 맞았을 때 다음과 같이 술회했다. "몸이 비루해도 축생보다 낫다. 집이 곤궁해도 아귀보다 낫다. 마음속으로 생각한 대로 이루어지지 않아도 지옥에서 고통받는 것에 비할 바 아니다. 그러니 인간으로 사는 것을 기쁘게 여겨야 한다." 니치렌도 종파 간 교리 다툼으로 유배한 일에 대해 적은 『개목초』에서 "내가 귀양 가는 것은 현생의 작은 고통이니 한탄하지 말라. 후세에 큰 즐거움을 얻을 것이니 매우 기쁘고 기쁘다"라고 했다.

우리 인생에는 파도가 있고 흥망성쇠가 있다. 눈앞의 역경에 현혹되지 말자. '전화위복(轉禍爲福, 재앙이 바뀌어 오히려 복이 됨)'이라고 했으니, 다시 떠오를 태양을 위해 지금 준비해 두지 않으면 안 된다. 그날이 올 때까지 절제하고 인내하는 것이 무엇보다도 중요하다.

스스로 삶의 기쁨 만들기

57편

자신의 소유물에 속박된 사람에게

> 백척간두(百尺竿頭)*에서 주저앉은 사람은,
>
> 비록 도에 들어가긴 했으나
>
> 아직 참됨을 얻지 못한 사람이다.
>
> 마땅히 백척간두에서 한 발 더 나가
>
> 시방(十方)세계**에 온몸을 드러내야 한다.
>
> 선사 경잠(景岑),『무문관(無門關)』

남녀를 불문하고 나이를 먹을수록 장신구로 몸을 꾸미고, 더 좋은 지위, 직함, 재산, 권력 등을 얻고자 아등바등하는 경향이 있다. 이런 욕구는 끝이 없다. 그런데 이런 것을 가지고 있으면,

---

* 백척 높이에서 뛰어내린다는 뜻으로 매우 위태로운 상황을 의미한다.

** 열 가지 방향을 가진 세계를 뜻하는 불교 용어로, 과거, 현재, 미래의 모든 시간과 공간을 가리킨다.

어느새 본래 자기 모습을 잃고 지위나 직함이 자기 자신이라고 착각하게 된다. 그리고 그것을 잃었을 때 매우 당황한다.

지위, 권력, 장식품 등은 나의 소유욕을 만족시킬 뿐만 아니라 타인을 움직이게 한다. 그중에서도 돈의 힘은 대단해서, 기업에서도 선거에서도 돈을 뿌리면 사람이 모인다. 이는 금파리가 미끼에 모이는 것과 같다. 하지만 돈을 적게 쓰거나 그만 쓰려고 하면, 정도 함께 떨어져 버리는지 사람들이 뿔뿔이 흩어진다.

어느 기업가는 "얼마간 돈이 모이면, 어떻게 해야 돈이 줄어들지 않을까 생각하느라 전전긍긍하게 된다. 사람들의 표적이 되고, 분쟁이나 고통의 씨앗이 된다. 별 탈 없이 지내는 사람이 부러워진다"라고 술회했다. 그래서 하루하루 근근이 살아가는 안정된 직장인이 행복하다고도 말한다. '인간본래무일물(人間本來無一物)'을 항상 마음속에 품고 살면 가령 받는 것이 천 원이라도 감사하게 생각하며, 십억 원을 잃어도 눈 하나 꿈쩍하지 않는다. 우리는 소유물에 의지하는 생활이 덧없음을 생각하고 그것에 속박되지 않는 삶을 살아야 한다.

선사 잇큐가 교토에 살고 있을 때였다. 당시 굴지의 재산을 소유하고 있던 명문 가문의 심부름꾼이 와서 "내일은 돌아가신 아버지의 첫 제사이기 때문에, 선사께서 건너오셨으면 합니다"라고 방문을 요청했다. 선사는 이 재산가가 평소 자신의 재산을 등에 업고 거드름 피우는 것을 잘 알고 있었지만 거절하지 않았다. 그러고는 걸식을 비는 승려의 몰골로 나타났다. 그는 "실례합니다. 주인 어르신을 뵙고자 왔습니다"라며 현관 안으로 들어갔다.

그러자 그 집안의 사람들이 잇큐를 거지로 착각하여 "무례한 거지구나, 썩 나가라"라고 소리쳤다. 그가 나가지 않고 버티자, 재산가 집주인도 소란을 전해 듣고 "이런 고집 센 거지 같으니라고. 저놈을 패서 쫓아내라"라고 하인에게 말했다. 선사는 입도 벙긋 못하고 실컷 두들겨 맞은 후 쫓겨나고 말았다.

다음날, 잇큐는 금실로 장식된 법복을 입어 위의(威儀)를 단정히 하고 시중드는 사람 두세 명과 함께 재산가 집안의 현관 앞에 나타났다. 그러자 가문의 문양이 새겨진 예복에 고급 삼베 예복을 갖춰 입은 재산가가 손을 모으고 나와 잇큐의 일행을 맞이했다. 하지만 선사는 웃음기 없이 "주인님, 소승은 여기에 머물겠습니다"라고 했다. 재산가는 "아닙니다, 스님. 부디 위패를 모신 방으로 가주세요"라고 부탁했다. "주인님, 어제는 아프게 환대를 해주어 몸 둘 바를 몰랐었습니다." "아프게 환대했다는 게 무슨 말씀이십니까?" "숨겨서 무엇하겠습니까? 어제 온 비렁뱅이가 저였습니다." "그게 무슨 말씀이십니까?" "보잘것없는 모습으로 오면 하인에게 혼이 나고, 금실로 장식한 법복을 입으면 정중히 대접을 받는군요. 그렇게 금빛 나는 법복이 좋으시다면 차라리 이 법복에 보시해 주시면 어떻겠습니까? 걸식을 비는 승려보다 법복에 훨씬 많은 공덕이 있는 듯하니까요. 하하." 잇큐는 법복을 벗어둔 채 뒤도 돌아보지 않고 돌아갔다. 집안의 일동은 모두 크게 부끄러워했다고 한다. 가진 것으로 사람 전체를 판단해서는 안 된다는 것을 보여주는 일화이다.

자신의 소유물에 속박된 사람에게

58편

인간관계가 어려운 사람에게

> 만약 싸움으로써 싸움을 멈추려 한다면 결코 멈출 수 없다.
> 그저 인내가 싸움을 끝낸다.
> 이 가르침이 정말 귀중하다.
>
> 『중아함경(中阿含經)』

유능한 직원을 스카우트하는 일이 성행하고 있다. 하지만 그게 전부가 아니다. 높은 연봉에 매료되어 이직하는 유능한 사원도 있지만, 회사 내 인간관계 형성에 실패하여 이직하는 사람도 상당하다. 현대 사회에는 회사가 재미없다고 불평하거나 인간관계가 어려워서 퇴직이나 이직하는 사람이 많다.

예전에 한 유명한 판화가는 다음과 같이 말했다. "저는 제 일 때문에 괴로웠던 기억은 없습니다. 진정한 작업은 저절로 진행되는 법이며, 괴롭게 일한 것은 작업이라고 할 수 없습니다. 게다가

　　　　　　　　스스로 삶의 기쁨 만들기

슬럼프도 전혀 없었습니다. 굳이 고된 것을 말하라고 한다면, 작업이 아니라 사람들과 교제하는 것이었습니다."

하지만 인간관계를 맺는 것이 귀찮다고 해도, 사회생활을 하는 이상 어떻게 그만두겠는가. 좋든 싫든 사람들을 만나지 않으면 안 된다. 소설가 나쓰메 소세키도 『풀베개』첫머리에 다음과 같이 적었다. "산길을 오르며 생각한다. 아는 대로 일하면 타인과 각을 세우게 되고, 감정에 휩쓸리면 도태된다. 고집을 관철하면 구차해진다. 그래서 세상은 살기 힘들다. 살기 힘든 것이 심해지면 살기 편한 곳으로 옮기고 싶어 한다. 그러나 어디에 가도 살기 어렵다는 것을 깨달을 때 시가 태어나고 글이 나온다." 소세키가 만년에 다다른 경지가 '즉천거사(則天去私)'이다. 그곳은 사심을 버리고 대자연의 품에 달려가 유유자적한 생활을 하는 세계이다. 아무리 험난해도 이 세상에서 도망칠 수 없다. 어디로 가도 도망칠 수 없다는 것을 이해한다면, 현실을 있는 그대로 받아들이고 이 안에서 살아가는 것 말고 다른 방법이 없다.

사람들과 사이좋게 지내는 것은 그렇게 어렵지 않다. 무슨 말을 들어도 싱글벙글 웃고 있으면 되기 때문이다. 그런데 이렇게만 하면 다른 사람의 종이 되어 자신의 잠재력이 묻힌다. 인간관계를 잘 만들기 위해 일방적으로 다른 사람에게 맞추기보다 갈등을 최소화하며 서로의 잠재력을 펼칠 수 있게 해주어야 한다.

때로는 서로 의도를 오해하여 절교하는 일도 있다. 하지만 내가 그렇게 해서는 안 된다. 많은 사람과 교제하더라도 자신의 정체성을 잊지 않고, 혼자 있더라도 다른 많은 사람을 잊지 않는 부즉불리의 관계를 유지하는 것이 좋다고 생각한다.

사람들과 친하게 지내는 것은 좋은 일이다. 하지만 도가 지나치면 생각지도 않게 그 관계에 구멍이 생기는 일도 있다. 특히 친구와 금전 관계를 맺는 건 주의해야 한다. 서양 속담에 "친구를 잃고 싶다면, 돈을 빌려주어라"라고 한다. 이왕 도와줄 거면 기부한다는 생각으로 빌려주는 편이 좋다. 대체로 돈 때문에 문제가 생기고 서로 서먹해지기 때문이다. 『법구경』에서도 "애착에서 근심이 생기고, 불안이 생긴다. 애착을 끊으면 사람에게 근심이 없는데 어찌 두려움이 있겠는가"라고 하듯이, 사람과의 친분도 적당한 것이 좋다.

인간관계가 틀어지는 것은 좋지 않다. 대화하지 않고 눈을 마주치지 않는 정도면 괜찮지만, 욕을 하며 치고받고 싸우며 은밀히 상대방을 함정에 빠뜨리는 일은 있어선 안 된다. 만에 하나 인간관계가 틀어진다면, 상대방이 무슨 짓을 하더라도 자신의 부족함을 닷하며 상대를 책망하지 않고 참는 것이 제일 낫다.

대승불교 경전 『우바새계경』에 "사람들이 흩어지려고 하면 화합하게 하라. 남의 착한 일을 선양하고 실수는 덮어주어라. 남이 부끄러워하는 것은 끝까지 발설하지 말라. 남의 비밀을 듣고 다른 사람에게 말하지 말라"라고 했다. 다른 사람을 성심성의껏 대하고, 그래도 상대방이 떠난다면 다른 방법이 없다. 그런 때는 '가는 사람 잡지 않고 오는 사람 막지 않는다'는 태연한 마음을 지녀야 하겠다.

스스로 삶의 기쁨 만들기

59편

책임을 떠미는 사람에게

> 나는 한 나라의 기둥이 되겠다.
> 나는 한 나라의 눈이 되겠다.
> 나는 한 나라의 큰 배가 되겠다.
> 그 어느 서원도 깰 수 없다.
>
> 승려 니치렌(日蓮), 『개목초(開目鈔)』

    가마쿠라 시대에 일본은 내우외환의 위기에 놓여 있었다. 당시 막부는 이 위기를 대처하지 못하고 우왕좌왕하고 있었다. 이 상황을 보며 니치렌은 『입정안국론』을 제출했다. 위기에서 벗어날 방책을 간언했지만, 그의 의견이 채택되기는커녕 오히려 쫓겨나 유배를 하게 되었다. 그리고 참수되기 직전까지 자신의 목숨을 희생하여 나라를 지키겠다고 결심하고 목소리를 높여 울부짖은 것이 위 『개목초』의 세 가지 서원이라고 한다.

몽고의 침략에 의한 국가 존망의 기로에도 아랑곳하지 않고, 나라 안은 사분오열(四分五裂)되어 싸우고 있었다. 누구 하나 책임지는 사람 없이 왈가왈부하는 것을 보고 울분을 토하지 않을 수 없었을 것이다. 그 당시 정부는 아무런 계책도 없이 그저 사태의 추이를 지켜보고만 있었다. 그래서 그가 '그렇다면 내가 한 나라의 초석이 되고, 눈이 되고, 배가 되어서 많은 사람을 태우고 파란만장한 대해로 나아가겠다'라는 각오를 세운 것이다.

니치렌과 비슷한 상황을 겪은 무사 야마모토 쓰네토모의 구술서에도 "자신을 갈고닦는 것은 자존심이 없으면 이루어지지 않는다. 나 자신이 집안을 움직이겠다는 다짐이 없으면, 갈고닦음이 제대로 이루어진 것이 아니다"라고 했다. 진정으로 세상을 걱정하는 자는 불굴의 사명감과 책임감을 지녀야 한다는 것이다.

일본은 북방영토, 센카쿠 열도, 독도 등 영토 문제로 늘 주변국과 마찰을 빚고 있다. 그런데 정부는 해결책을 전혀 내놓지 않고 책임을 떠넘기고 있는 것 같다.

곤란한 상황에서 책임을 남에게 떠넘기는 것만큼 꼴불견이 없다. '내가 국가 혹은 회사를 짊어지겠다'라는 각오와 책임감을 느끼는 사람이 꼭 필요하다.

만사가 잘 풀릴 때는 잘 지내다가, 일단 사건이 발생하여 책임소재를 묻는 상황에서는 도망치고 책임을 전가하는 자가 대부분이다. 일찍이 이탈리아 사상가 마키아벨리는 『군주론』에서 "인간은 은혜를 모르고, 변덕스럽고, 음흉하며, 위험이 닥치면 도망친다. 그러다 쓰러지면, 그냥 일어나지 않는다. 희생물을 봉헌할

스스로 삶의 기쁨 만들기

때가 되면, 곧 굴을 파고 도망간다"라며 인간의 교활함을 갈파했다. 확실히 자신을 희생하면서까지 남을 위해 노력하는 사람은 그리 많지 않다.

만주사변 당시 한 선승이 군대에 소집되어 러시아 군대와 격전을 벌이게 되었다. 모두 참호에서 머리를 숙이고 총포를 쏘고 있었다. 그때 "진격! 진격!"하고 소리쳤지만, 누구도 "네"라고 답하는 자가 없었다. 대장을 보니 참호 한쪽에서 바들바들 떨고 있었다. 그래서 선승은 모든 이의 엉덩이를 때리며 "진격!"을 외쳤다. 그리고 선두에 서서 적진에 달려들었다. 그래서 마침내 지역의 한 부분을 점령할 수 있었다고 한다. 그때 후방에 있던 산에서 사령관이 망원경으로 그 모습을 지켜보고 "저 부대는 희한하군. 대장이 뒤에 있고 병사가 지휘를 하고 있네"라며 놀랐다고 한다. 전투가 끝난 후 "저 용감한 병사는 누군가?" 하고 묻자, 주위에서 그가 선승이라고 알려주었다. 사령관이 그를 불렀다. 선승은 "저는 선승입니다. 그리 대담하지 않습니다. 언제 죽어도 괜찮다고 생각한 것뿐입니다"라고 했다. 그리고 나중에는 "인간은 목숨을 걸고 하면 무엇이든 할 수 있다"라는 말을 남겼다.

책임을 떠미는 사람에게

60편

무책임한 행동을 서슴지 않는 사람에게

> 유익한 행동은 행복을 부르고,
> 유익하지 않은 행위는 불행을 부른다.
> 마치 정원을 지키는 원숭이 두목과 같이,
> 무지한 사람은 이익을 잃는다.
>
> 『본생경(本生譚)』

　자신은 남을 위해서 최선을 다하고 있다고 믿어도, 옆에서 보면 백해무익한 경우가 있다. "이름을 걸고 이름을 훼손한다"라는 말이 있다. 그것이 상대를 위해서가 아니라 오히려 해를 끼치고 있음에도 알아차리지 못하는 것이다. '어째서 이렇게 노력하고 있는데 그것을 인정해 주지 않는가?' 하고 내심 불만을 품기도 한다.

　『본생경』에는 다음과 같은 이야기가 기록되어 있다.

어느 날, 인도 바라나시에서 축제가 있다고 해서 궁정의 정원사도 나서게 되었다. 그래서 정원사는 정원에서 놀고 있는 원숭이 두목에게 "내가 지금 외출하니 그동안 이 정원의 어린나무들이 말라 죽지 않도록 물을 뿌려라"라고 명령했다. 그리고 도구들을 남겨두고 외출했다.

원숭이 두목은 수하의 원숭이를 모아서 "너희들, 이제부터 어린나무에 물어 주어라. 하지만 물을 소중히 여겨야 한다. 그러니 어린나무 뿌리를 하나하나 뽑아보고, 뿌리가 깊은 나무는 물을 많이 주고, 뿌리가 얕은 나무는 물을 조금만 주어라. 나중에 물이 부족해지면 안 되니까"라고 말했다. 원숭이들은 그대로 실행했다. 그때 어떤 현자가 "어째서 어린나무를 뽑는 건가?"라고 원숭이들에게 물었다. 원숭이들은 "두목께 명령을 받은 대로 하는 겁니다"라고 답했다. 현자는 그 말을 듣고 "아아, 정말 어리석고 무지한 자구나. 이로운 행동을 하고자 하면서, 오히려 유익하지 않은 행동을 하고 있구나"라고 탄식했다.

이 원숭이들은 그저 상사의 명령을 충실히 지키며 물을 주는 것만 신경 쓰고, 나무를 키우는 데 핵심적인 것에 대해서는 몰랐다. 그래서 아무것도 얻지 못하고 오히려 나무를 말려 죽이는 잘못을 범하고 말았다.

우리 사회에서도 비슷한 사례를 얼마든지 찾을 수 있다.

많은 직장인이 자사 제품을 팔기 위해 큰 비용을 들여 만든 예쁜 카탈로그나 팸플릿을 들고, 제품이 얼마나 좋은지 홍보한다. 하지만 고객은 홍보 내용의 반 정도만 신뢰한다. 결코 말의 액면

무책임한 행동을 서슴지 않는 사람에게

그대로를 믿지 않는다. 사용하는 상품이 좋은지 나쁜지는 직장인 자신이 아니라 고객이 판단토록 해야 한다. 홍보라는 것은 고객을 좋은 말로 구워삶고, 거짓된 정보에 속아 사게 만드는 것이 아니다. 홍보란, 고객에게 꼭 전달해야 할, 제품의 실상을 알리는 것이다. 팔아야 할 제품이 정말로 고객에게 도움이 되고 즐겁게 사용할 수 있다는 사실을 알리는 수단이 되어야 한다. 자신의 영업실적을 올리기 위해 제품에 결함이 있건 없건 신경 쓰지 않고, 나중에는 될 대로 되라는 식의 무책임한 홍보는 도리어 '안 하느니만 못한' 홍보가 된다.

　유익한 행위는 자신도 공덕을 쌓으면서 동시에 상대방에게도 이익이 되는 "자리이타(自利利他, 자신을 위해 수행하고, 타인의 이익을 위해 행동함)"를 가리킨다. 체면도 생각하지 않고 자기만 이익을 보면 된다고 여기며 부를 축적하면, 일시적인 성공은 얻을 수 있지만, 결코 행복해질 수 없다. 이러한 행동은 어딘가 부자연스럽고, 신용을 잃어 추락할 가능성이 크다.

61편

좋은 스승을 만나지 못한 사람에게

> 불법(佛法)을 전수받을 때는
> 반드시 깨달음을 얻은 사람을 스승으로 삼아야 한다.
> 문자를 나열하는 학자를 스승으로 삼아서는 안 된다.
> 그건 맹인이 다른 맹인을 인도하는 것과 같다.
>
> 선사 도겐(道元), 『정법안장변도화(正法眼藏弁道話)』

"나는 왜 좋은 선생이나 선배를 못 만나는 걸까?" 하고 탄식하는 사람이 있을 것이다. 좋은 스승에게 가르침을 받는 학생과 그렇지 않은 학생에게는 큰 차이가 있다. 이때 배운 것이 인격 형성의 측면에서 큰 차이를 보이며, 성인이 된 후에도 영향을 미친다. 훌륭한 교사의 말과 행동을 잘 관찰하고 배운 이는 그 학은(學恩)에 감사하고 스승으로부터 즐겁게 배운 것을 후학들에게 전달한다. 형편없는 교사에게 배운 자는 제대로 배운 것이 없기에 남에게 전달할 것도 없다.

깊은 산림에서 좋은 원숭이 두목과 나쁜 원숭이 두목이 있었다. 어느 날 그 산림에 국왕이 사냥하러 왔다. 원숭이들이 대규모 군대에게 포위되었을 때, 좋은 원숭이 두목이 나쁜 원숭이 두목에게 "이렇게 많은 병사에게 둘러싸여서 큰일입니다. 강을 건너 탈출합시다"라고 권했다. 나쁜 원숭이 두목은 "그렇게 어렵게 할 필요가 없습니다. 그리고 저쪽으로 건너간다고 해도 저기에 식량이 충분히 있을지 없을지 알 수 없습니다. 여기에 있어도 그렇게 위험하지 않을 것입니다"라고 답했다. 좋은 두목을 따르던 무리는 무사히 탈출하였고, 두목의 선견지명에 감사해하며 그를 더 따르게 되었다. 하지만 나쁜 두목을 따르던 무리는 사로잡혔고, 두목을 욕하며 뿔뿔이 흩어졌다고 한다. 이는 『본생경』에 기록된 우화이다.

『논어』에는 "아침에 도를 들으면 저녁에 죽어도 여한이 없다"라는 구절이 있다. 이처럼 좋은 스승에게 직접 인생의 진리를 들었을 때 느끼는 기쁨은 다른 기쁨에 비할 바가 아니다. 정말 훌륭한 스승은 자신의 지식을 주입하지 않는다. 오히려 『중아함경』에서 "여래는 그저 도를 가르칠 뿐이다"라고 기록하고, 시인 바쇼가 "옛사람의 발자취를 찾지 말고, 옛사람이 찾고자 했던 것을 찾아라"라고 했듯, 좋은 스승은 지식을 많이 보유한 자가 아니다. 진정한 도를 가르치는 사람이 좋은 스승이다. 스승은 제대로 된 공부 방법을 제자에게 전달하면 충분하다. 제자가 그 방법론에 따라 한발 앞으로 나아가는 것을 보면 스승의 역할은 끝난다. 이런

스스로 삶의 기쁨 만들기

학문적 은혜는 새로운 지식으로 보답해야 한다. 스승보다 더 좋은 업적을 쌓는 것이 받은 은혜를 돌려주는 것이다. 그것 이외에 다른 것은 생각할 필요가 없다.

하지만 현대 사회는 어떠한가. 은사에게 학문적으로 대답해도 배반 행위로 간주하고, 개인적인 원수가 되고, 배은망덕한 자가 된다. 더욱이 제자가 연구 논문을 출판할 때에는 학계 중진의 허가를 받아야 하고, 중진의 학설을 비판하고자 하면 파문되고 만다. 이것은 조직폭력배의 상하 관계와 다를 바 없다.

검도 수련에서는 자격증을 따면 스승에게서 독립하여 서로 대등한 관계가 된다. 사적인 감정을 빼고 기술만으로 겨루는 것이다. 하지만 어느샌가 스승과 제자 간의 도리가 잘못되었고, 학벌만 난립하고 있다. 실력보다는 권위와 지위에 기대어 뻔뻔히 가르치는 교사와, 좋은 스승도 학문도 없이 학생을 대량생산하는 학교, 그저 과정만 이수하고 졸업하고선 교육받았다고 착각하는 학생이 너무나 많다.

우리는 한 번 더 『범망경』의 기록을 눈여겨보자. "무상보리(無上菩提)를 연설하는 스승을 만나면 그의 출신이나 얼굴 생김새를 보지 말고, 그의 잘못을 미워하지 말아라. 그의 행동거지를 따지지 말라." 또한 고승 신란(親鸞)이 『탄이초』에서 "나는 제자가 한 명도 없다"라고 말한 것처럼, 스승도 제자도 함께 진리를 구하는 인간에 불과하다는 점을 겸손하게 자각하고 있어야 한다.

좋은 스승을 만나지 못한 사람에게

62편

인재를 얻지 못한 사람에게

> 국보(國寶)란 무엇인가.
> 국보는 불도(佛道)를 구하는 마음이다.
> 또한 불도를 구하는 사람을 국보라고 한다.
> 그러니 경전 열 장이 국보가 아니라
> 한 생각을 밝히는 것이 국보다.
> 승려 사이초(最澄), 『산가학생식(山家學生式)』

소크라테스가 아테네 교차로에서 낮부터 등을 켜고 무언가를 찾고 있었다. 옆에 지나가던 제자가 "선생님, 무엇을 찾고 있습니까. 떨어뜨린 물건이 있습니까?"라고 묻자 "사람을 찾고 있네"라고 답했다. "사람은 저기에 많이 있지 않습니까?"라고 하자, "저들은 모두 사람이 아니다"라고 했다. "사람은 많은데 정작 쓸 사람이 없다"라고 했다.

스스로 삶의 기쁨 만들기

'사람다운 사람, 사람답게 행동하는 사람'이 정말 적고, 회사나 직장의 경영자들이 "없어도 좋은 사람, 그저 월급만 받는 사람은 정말 많은데, 없어서는 안 될 사람, 대체 불가한 사람이 없다"라는 말을 자주 한다. 이렇게 된 건 '먹고 입는 거 해결하면 충분하지. 예절은 필요 없다'라는 생각 때문이다. 물질적으로 풍족한 환경에서 그저 지식을 집어넣는 것이 교육이라고 착각하며 졸업하고 입사했기 때문에 제대로 된 역할을 해내지 못하는 사람이 많은 것 아닐까.

자원이 적은 국가들이 살아남을 길은 지금처럼 원료를 수입해 생산한 가공품을 수출하는 데 있지 않다. 인재를 육성하여 그 인재가 만든 지식, 기술, 지혜를 수출하는 것이 중요하다. 정보 산업화 시대에 없어서는 안 될 인재를 육성하는 데는 많은 시간과 자금이 든다. 하지만 그런 인재가 국가의 미래를 결정짓는다.

교육입국(教育立國)이라며 교육에 열을 올리는 국가들이 있다. 이들은 교육에 투자하는 비용이 다른 분야나 다른 나라와 비교했을 때 매우 높다. 하지만 효과의 측면에서는 미국과 유럽의 국가들에 미치지 못하고 있는 실정이다. 앞날이 창창한 청년들은 자신의 능력을 펼칠 가능성을 품고 있다. 좁은 국내에서는 지위, 직함, 학력으로 불행이 초래되어, 옴짝달싹 못 하고 있다. 이제부터는 자신의 능력을 마음껏 발휘해서 세계로 쭉쭉 뻗어 나가기를 바란다. 세상은 근면하고 뛰어난 인재를 기대하고 있다.

세상의 어른들은 다음 세대를 짊어질 청년에게 기대만 하고 있을 게 아니라 솔선수범하며 지금까지 자신이 배운 지식이나

인재를 얻지 못한 사람에게

생활의 지혜를 전해주어야 한다. "이것만은 나를 닮았으면 좋겠다", "이것만은 나를 닮지 말아라"라며 자신감, 자긍심, 용기를 가지고 전해주었으면 좋겠다. 정말로 다음 세대를 짊어질 인재를 원한다면, 다섯 가지를 가르쳐주며 세 가지는 칭찬하고 두 가지는 꾸짖어서 청년들이 실력을 갖출 수 있게 해야 할 것이다. 만약 그것이 불가능하다면, "요즘 젊은이들은 글러 먹었다"라는 어리석은 말은 하지 말기를 바란다.

63편

진심 어린 야단을 맞고 싶은 사람에게

> 번뇌를 가진 몸이라고 해서 마음대로 한다면,
>
> 즉 몸으로 해서는 안 될 것을 하고,
>
> 입으로 말해서는 안 될 것을 말하고,
>
> 생각해서는 안 될 것을 생각하며,
>
> 모든 것을 마음대로 하겠다고 한다면,
>
> 거꾸로 이 모든 것이 불편하게만 기억된다.
>
> 고승 신란(親鸞), 『말등초(末燈抄)』

요즘은 여간해서 다른 사람에게 엄하게 질책받지 않는다. 모두 서로에게 좋은 말만 건넨다. 남이 옳지 않은 일을 해도 '군자는 위태로운 곳에는 가지 않는다'라고 생각하는지, 보고도 못 본 척하고 만다. 하지만 누구에게도 관심받지 못하고 버려지면 오히려 몸이 불안을 느낀다. 심지어 때로는 부모로부터 혼나고 싶다는 기분까지 든다. 자신이 관심을 받고 있다고 느끼기 때문에 충분히 납득할 수 있는 방법으로 타이르는 것도 필요해 보인다.

어느 술버릇이 고약하고 꾀병 부리며 일도 제대로 하지 않는 직장인이 있었다. 그는 "하는 일 없이 월급만 타가는 사람"이라고 불렸다. 어느 날 그를 잘 아는 상사가 다음과 같은 편지를 보냈다.

"저는 지금까지 당신이 한 일을 따뜻한 눈길로 지켜보고, 대부분은 그냥 넘기고자 했습니다. 하지만 최근 그렇게 하면 안 되겠다는 생각이 들었습니다. 당신의 무책임한 행동을 보고 그냥 지나치는 것이 당신을 위해서도 회사를 위해서도 좋지 않다는 것을 깨달았기 때문입니다.

당신의 요즘 태도는 본인에게 충실하지도, 인생을 진지하게 꾸려나가지도 않는 것처럼 보입니다. 이런저런 고민이나 슬픔을 마음에 품고 있지 않은 사람은 없습니다. 그래도 모두 이를 악물고 필사적으로 살아가고 있습니다. 그런 험난한 인생에 등 돌리고 당신은 매일 스스로 타락하는 생활을 이어가고 있습니다. 그것도 적당히 하면 좋을지도 모르겠습니다. 하지만 인생은 그렇게 만만하지 않습니다. 언젠가 당신은 스스로부터도 회사 동료로부터도 세상으로부터도 받아들여지지 않게 될 것입니다.

매일 불행을 토로하고 다른 사람 탓을 하고 세상을 원망하지는 마십시오. 어떤 상황에 빠져도 다른 사람에게 응석 부리지 마세요. 생각대로 되지 않아도 다른 사람을 원망하지 마세요. 인생은 어차피 고독한 것이고 믿을 것은 자신뿐이라는 것을 가슴 깊이 새기기 바랍니다. 제가 드리고 싶은 말씀은 이것뿐입니다.

스스로 삶의 기쁨 만들기

당신도 잘 알고 있는 것이라고 생각합니다. 하지만 이것을 이야기해 주지 않으면 안 되는 저의 괴로운 마음을 살펴봐 주세요. 당신에게도 좋은 면이 있다고 생각합니다. 그것을 저에게도 보여주세요. 언제라도 좋습니다. 늦은 밤이라도 괜찮으니 우리 집에 오거나 전화해 주기 바랍니다. 앞으로 열흘만 기다리겠습니다. 그동안 마음을 완전히 고쳐먹고 바꾼다면, 저는 삼고초려의 예를 다해 당신을 맞이할 것입니다. 만약 열흘이 지나도 당신이 아무것도 생각하지 않고, 답장도 하지 않고, 지금과 다를 바 없는 생활을 계속한다면, 저는 당신이 더는 필요 없습니다. 얼른 본인이 가고 싶은 곳에 가서 하고 싶은 것을 하는 것이 좋겠습니다. 당신의 답장을 기다립니다."

이 편지를 읽고 난 후, 이 정도로 자신을 생각해 주는 사람이 세상에 있다는 사실을 안 그는 울고 또 울었다. 그 후로 그는 완전히 다른 사람이 되었다.

다른 사람을 진정으로 꾸짖을 자격을 갖춘 사람은 자신을 꾸짖는 마음을 가진다. 자신을 꾸짖을 생각으로 남을 꾸짖지 않으면 효과가 없다. 그렇게 해야 타인도 진정으로 그것을 듣는다. 우리도 서로가 진심으로 꾸짖는 사람이 되어야 하지 않을까.

진심 어린 야단을 맞고 싶은 사람에게

64편

나의 갈 길만 생각하는 사람에게

극락의 연못에는

수레바퀴와 같은 연꽃이 꽃 피우고,

푸른 꽃은 푸른빛을, 노란 꽃은 노란빛을,

붉은 꽃은 붉은빛을, 하얀 꽃은 하얀빛을 낸다.

『아미타경(阿彌陀經)』

비즈니스 장소나 번화가를 걸으면, 정말로 다양한 복장의 사람을 만날 수 있어서 재미있다. 조끼에 넥타이까지 갖춘 정장을 입은 자도 있고 자켓에 스웨터를 입은 자도 있으며, 콧수염에 청바지를 입은 사람도 있다. 패션쇼를 보는 것처럼 각기 다른 스타일의 사람들이 지나다닌다. 수트, 원피스, 레이어드 패션 등 이렇게 저렇게 갖춰 입어 눈을 즐겁게 해준다. 정말 십인십색으로 각각 자신에게 맞는 복장을 고르고 있다. 원래 패션은 개성의 표현

스스로 삶의 기쁨 만들기

이라고 불린다. 사람 모두 성격이 달라서 같은 복장을 입는 것은 무리일 것이다.

이야기가 조금 옆길로 샜지만, 『아미타경』에 기록된 "극락"은 산 너머 저쪽이나 사후 세계를 가리키는 것이 아니다. 이 세상의 행복하고 평화로운 세상을 이야기하는 것이다. 그중에 성격이 다른 사람이 마치 땅에 핀 파란, 노란, 빨간, 하얀 연꽃과 같이 다양한 개성이나 천성을 발휘하고, 생동감 있게 살아가는 상태를 가리킨다. 일부 인간만이 부, 권력, 명예, 아름다운 용모를 바라며, 타인이 그것에 희생물이 되는 불평등한 세상이 아니라, 누구도 이런저런 성격이나 능력에 부응하여 자신의 힘을 발휘하고 그것이 인정받는 평등한 세계를 상징하고 있다.

어느 일본의 심리학자가 쓴 『일본인의 삶의 보람』이라는 책에는 인간의 다양한 삶의 방식을 제안하고 그 성격을 편의상 일곱 가지로 분류했다. 즉 향락인, 의무인, 모험인, 도피인, 추구인, 무집착인, 자유인이다. 우리는 이 중 어딘가에 속한다.

'향락인'은 자주성이 없고 쾌락을 추구하며 놀이에 삶의 보람을 느낀다. '의무인'은 사회적 관습이나 규칙을 충실하게 지키는 것에서 삶의 보람을 찾는다. '모험인'은 사회적 규칙에서 벗어나 자신의 인생을 사업 등에 건다. '도피인'은 무엇에 실패했을 때 스스로 고립시키고 반동화된다. '무집착인'은 세상사에 구애되지 않고 유유자적한 생활을 보낸다. '자유인'은 이 중 어느 범주에 완전히 속하지 않고 부즉불리의 관계를 지니며 절대적인 생활을 보낸다.

나의 갈 길만 생각하는 사람에게

소위 '향락인'이나 '의무인'은 약기형(弱氣型) 인간이고, '모험인', '도피인'은 승기형(勝氣型) 인간, '추구인', '무집착인'은 강기형(强氣型) 인간를 가리킨다. 이 심리학자에 따르면, '약기형 인간'은 분열증 기질, '승기형 인간'은 우울증 기질, '강기형 인간'은 간질 기질이 발견된다고 한다. 이 기질들 중 어디에도 치우치지 않는 것이 무색투명 자유로운 본래의 자신이며, 이상적 경지라고 말해도 틀리지 않을 것이다.

여기서 분명히 말하고 있는 것은 강기, 승기, 약기 어느 쪽 기질의 인간도 결점을 가지고 있다는 점이다. 우리의 욕망은 끝이 없고, 이런저런 사람이 자아의 광대함에 정신을 잃고 극한에 치달으면, 약기자는 노이로제, 승기형은 히스테리, 강기형은 편집증이라는 자아의 좌절이 기다리고 있다. 그렇게 되지 않도록 자신의 행동 습관을 버리고 본래의 자신을 목도하여 무엇에도 휘둘리지 않고 살아가는 자유인이 되어야 할 것이다.

사람에게는 이런저런 성격이 있다. 장점이 있으면 단점도 있다. 그것을 서로가 왈가왈부하고 자신에게 잘 맞는 사람만 편들고, 다른 사람을 비난하고 매도한다면 세상은 하루도 평화롭지 않을 것이다. 우리가 해야 할 것은 서로를 바라보며 이런저런 이질성을 인정하고 존중하면서 동시에 서로의 공통분모인 대아(大我, 본래 자신)를 지향하는 것이다.

65편

사람을 사랑할 수 없는 사람에게

> 사람의 생각은 어디로든 갈 수 있다.
> 그러나 사람은 자신보다 사랑하는 것을 찾을 수 없다.
> 그와 마찬가지로 다른 사람들도 자신을 한없이 사랑한다.
> 따라서 자기를 사랑하는 자는 다른 이를 해쳐서는 안 된다.
>
> 『상응부경전(相應部經典)』

　미국 심리학자 에리히 프롬의 말을 빌리자면, "현대인은 다른 사람에게 사랑받는 것은 알아도 다른 사람을 사랑하는 것은 알지 못하는"듯하다. 다른 사람의 호의나 친절은 당연하게 받으면서 다른 사람을 적극적으로 사랑하고 봉사하는 것은 어리석은 일이라고 생각한다. 자기를 중심으로 세상이 움직이지 않으면 만족하지 않는 사람이 많은 것 같다. 이것은 오늘날 갑자기 시작된 것이 아니다. 석가가 살아있던 시기에도 마찬가지였다.

꼬살라국의 왕 쁘라세나짓은 말리까라는 아름다운 부인과 함께 행복한 나날을 보내고 있었다. 어느 날, 왕은 높은 누각에 올라서 풍경을 돌아보다 문득 왕비에게 "이 넓은 세상에서 당신이 가장 사랑하는 사람은 누구입니까?"라고 물었다. 내심 자신이라고 대답하기를 기대하면서 말이다. 그러나 의외의 대답에 깜짝 놀라고 말았다. "왕이시여, 이 세상에서 저 자신보다 더 사랑하는 자는 없습니다." 이에 왕은 석가를 찾아와 가르침을 구했다. 그때 석가가 말한 것이 위의 『상응부경전』에 있는 시였다. 곰곰이 생각해 보니 왕도 자신을 가장 사랑한다는 것을 깨달았다고 한다.

아무리 사랑하는 사이라고 하더라도 궁극적으로는 자신을 가장 사랑한다. 석가는 모두가 자신을 가장 사랑한다는 생각을 숙명으로 여기길 바랐다. 만약 다른 사람의 존재가 귀찮고 사랑스럽지 않다면, 한 번 자신을 고독의 나락에 빠뜨려 보면 어떻겠는가. 다른 사람의 호의나 친절을 일절 기대하지 않고 거부하며 말이다.

옛날 석가의 제자 중에도 동료의 존재가 귀찮아서 홀로 있는 것을 좋아하는 수행자가 있었다. 석가는 그의 외견은 견고해도 마음은 약하다는 것을 알아차리고, 그의 용기를 시험하고자, 어느 날 그에게 "이 산 뒤편에 귀신이 사는 계곡의 나무 아래에서 명상을 해보게"라고 했다. 그는 "네, 알겠습니다"라고 두 번 대답하고 선뜻 산에 들어갔다. 나무 아래에 도착하여 명상에 들어가려고 하자, 두려움과 쓸쓸함이 몰려왔다. 한두 시간이 지나자 견딜 수 없게 되었다. "아, 이야기 상대가 없을까? 쓸쓸해서 견딜

　　　　　　　　　　　　스스로 삶의 기쁨 만들기

수 없다"라고 혼잣말을 하며 이곳에서 명상하겠다고 한 것을 후회했다.

그가 명상을 단념하고, 돌아갈 채비를 하고 있을 때 어느새 석가가 다가와 물었다. "자네는 평소에 매우 용기 있어 보였다. 계곡에 와서는 특별히 무섭지 않았는가?" "네, 사실 무서워서 더는 이런 곳에 있을 수 없습니다"라고 솔직하게 답했다. 그런 대화를 주고받는데 어느새 옆에 온 야생 코끼리 한 마리가 나무 아래 누워서 잠을 자기 시작했다. 석가는 그것을 보고 "이렇게 편안하게 자고 있는 코끼리의 마음을 이해하겠나?"라고 묻자, "아니요"라고 답했다. 석가는 "이 코끼리는 대략 오백 마리 중 한 마리지만, 오늘 그 무리에서 떨어져 홀로 있어도 편안히 자고 있다. 이렇게 할 수 있는 것은 무리에서 뒤엉키는 것이 복잡하기 때문이다. 다시 말해 동물조차도 홀로 있고 싶다는 욕구를 가진다. 그런데도 많은 사람에 둘러싸여 있을 때는 뒤엉킴을 싫어하며 출가했던 자가, 인제 와서 그런 고독을 싫어하는 것인가? 아무리 주위에 많은 사람이 있어도 도리를 알지 못하는 자와 교류하면, 오히려 수행에 걸림돌이 될 뿐이다. 그러니 수행에는 동행이 필요하지 않다"라고 했다. 수행자는 그제서야 왜 석가가 자신을 적적한 계곡에 보냈는지 이해했다고 한다.

이 이야기는 『법구비유경』에 기록되어 있다. 고독해진 후 교제의 소중함을 이해했다는 이야기다. 현대인은 군중 속에서도 마음을 닫고 사람을 사랑하는 것도 사랑받는 것도 모른 채 홀로 쓸쓸히 지내고 있는 것 같다.

사람을 사랑할 수 없는 사람에게

제4장

자비심 키우기

66편

괴짜라고 불리는 사람에게

세속을 떠난 사람은 기이하고.

뜻을 품은 사람은 기이하지 않지만 남과 다르다.

더러움에 섞이지 않으면 청정하고,

세속을 끊고 청정을 구하면 청정해지기 보다는 격해진다.

홍자성, 『채근담(菜根譚)』

"너는 괴짜다"라며 놀림당하고 혼자 괴로워한 사람이 있는가? 자신의 잘못이 없다면 끙끙 고민할 것이 없다. 오히려 기특한 사람이다. 그러나 진기함을 과하게 자랑하면 기인이 아닌 괴짜이다. 우리는 기인, 기특한 사람이 되어야지 괴짜가 되어서는 안 된다. 세상에 함께 있으면서 오염되지 않으면 청렴결백한 것이다. 세속을 떠나 모두를 업신여기며 홀로 올라가려 한다면 그것은 고고함이 아니라 고립이다.

세상에는 '나만 대단하다'고 생각하는 사람이 적지 않다. 다른 사람의 의견에는 귀를 기울이지 않고 자신의 주장은 억지스럽게 고집한다. 상대방이 싫은 표정을 한 번이라도 지으면, 열화같이 화를 내며 무능하다고 비난한다. 그 주위에 있는 사람들이 정말 괴로울 것이다.

자신의 기분을 솔직하게 표현하지 않는 것도 폐를 끼치는 것이다. 손아래 부하에게 트집 잡히고, 승진에서 동료에게 밀려도 "지위, 명예를 즐거워하는 사람은 하수"라고 큰소리친다. 이렇게 좁은 도량으로 마음과 반대의 언행을 하는 이가 괴짜이다.

우리가 사는 세속 사회는 모순투성이여서 정직한 사람이 바보로 취급받고 가려지는 경우가 많다. 하지만 더럽고 악한 것만 가득하다고도 할 수 없다. 탁한 물에서 청정하게 꽃을 피운 하얀 연꽃같이, 비열한 수단을 써 부와 명예를 향해 달려가는 사람들 사이에서 미풍양속을 몸에 갖추고 조심스러우면서도 순수하게 살아가는 사람도 있다.

스스로 '미친 구름'이라고 부르며 세간의 상식에서 벗어나 살았던 선사 잇큐는 기인 중의 기인으로 꼽힌다.

선승은 집단의 승려로서 육식과 결혼이 금지된다. 그러나 잇큐는 계율을 깨고 만년에 신죠라는 맹인 여성과 사랑에 빠진 것으로 유명하다. 또는 승려의 몸으로 목검을 휴대하고 거리를 활보했다. 거리의 사람들은 이상하게 생각하며 "어째서 그러는가?" 하고 물으면, 잇큐는 "요즘 승려들은 이 목검과 매우 닮았소. 외견은 진검 같지만, 막상 빼보면 칼날은 그저 나무 조각이오. 사람들은 이런 사실을 알아보지 않으면 안 됩니다"라고 답했다. 잇큐는 허세로 가득 찬 세상의 위선에 신물이 나서, 형식이나 외견보다는 실속이 중요하다고 말하고 싶었던 것이다. 얼핏 스스로 타락한 파계승이 연상되나 그는 젊었을 때부터 엄격한 수행을 자신의 과제로 삼고 있었다. 자신에게 관대하고 타인이나 세속에 엄격하게 대했던 것이 아니었다.

선승 료칸(良寬)도 기인으로 거론된다. 한 곳에서 오랜 기간 수행하던 중에 탁발(托鉢) 수행으로 여러 나라를 다닌 그는 어린이들의 놀이 상대가 되어주며 여생을 보낸 것으로 유명하다. 어떤 사람이 "왜 어린아이들과 놀고 계십니까"라고 물으면 "아이들은 솔직하고 가식이 없어서 좋다"라고 대답하곤 했다. 또 웃으면서 "나는 아이들이 즐거워하는 것이 즐겁다. 아이들도 즐겁고, 나도 즐거운 일거양득이다. 이것보다 큰 즐거움이 없다"라고도 답했다. 세간의 훼예포폄(毀譽褒貶, 남을 헐뜯거나 칭찬하며 평가함)에 개의치 않고, 자유분방하게 자신이 믿는 대로 행동하는 사람, 이런 사람이 정말로 부럽다.

괴짜라고 불리는 사람에게

67편

트집만 잡는 사람에게

사람은 늘 다음과 같은 실수를 범한다.

다른 사람의 죽음은 알아도 내가 죽는 것은 모른다.

가난을 힘들어하면서도 벗어나는 방법은 모른다.

다른 사람에게 속는 것을 싫어하면서도

자기 자신에게 속는 것은 즐긴다.

기도하는 사람은 있어도, 마음속의 붓다는 공경하지 않는다.

다른 사람의 예의범절은 골라내면서

자신은 예의를 지키지 않는 법이다.

선사 시도 부난(至道無難), 『가나법어(假名法語)』

어떤 사람들은 자기 일은 내팽개치면서 상대방에게 요구하거나 권리를 주장하는 것은 빠뜨리지 않는다. 막상 자신에게 무언가를 시키면 변변찮은 것밖에 못한다. 권리를 주장할 때 그것에 상응하는 의무나 책임이 뒤따르는 것은 당연하다. 해야 할 것을 하지 않고 자신에게 좋은 것만 관철하는 것은 뻔뻔스러운 일이다. 말만 번지르르하고 일하지 않는 사람에게 월급을 주는 회사는 어디에도 없다. 상점에서도 돈을 내지 않으면 상품을 주지 않는다. 깔끔하게 기대한 대로 일하고, 그 대가를 지급했을 때 비로소 권리를 주장할 수 있다. 실적도 올리지 않고 그저 돈을 주어라, 물건을 주어라, 대우를 잘 해주라고 하는 것은 대화가 아니다.

미국 대통령 케네디는 "국가가 당신을 위해 무엇을 해주는지를 생각하지 말고, 국가를 위해 당신이 무엇을 할 것인지를 생각하라"라고 말한 적이 있다. 우선 스스로 무엇을 할 수 있는지를 물은 다음에 상대방에게 요구해야 할 것이다. 하지만 세상에는 무책임한 사람들이 있다. 타인에게 일을 떠넘기고 혼자만 음료를 홀짝이며 결과가 예상대로 되지 않으면, 자신을 피해자로 포장하거나 자신만 좋은 사람처럼 꾸며 상대방에게 책임을 지운다.

정치계를 뒤흔든 여러 게이트 사건이 그 예이다. 누구 하나 자신이 돈을 받았다, 잘못했다고 말하며 고개를 숙이는 사람이 없다. 모든 의혹에 "모릅니다", "기억나지 않습니다" 하며 도망가기 일쑤이다. 오히려 명예에 상처를 입었다며 피해자인 양 행동한다. 인권을 가장한 명예훼손으로 자신의 결백을 증명하는 것이다. 이들이 "천지신명께 맹세코 관계없습니다"라고 말해도 누구도 믿지 않는다.

운이 좋은 건지 증인석에 서지 않았던 사람들은 자신에게 불똥이 튀지 않고 사건을 흐지부지하려고 안간힘을 쓴다. "참 안

　　　　　　　　　　　　　트집만 잡는 사람에게

됐다"라며 방관자로 맴도는 사람도 있고, 권력을 다투다가 일어난 일이라고 규탄하는 사람도 있다.

정말 무책임하기 짝이 없다. 정직한 사람이 손해를 보는 세태이다. 경제성장에 기대어 세상의 높으신 분들이 하는 일에 방관한 것이 죄인지도 모르겠다. 체념을 반복하는 것은 세상을 더 낫게 만들지 않는다. 사회정의에 참여하는 것이야말로 부정을 없애는 것이다.

한편 미국의 저명한 건축가 필립 존슨은 "내가 심사숙고하고 땀 흘리며 만든 건축물을 세상의 평론가들은 한 번 보고 한 마디로 비평한다. 나는 왜 그러한 비평에 안절부절못하면서까지 좋은 평가를 받으려고 안달하는가. 정말 바보 같다"라고 술회했다.

건축가뿐만 아니라 무언가 획기적인 일을 실현하기 위해서는 막대한 에너지를 소모하고 다른 사람들이 모르는 고생을 할 수밖에 없다. 진지하게 사물에 열중하는 사람의 모습은 아름답다. 하지만 열심히 일한 사람이 이룬 것에 방관자 관점에서 말참견 같은 비판을 하며 흠집 내는 자가 많다.

이처럼 누구 하나 당사자로서 책임지고 일에 종사하지 않으면, 세상은 연기자가 없는 휑한 극장에 관객만 득실거리는 형국이 될 것이다. 셰익스피어는 인생을 무대에 비유했다. 이제부터 무대 위의 연기자와 그 연기를 방관하지 말고 함께 무대 위에서 페어플레이를 해야 한다. 그러기 위해서는 이런저런 역할을 이행하고, 완수한 행위가 좋으면 칭찬하고 누구라도 그 공동책임의 한 부분을 짊어지는 주체자, 분담자가 되어야 한다.

자비심 키우기

68편

감사하는 마음이 모자란 사람에게

> 은혜를 아는 것은 대비(大悲)*의 근본이며,
> 선업(善業)을 여는 첫 문이다.
> 은혜를 모르는 자는 짐승보다 못하다.
>
> 『대지도론(大智度論)』

　　몇억 원의 기부금을 주고 자신의 자녀를 의대에 몰래 입학시키려 한 부모가 있었다. 그 부모는 "아무리 남이 뭐라 말해도 제가 고생해서 모은 정당한 돈을 제가 쓰는 것이니 이러쿵저러쿵하는 말을 들을 이유가 없다"라고 뻔뻔스럽게 대답했다. 자신이 모은 돈을 어디에 사용하는지는 그 사람 마음에 달린 것이 맞다. 하지만 그런 방법으로 의대에 들어가 의사가 된 자녀가 적당

---

* 　중생의 괴로움을 구제하려는 큰 자비.

히 진찰 및 치료하고 돈을 받는다면? 후에 그 자녀의 자식도 많은 돈을 들여 의대에 몰래 들어가게 한다면? 도대체 그 결과는 누가 책임진단 말인가.

돈을 어떻게 쓸지는 쓰는 사람 마음이다. 하지만 환자는 병의 쾌유를 바라며 거액을 들인 것이 틀림없다. 누구에게는 소중한 돈을 의대에 진학하는 내 자식을 위해 쓰고 어떤 의사가 될지, 어떤 진찰과 진료를 할지는 될 대로 되라는 식의 발언은 너무나 무책임한 처사이다. 그렇게 제멋대로 살면 돈도 떠나버린다.

미국 소설가 알렉스 헤일리의 『뿌리』는 이백여 년 전 미국에서 노예로 살았던 쿤타 킨테라는 흑인 청년의 이야기이다. 그는 소년 시절 아프리카에 있을 때 아버지로부터 다음과 같은 것을 배웠다. "이 세상은 세 집단으로 구성된다. 첫째는 현실 속에서 먹고 이야기하는 집단. 다른 하나는 눈에 보이지는 않지만 이미 살다간 선조 집단. 그리고 그들로부터 태어날 우리 자손 집단. 그들에 의해 세상은 이루어지는 것이다." 불교에서도 과거, 현재, 미래 삼세(三世)에 걸쳐 생명이 존재하는 것을 설명하고, 삼세의 모든 붓다를 우러러 받들고 있다.

현대인은 '살아 있는 것만 꽃'이라고 하며 자신의 생애만이 전부라는 듯이 생각하고 있다. 하지만 우리에게 오늘이 있는 것은 과거의 성과이고, 또한 미래의 원인이 된다. 물론 과거 전부가 현재가 된 것이 아니고, 또 현재 전부가 미래가 되는 것은 아니겠지만, 과거의 영향을 무시할 수 없다. 거기에는 과거에서 현재로, 또 현재에서 미래로 이어지는 연속성이 있다. 한편, 과거나 미래

자비심 키우기

를 나 몰라라 하고, 현재가 전부라고 생각하며 그때뿐인 생활에
정신이 팔린 사람에게는 과거를 생각하고 은혜를 아는 것은 귀
찮은 것 이외에 아무것도 아니다.

은혜라고 하는 것은 어딘가 무겁게 느껴지고 차라리 없는 편
이 좋겠다고 생각할 수 있다. 확실히 은혜라도 베푸는 듯이 생색
내는 태도는 사절이다. 진정한 게다가 자연스럽게 마음에 들어오
는 감사함 같은 것이다.

아무리 자신은 다른 사람이나 세상의 도움을 받은 것이 하나
도 없다고 장담하더라도, 언젠가 어디에선가 도움을 받았음이 틀
림없다. 그저 본인이 그것을 알아차리지 못할 뿐이다. 잘 생각해
보면 이렇게 지금 살아가는 것만으로도 의식주를 비롯한 모든
것의 은혜를 받고 있다. 하물며 특별히 도움을 받은 사람에게는
예의를 담은 말 한마디 건네지 않고, 은혜를 갚지도 않으면서 태
연하게 있는 것은 짐승만도 못한 행태이다.

『법구경』에서 "부끄러워할 필요가 없는 것을 부끄러워하고,
부끄러워해야 할 것을 부끄러워하지 않으며, 도리에 어긋나는 생
각을 품고 있는 사람들은 악처(惡處, 괴로움의 사후 세계)에 간다"
라고 했다. 감사하는 마음과 부끄러운 마음이 모자란 인간의 행
동 방식을 생각하면 두렵기까지 하다.

감사하는 마음이 모자란 사람에게

69편

타인의 고통에 공감할 수 없는 사람에게

동사(同事)*란 불위(不違)**이다.

자신에게도 불위하고, 타인에게도 불위하는 것이다.

마치 인간 여래가 인간과 함께 하는 것과 같이

타인을 자신과 함께하게 하고,

후에 자신을 타인과 함께하게 하는 도리가 있어야 한다.

『수증의(修證義)』

일본의 소설가 모리 오가이의 「다카세부네」라는 단편소설
에 동생이 병 때문에 괴로워하다가 자살하기 위해 면도용 칼로
목을 찔렀지만 죽지 않고 고통받는 장면이 있다. 형이 그 모습을

---

*　　보살이 중생과 더불어 기쁨과 슬픔을 함께하며 인도함.

**　　어기지 않음.

　　　　　　　　　　　　　　자비심 키우기

발견하자 동생은 원망스러운 눈으로 "얼른 이 면도칼을 뽑아줘. 그러면 죽을 수 있어. 행복해질 거야"라고 애원했다. 형은 곤혹스러워하며 너무나 괴로운 심정으로 서서히 그 면도칼을 뽑아서 동생을 죽게 하고 살인범이 되어 섬으로 유배를 하게 되었다.

안락사 문제가 커지는 것을 잘 알고 있다. 가장 사랑하는 사람이 눈앞에서 몸부림치며 괴로워하는 것을 가만히 보고 넘길 수 없어서 일 초라도 빨리 편안하게 해주고 싶다는 마음이 인간의 일반적인 감정일 것이다. 그렇다고 마취나 그 밖의 수단으로 괴로운 숨의 뿌리를 끊으면, 현행법에서는 그 이유 여하를 묻지 않고 자살방조죄나 살인죄로 처벌받는다.

병환에 있는 부친에게 부탁받아 그 부친을 살해한 아들의 재판이 있었다. 법원은 "일정한 엄격한 요건이 갖추어진다면, 안락사는 법적으로 승인된다"라는 새로운 견해를 제시하여 주목받았다. 불치의 병으로 죽음에 직면한 경우, 누가 봐도 고통이 심한 경우, 병자의 고통을 완화하는 것이 목적인 경우, 당사자가 진정으로 한 부탁이나 승낙이 있었을 경우, 의사를 통해 이뤄진 경우, 죽이는 방식이 윤리적으로 타당한 경우, 이상 여섯 요건이 갖추어져야 한다. 죽은 사람은 말이 없기에 법률이 악용되는 것을 걱정하여, 이렇게 엄격한 요건을 내건 것이다.

그런데 세상에는 다른 사람이 괴로워하는 모습을 보고도 전혀 동정이나 연민의 감정을 갖지 않고, 오히려 재밌어하며 비웃는 냉혹함도 있다.

일본의 수학자 오카 기요시의 사상을 담은 에세이에서 "도의

타인의 고통에 공감할 수 없는 사람에게

의 근본은 타인의 가여움을 이해하는 것이다. 하지만 타인이 슬퍼하는 모습을 보고 자신도 슬퍼진다면, 그것은 이미 종교의 세계에 들어간 것"이라고 했다. 선사 호넨도 "뭐라도 해야 한다. 뭐라도 해야 한다. 슬퍼해야 한다. 슬퍼해야 한다"라고 했다. 타인에게 무엇이라도 해줄 수 없는 악업의 깊음이 부끄러워 참회하는 말이다. 선사 니치렌도 세상과 자신을 걱정하며 "나는 울지 않아도 눈물이 마르지 않는다"라고 비탄의 감정을 드러내고 있다. 이러한 연민의 감정을 우리는 잊지 말아야 한다.

『관무량수경』에는 "불심은 대자비"라는 구절이 있다. 마치 어머니가 자기 자식을 항상 애지중지하듯이, 모든 사람에게 연민의 마음을 쏟는 불심이라고 한다. 석가의 전신인 법장보살(法藏菩薩)은 괴로워하는 모든 사람을 한 명도 빠짐없이 구하지 않으면 붓다가 되지 않겠다고 서원했다.

중국 선사 조주(趙州)는 어떤 사람에게 "당신 같이 깨달음을 얻은 위대한 선승도 번뇌가 일어납니까?"라고 질문받았다. 한마디로 "일어난다"고 답하자 "그러면 당신과 같은 분도 지옥에 떨어집니까?"라고 물고 늘어졌다. "가장 먼저 떨어진다." "왜 그렇습니까?" "내가 먼저 떨어지지 않으면 당신이 떨어졌을 때 괴롭기 때문이다." 이처럼 타인의 고통이 자신의 고통이 되지 않으면, 진정으로 상대를 동정했다고 볼 수 없지 않겠는가?

자비심 키우기

70편

배려가 없는 사람에게

살아 있는 모든 것에 자애가 없는 자,

이러한 자는 천한 자이다.

『천민경(賤民經)』

누군가 곤경에 빠져 있거나 괴로워하는 것을 알고 있으면서 태연하고, 오히려 기분이 좋다며 조소하는 사람이 있다. 그뿐만 아니라 자신이 생각한 대로 일을 완수하고자 그것에 반대하는 사람을 사갈시(蛇蝎視, 뱀이나 전갈 보듯이 함)하는 자도 있다. "남자가 문밖을 나가면 칠 인의 적이 있다"라고 한다. 현대인에게는 영업 경쟁자, 출세의 걸림돌, 마작 상대, 수험 경쟁자 등 정말 적이 많다. 같은 인간이면서 왜 그렇게 상대방이 미운 것인가? 이러한 적대 행위에 몰두하다 보면 사람을 배려하는 기분은 조금도 없는, 냉혹한 심정을 지닌 자가 되어버리기 십상이다.

어릴 때부터 끊임없이 경쟁에 내몰린 현대인, 그리고 일류대학에서 공부하는 학생들 대부분은 최근 좌경화되고 있다고 한다. 정치적으로 좌파가 되고 있다는 것이 아니라, 뇌의 활동이 우뇌에 편중돼 있어서 정서가 불안정해지고 있다는 것이다.

일본인의 뇌 활동을 오랜 기간 연구한 쓰노다 타다노부는 인간의 뇌는 좌와 우로 나누어져 있고, 왼쪽은 학문적 지식이나 지성을, 오른쪽은 감정적 정서를 관장하고 있다고 한다. 오랜 기간 수험을 돌파하기 위해 경쟁심을 불태운 오늘날 학생은 좌뇌만 발달하고 우뇌의 활동이 둔화되었다. 지식에만 편중한 결과 학문적 지식이나 지성은 훌륭해서 "이론은 잘 말하지만 독창성이나 배려가 없는, 감정이 식어 차가운 인간이 되고 말았다"라고 했다. 이런 냉혹한 사람이 장래에는 최고학부에 있으면서 모든 곳에서 지도자로 활동할 것을 생각하면 두렵다.

학생만이 아니라 사회인 사이에도 같은 풍조가 보인다. 자신은 어떤 사람으로부터 가혹한 처사를 당했다고 원망하는 마음으로 상대방에게 복수하고 말 거라고 기회를 엿보는 경우가 있다. 상대가 사실은 괴롭히려는 의도가 없었다고 해명하고 사과해도 본인은 완고하게 받아들이지 않고 전과 같이 믿으며 상대를 죽여버리겠다는 사나운 표정으로 말을 내뱉는다. 집념의 원망을 힐긋 보았다고 생각하게 된다. 한 번 적대자에게—예를 들어 그것이 가짜 적이라고 해도—원망하는 마음이 가득 차면, 상대를 철저히 깨부수고 복수할 때까지 마음이 편안하지 않다.

'눈에는 눈'이라는 심정으로 한 번 맞으면 세배로 돌려주고 싶

자비심 키우기

은 기분이 들 것이다. 하지만 이렇게 해서는 결코 화해의 길이 열리지 않고 서로가 증오의 불이 타올라 상처를 주고 함께 무너져서 자멸하고 만다. 그렇게 되지 않기 위해서는 서로가 웃을 수 없게 되는 씨앗을 뿌리지 않는 것이 좋다. 타인을 곤경에 빠뜨리거나 괴롭히지 말고, 완전치 않은 인간으로서 동질감을 느껴야 한다. 이런 자상함을 가진 자가 되지 않으면 언제까지고 이 세상에 싸움이 없어지지 않을 것이다.

석가의 사촌이었던 데바닷따는 석가의 명성을 질투하여 제거하고자 했지만, 자신이 죽기 직전까지 가기도 했다. 이를 통해 데바닷따는 원한이 원한으로 끝나지 않으니 용서의 따뜻한 마음만으로 끝낼 수 있는 것을 온몸으로 깨달았을 것이다.

배려가 없는 사람에게

71편
진심을 드러내지 못하는 사람에게

거짓말을 하는 사람은 먼저 스스로 속이고,
마찬가지로 그다음에 다른 사람을 속인다.
진실을 거짓으로, 거짓을 진실로 만들고,
거짓과 진실을 뒤바꾸고 선법(善法)*을 받아들이지 않는다.
『지도론(智度論)』

세상에는 정치인을 비롯하여 예능인, 영업사원 등 달콤한 말을 내뱉어야 하는 사람이 많다. 연인들끼리도 달콤한 말을 주고받으며 서로의 환심을 사려고 한다. 확실히 달콤한 말은 그 자체로 우리의 삶에 정감을 더해주고 상대방을 기쁘게 하는 효과가 있다. 하지만 그것에 속아 넘어갈 가능성이 있다는 점을 잊지 말

* 자신과 세상을 이익되게 하는 교법.

자비심 키우기

아야 한다.

"너는 대단하다", "당신은 훌륭한 사람이다" 등 다른 사람으로부터 칭찬을 받았다면 주의하는 것이 좋다. 그것을 액면 그대로 받아들이고 우쭐대면 어느샌가 자만하는 마음이 생긴다. 그것을 알아챘을 때는 이미 늦으니, 상대방의 페이스에 말려들고 나 자신을 망치게 된다.

중국 격언 중에 "교언영색(巧言令色, 아첨하는 말과 알랑거리는 태도)을 지닌 자 중에 어진 자가 적다", "미더운 말은 아름답지 않고 아름다운 말은 미덥지 않다"라고 한 것처럼, 달콤하기만 한 말은 결코 유익하지 않다. 사실을 덮어 우리를 혼란스럽게 만들기 때문이다. '좋은 말은 입에 쓴 법'으로써 진실은 결코 듣기 좋은 말이 아니다.

적당히 달콤한 말로 다른 사람을 혼란스럽게 만드는 사람도 나쁘지만, 그것에 의해 혼란에 빠지는 사람도 나쁘다. 선사 호넨은 동시대 사람들을 미혹하는 세속 불교 교설이 퍼지고 있다는 이야기를 듣고 『칠개조제계』를 썼다. "붓다의 가르침이 아닌 것을 가르치면서 마치 스승의 가르침인 것처럼 말해서는 안 된다"라고 엄하게 제자들을 훈계하고 있다. 불교라는 이름을 쓰면서, 그 이름에 먹칠을 해서는 안 된다는 의미이다. 우리는 과연 자신이 한 말에 책임질 각오가 되어 있는가? 자신의 말을 부끄럽게 여기고, 한마디 한마디 내뱉을 때마다 '입이 화근이다'라며 자신의 잘못을 뉘우치는 마음가짐이 필요하다.

자신의 체험에 근거하지 않고, 남의 생각을 무비판적으로 수용

진심을 드러내지 못하는 사람에게

해서는 진실한 말을 들을 수 없다. 자신이 믿는 것을 표명하지 않으면서, 이런저런 것들을 자신의 생각인 양 떠벌리는 것은 다른 사람을 속이는 것 이상도 이하도 아니다. 어느 선사는 결코 "그런 것 같습니다. 그것도 좋다고 생각합니다. 그렇게 생각할 수도 있겠습니다"라고 말하지 않고, "그렇습니다. 그런 것입니다. 그것 외에 다른 방법은 없습니다"라고 단정적으로 말했다.

그 선사는 어느 날 강의를 한 후에 "오늘 제가 말한 것은 모두 거짓입니다. 하하"라고 큰 소리로 웃으며 나가버려서 청중들이 놀란 적이 있다. 큰 스님이 하시는 말씀을 한 글자도 빠짐없이 들으려고 열심히 귀 기울인 사람들에게, 가끔 "모두 거짓입니다"라고 눈이 휘둥그레지게 하는 것이 필요할 때도 있다.

언제나 좋은 말을 하고 겉만 번지르르한 말만 하면 어느샌가 인간적 감정을 잃고 만다. 그래서 인간은 결국 끝에 가서는 솔직하게 말하는 것이 제일 좋다. 그러면 진실의 세계가 열리고 거기서 처음으로 자신의 진정한 마음이 상대방의 진정한 마음과 감응하고 교류하는 유불여불(唯佛與佛), 즉 붓다와 내가 하나가 되는 경지에 이른다. 그 경지에서는 서로가 말을 교환하지 않아도 눈과 눈으로 대화하며 고개를 끄덕이게 된다.

자비심 키우기

72편

봉사 정신이 없는 사람에게

> 도덕이 있는 사람은 타인을 즐겁게 하고,
> 도덕이 없는 사람은 자신을 즐겁게 한다.
> 다른 사람을 즐겁게 하는 자는 장수하고,
> 자기 몸을 즐겁게 하는 자는 망한다.
>
> 『선문보훈집(禪門寶訓集)』

자신의 것을 바쳐서 남들에게 나누어주는 사람들이 있다. 하지만 '내 것은 내 것, 네 것도 내 것'이라며, 무엇이든지 혼자서 다 차지하는 사람도 있다. 일례로 대중교통에서 가장 먼저 들어가 자리를 차지하는 사람에게는 양보 정신이 없다. 다른 사람을 위해 봉사하는 것은 쓸데없고, 봉사를 실천하는 사람은 "사람은 좋다"라고 하며 업신여김을 당한다. 각자 자기 마음 내키는 것을 하고 있는데, 싸움이 일어나지 않는 것이 오히려 이상할 것이다.

어느 날 석가는 돌아다니며 탁발을 하고 있었다. 어떤 농부가 다가와 "나는 이렇게 밭을 갈고 씨를 뿌려서 먹을 것을 얻는다. 당신도 스스로 밭을 갈고 씨를 심어서 먹는 것을 얻으면 어떻겠는가?"라고 힐문했다고 한다. 석가는 그것에 대해 "말씀하신 대로 입니다. 저도 또한 경작합니다. 경작하고 씨를 심고, 수확해서 식량을 얻습니다"라고 거듭 말했다. 농부는 이 대답의 의미를 이해하지 못해서 "하지만 당신이 밭을 갈고 씨를 심는 모습을 본 적이 없다. 당신의 농기구는 어디에 있는가? 당신의 소는 어디에 있나. 어떤 씨를 심는가?"라고 물었다. 이 농부는 육체노동을 하고 그 수확물을 생산하는 사람만이 음식을 먹을 권리가 있고, 다른 사람으로부터 물건을 받아서 생활하는 사람은 불로소득자이니 음식을 얻을 권리가 없다고 생각하였을 것이다. 이때 석가는 다음과 같은 시를 덧붙여 설명했다고 『잡아함경』에 전해지고 있다.

"'지혜는 내가 경작할 때 쓰는 농기구요, 믿음은 내가 심는 씨앗이다. 제거해야 할 몸과 입과 마음의 악업은 내 밭의 풀이다. 정진은 내가 끄는 소이다. 그것을 행하는 데 물러서지 않고 행하면서 슬퍼하지 않고 나를 편안하게 하는 경지로 간다. 이같이 나는 밭을 갈고, 그 수확을 감로(甘露, 한 방울만 마셔도 불로장생하는 영험한 액체)의 열매로 삼는다.' 사람은 이처럼 경작을 해서 모든 고통을 해탈합니다."

우리는 형체가 있는 것을 생산하지 않으면 음식을 먹을 권리가 없고, 다른 사람을 위해 봉사하는 것도 불가능하다고 생각한다. 하지만 그렇다면 교사, 변호사, 의사, 상인, 프로 야구 선수나

자비심 키우기

운전사 등도 물건을 생산하지 않기 때문에 음식을 얻을 권리가 없는 것이 된다. 이런 사람들도 무형의 기술로 봉사하는 것이다. 석가 또한 그 언행으로 다른 사람을 행복하게 하고자 노력했다.

『열반경』에서 자신의 몸을 희생하면서까지 붓다의 가르침을 전하고자 했던 유명한 설산(雪山)동자 이야기가 있다. 이 동자가 수행을 위해 산 중턱을 걷고 있을 때, 사람을 잡아먹는 락샤사(羅刹, 불교의 악귀 중 식인귀)가 나타나 "제행무상(諸行無常) 시생멸법(是生滅法, 변하지 않는 만물은 하나라도 존재하지 않음)"을 큰소리로 외쳤다. 동자는 세상의 실상을 노래하는 그 말에 감동하여, 다음 구절을 기다렸지만 아무리 기다려도 말이 없었다. 그래서 락샤사에게 "저의 몸을 당신께 바칠 터이니 또 한 번 세상의 이치를 듣고 싶습니다"라고 말했다. 그러자 락샤사가 "생멸멸이(生滅滅已, 태어남과 죽음이 없어짐) 적멸위락(寂滅爲樂, 모든 번뇌를 소멸한 열반의 상태를 즐거워함)"이라고 외쳤다. 동자는 이것을 후대에 수행의 의지로 삼을 수 있도록 옆에 있는 나무에 새긴 후, "약속대로 저의 몸을 바칩니다"라고 말하며 절벽 위에서 나찰을 향해 뛰어내렸다. 그러자 오색구름이 길게 드리우며 동자의 몸을 받고, 귀신은 붓다의 모습으로 변해서 사라졌다고 한다.

우리 중 지혜가 있는 자는 지혜를 통해, 지혜가 없는 자는 힘을 통해, 힘이 없는 자는 재력을 통해, 재력이 없는 자는 기술을 통해, 기술이 없는 자는 말을 통해, 말이 없는 자는 미소를 통해, 미소가 없는 자는 기도를 통해 다른 사람을 도울 수 있지 않겠는가?

봉사 정신이 없는 사람에게

73편

낯가림이 심한 사람에게

> 불도(佛道)를 배우는 것은 자신을 배우는 것이다.
> 자신을 배우는 것은 자신을 잊는 것이다.
> 자신을 잊는다는 것은
> 세상 모든 것을 깨닫게 된다는 것이다.
> 세상 모든 것을 깨닫는 것은
> 자신의 심신과 타인의 심신까지 해탈케 한다.
> 선사 도겐(道元), 『정법안장(正法眼藏)』「현성공안(現成公案)」

사람들 앞에 나서거나 처음 보는 사람들 앞에 섰을 때, 자꾸 눈을 피하거나 손을 둘 곳을 찾지 못하고, 생각이 정리되지 않으며, 말해야 할 것을 말할 수 없게 된다. 이것은 웬만큼 도도하거나 배짱이 있는 사람이 아닌 이상 누구나 경험하는 것이다.

　나 역시 고명한 사람이나 아름다운 사람 앞에서 말을 하거나,

급하게 사람들 앞에서 이야기할 때, 무엇을 말하고 있는지 생각 정리가 잘되지 않는다. 말하고 싶은 것을 말할 수 없게 되고 지리 멸렬한 이야기만 하고 한다. 그리고 '그때는 이런 이야기를 했으면 좋았을 텐데'라고 후회하며 뒷북을 친다.

인간관계란 미묘해서, 비즈니스 교섭에서도 먼저 이런저런 세상 돌아가는 이야기를 하며 분위기를 만들지 않으면 용건을 말하기 어려울 때가 있다. 어떤 사람은 상대방을 처음 대면하는 때 무슨 이야기를 하면 좋을지 몰라 고통스러워한다. 이야기 화제를 잡지 못해서 비즈니스에 실패하고 대인공포증에 빠지기도 한다.

이런 타입의 사람은, 사실 자의식이 강하고 외부의 적에 대한 경계심이 강하다. 이들은 제 몸을 지키기 위해 두꺼운 껍데기에 몸을 집어넣고 있는 조개와 닮았다. 조개는 그 덕분에 외부로부터 자신을 지켜 안전할지 모르나, 그 반면 두꺼운 껍질 탓에 운동이 느려 잘 잡힌다.

사람도 마찬가지이다. '상대방으로부터 비웃음당하지 않을까, 사기당하지 않을까'라며 괜한 걱정으로 몸을 딱딱하게 만들면, 손도 발도 못 움직이고 위축되어 사람들로부터 비웃음을 산다.

이러한 겁쟁이들은 사람을 무서워함과 동시에, 자신이 고립되는 것을 두려워해서, 무언가 곤경에 빠지면 제일 먼저 비명을 지른다. 일단 조직이나 단체에 속하면 그것을 등에 업고 갑자기 위장하며 위세를 부리며, 마치 자신이 겁쟁이가 아닌 듯이 허세를 부린다.

어느 시인 역시 "무섭지도 않은 인간을 두려워하는 것만큼 어

낯가림이 심한 사람에게

리석은 것은 없다. 그러나 겁쟁이가 아닌 사람이 누군지 모르겠다. 대담한 얼굴을 한 사내도 사실은 겁쟁이이고 소심하다는 것을 알고 있다. 그저 어물쩍 넘길 수 있을 뿐이다"라고 말하고 있다. 누구나 마음속으로는 흠칫흠칫하면서 살고 있다고 생각한다면, 상대를 두려워할 필요가 없게 된다. 필요 없는 기운을 사용해서 자신을 위축시켜 버리고 가지고 있는 역량을 충분히 발휘하지 못하고 그대로 자신의 잠재성을 죽여버릴 필요가 없다는 이야기다.

가는 곳마다 무적이며, 여유롭게 진검승부를 했던 검객도 적 앞에 서기 전 쩔쩔맨 적이 있을 것이다. 자신의 자아를 완전히 버릴 수 없다. 다만 자신을 잊고 무심히 상대 앞에 섰을 때 비로소 좋은 결과가 나타나는 것이다. 이것이 '만법을 밝히는 것'이며, 살면서 죽은 자가 되었을 때 비로소 마음대로 해도 좋다. 우리가 겁쟁이라면 겁쟁이인 자신을 거스르지 말고 자연스럽고 솔직하게 행동하는 것이 중요할 것이다.

자비심 키우기

74편

죄를 지어버린 사람에게

> 죄가 있을 때 잘못을 알고,
> 과오를 고치고 선함을 얻으면,
> 죄가 소멸하고 반드시 도를 얻게 된다.
>
> 『사십이장경(四十二章經)』

　자신이 혹시 잘못을 범하여 다른 사람을 다치게 하거나 죽여버리게 되었을 때는 어떻게 해야 하는가. "나는 절대로 그런 일은 하지 않는다"라고 단언해도, 평생 그러한 일을 하지 않을 거라고 보장할 수 없다. 자신이 고의로 그렇게 하려고 하지 않더라도, 언젠가 그런 처지에 빠지게 될지도 모른다. 어느 날 한 사람이 친구를 차에 태우고 운전하던 중 충돌사고를 당했다. 자신은 구조되었지만 친구는 사망했다. 그때의 충격은 말로 표현할 수 없을 만큼 강력했기 때문에 친구나 그 친구의 부모에게 뭐라고 말해야 할지 몰랐고, 자신도 죽어버리고 싶다고 고백했다.

교도소 수감자 중 경범죄자에게는 죄의식이 옅다. 그들은 "저는 운이 나빴습니다. 저 말고 더 나쁜 일을 한 사람들도 있습니다"라고 말한다. 어느 수감자는 남편이나 시어머니에게 괴롭힘을 당하다가 도저히 견딜 수 없어서 살인을 저질렀다. 그녀는 범행 후, 어째서 자신이 그런 당치도 않은 짓을 저질러 버렸는가 하며 일의 무거움을 깨닫고 자수했다. 형을 살면서도 번민에 빠져 홀로 눈물을 흘리며 밤을 새우고 참회의 나날을 보냈다.

다섯 명의 무고한 사람을 살인한 어느 흉악범은 사형이 집행되기 직전, 독방에서 최후의 유서를 이렇게 썼다. "나의 생애도 이것으로 끝난다고 생각하니 쓸쓸한 기분도 들었지만, 자신이 범한 죄를 성찰해 보니, 당연한 벌이고 상이라고 생각됩니다. 형장의 죽음에 직면해 보니 처음으로 사람 목숨의 소중함과 삶의 즐거움을 감사할 수가 있었습니다. 저에게 죽임당한 다섯 분은 유서를 남길 겨를도 없이, 어떤 예고도 없이 죽음에 이르렀습니다. 그러나 저는 재판받는 날과 죽을 날을 알고 또 준비할 수 있었습니다. 이것이 너무 과분한 것으로 생각하며 감사하고 있습니다."

우리는 결코 나쁜 일을 해서는 안 된다. 하지만 다른 사람을 괴롭게 하는 일이 아예 없지 않다. 오히려 "나쁜 일은 조금도 한 적이 없다"라고 단언하는 사람이 악인이 아닐까? 죄를 범하지 않고 살 수 있는 사람은 이 세상에 없다. 고승 신란은 "나는 지옥에 가는 걸로 결정되었다"라며 통렬한 자기비판을 한 적도 있다.

한 번 범한 죄는 일생에서 완전히 없어지지 않는다. 하지만

"죄는 미워하되 사람은 미워하지 말라"라고 했듯 죄 그 자체는 완전히 없애버릴 수 없지만, 후회하고 뉘우치면 죄가 스러져간다. 니치렌도 "작은 죄라도 참회하지 않으면 악도를 피할 수 없고, 대역죄도 참회한다면 죄를 면한다"라고 했다. 참회한다는 것은 그저 "잘못했습니다" 하고 말로만 사죄하는 것이 아니다. 사죄해 놓고 동시에 또다시 같은 과실을 범하면 아무것도 아니게 된다. 공자도 『논어』에서 "잘못하고도 고치지 않는 것, 이것이 잘못이다"라고 했다. 잘못은 한 번으로 충분하고, 두 번 잘못이 반복된다면 올바르지 않은 것이 된다. 잘못을 참회한다는 것은 그것을 계기로 해서 인생이 무엇인지 깨닫고, 자신이 이 세상에서 해야 할 것을 하며 온 마음으로 죄를 상쇄시키는 것이다. 일하고 일하고 일해서, 사람들에게 끼친 폐를 만분의 일이라도 갚고 사회에 이익이 되는 것에 스스로 역할을 할 때 비로소 괴로움을 당했던 사람들도 웃어줄 것이라고 생각한다.

75편
별것 아닌 일에 매혹되는 사람에게

> 사람이 나쁘지 않더라도
> 나쁜 사람과 가까이 지내면
> 반드시 악인이 된다.
> 승려 니치렌(日蓮), 『최련방어반사(最蓮房御返事)』

　석가가 제자 아난다와 함께 방랑할 때, 생선 장수 앞에서 걸음을 멈추고 아난다에게 "저기 떨어진 새끼줄을 주워 오게"라고 명했다. 얼마 후 석가는 아난다에게 그 줄을 버리게 하고, 손의 냄새를 맡아보라고 했다. 아난다는 "비린내가 납니다"라고 답했다. 석가는 "옳다, 비린내 나는 생선을 묶으면, 그 냄새가 줄로 옮겨오고, 그 줄을 잡으면 손에도 비린내가 난다. 물건이나 사람도 마찬가지다. 그것으로부터 받은 영향은 헤아릴 수 없으니, 그것이 본인을 좋게도 만들고 나쁘게도 만든다. 그러니 우리도 교제하는 사람에 주의를 기울이지 않으면 안 된다"라고 했다. 『법구비유경』에 수록된 이야기로, 오늘날의 상황에도 잘 맞아떨어지는 것 같다.

영화, 텔레비전, 신문, 잡지 등을 펴서 읽으면, 선정적이고, 괴기하며, 모순적인 것들의 강한 자극은 묵과할 수 없을 정도이다. 허구성을 알아차릴 수 없는 미성년은 아무렇지도 않게 죄를 범하고 잔혹하게 사람을 죽이는 장면을 흥미 본위로 본다. 이는 매스컴의 주목을 받아 판매의 수단으로 선택되어, 끊임없이 제공되니 막을 방법이 없다. 그러다 보니 미성년자의 흡연이나 마약, 폭력, 살인 사건이 급증하고 있다. 우리는 이런 걱정스러운 현상을 때를 놓칠 때까지 그저 손 놓고 보고만 있어도 되는 것일까?

미국의 물리학자 스티븐 호킹 박사는 "인간성에는 자신이 주의를 집중하고 있는 목적물에 동화되는 경향이 있다"라고 말했다. 이것은 곱씹을수록 의미심장한 말이다. 예를 들어 늘 천박한 것을 생각하고 추악한 것에 눈을 향하거나 불순한 환경에 젖어 있으면 어느샌가 자신도 그것에 오염되어 버리는 것이다.

"붉은 것과 교제하면 자신도 붉게 된다"라는 격언도 있듯이, 처음에는 악의 마성을 그저 재미 삼아 보고 듣고 있지만, 미라를 파러 간 사람이 미라가 되는 것처럼, 그 마성에 매료당해 어느샌가 자신이 그렇게 되고 만다. 그 결과 어처구니없는 일을 당하는 것은 자기 자신이고, 나중에 당황하여 쩔쩔매며 후회해도 이미 늦다.

나 역시 일에 지칠 때 선정적이고, 괴기하고, 모순적인 것을 모아놓은 간행물을 펼친다. 또는 좌충우돌 희극을 볼 때도 있다. 이

별것 아닌 일에 매혹되는 사람에게

런 것은 흥미를 불러일으키고, 보기 시작하면 좀처럼 끝내기 어렵다. 마치 각성제 등의 마약에 중독된 것처럼 점점 더 강한 자극을 구해 찾아간다. 그러면 자신의 일도 손에 잡히지 않다가 나중에 놀라 자기 자신으로 돌아간다.

석가도 수행 중에 마수의 습격으로 기분 좋은 유혹을 느낀 적이 있다. "그것에 빠진 바보 같은 상태가 싫다"라고 했을 정도로 큰 유혹을 경험한 것이 틀림없다. 그러니 바로 제자들에게 반복해서 "악에 가까이 가지 말고 선에 가까이 가라"라고 호소한 것이다.

친구를 사귀는 것도 마찬가지이다. 나쁜 친구만 사귀고 있으면 자신도 악에 물들고, 그것에서 좀처럼 빠져나갈 수 없는 것이다. "같은 부류는 끼리끼리 모인다"라고 했다. 혹은 자신에게도 악을 부르는 무언가가 있을지도 모르겠으나, 이러한 악연을 끊기 위해서는 자기 자신에 대해서 결단력을 가져야 한다. 반면 『대장엄경론』에서는 "만약 사람이 지혜가 있는 친구와 가까이 지내면 몸과 마음을 좋게 하여 안과 밖에 모두 깨끗해진다. 이런 자를 진정한 선장부(善丈夫)라고 명명한다"라고 하듯이, 선한 것에 접촉되어 있으면 언젠가 그것에 감화를 입어 자신도 선하게 된다.

현실 세계에서는 동료를 선인, 악인이라고 이분법적으로 구별하기 어렵다. 모든 사람에게 우리를 높이거나 낮추는 무언가가 있을 수 있다. 하지만 서로 망치는 것이 아니라 잘 사는 힘을 키워줄 동료와 가까이 있는 것이 궁극적으로는 서로에 득이 되고, 정말로 살아가는 기쁨을 공유하는 것으로 이어지는 것이다.

자비심 키우기

76편

유혹을 이기지 못하는 사람에게

> 비구여, 집착할 때는 곧 악마에 속박된다.
>
> 집착에서 벗어날 때는 곧 악에서 해탈하는 것이다.
>
> 『상응부경전(相應部經典)』

 돈 잘 번다는 이야기나 좋은 지위로 유혹하는 것에 얼떨결에 넘어가면, 나중에 돌이킬 수 없는 파국에 빠지게 되는 경우가 있다. 이러한 유혹의 마수는 곳곳에 깔려 있어서 초라한 근성을 내보이면 말려들어 크게 후회한다.

 좋은 이야기는 우리의 감각을 기분 좋게 흔들어놓는다. 그런 이야기를 들으면, 다른 사람도 즐겁게 살고 이익을 얻고 멋지게 산다는 착각이 인다. 하지만 마치 아름다운 장미꽃에 가시가 있는 것처럼, 좋은 이야기에는 반드시 결함이 있다. 세상은 신비한 것이라서 일시적으로 다른 사람의 눈을 빼앗고 속였다고 생각해도 언젠가 진실이 밝혀지니, 천지운행의 신이 모든 것을 잘 관찰하고 있는 것이다. 바람 핀 덕분에 오십억 원을 빼앗긴 회사 사장이나, 지름길로 가려고 선로를 가로질러 가다가 전차에 치인 사람 등 유혹의 마수에 걸린 사례는 한둘이 아니며, 그 대가는 너무도 크다.

석가는 깨달음 이후, 어느 날 탁발을 위해 마을에 간 적이 있었다. 그때 축제가 있었는데 누구도 석가에게 음식을 제공한 자가 없었다. 빈손으로 돌아가려고 하자 악마가 나타나 "한 번 더 마을에 가면 공양을 받을 것입니다"라고 속삭였다. 그러자 석가는 "가령 얻지 못하다더라도 보시오, 우리는 즐겁게 살고 있소. 가령, 저 광음천(光音天)과 같이 즐거움을 먹고 삽니다"라고 답하며 악마의 유혹을 뿌리쳤다고 한다.

다시 악마가 불교를 퍼뜨리기 위해서는 정치적 개혁이 필요하다며 석가에게 그 권력을 주려고 한 적이 있었다. 그때에도 유혹을 물리치며 "설산을 황금으로 만들고, 그것을 두 배로 만들어도 한 사람의 욕망을 만족시킬 수 없다. 사람들이여 이를 기억하고 올바르게 행동하라"라고 말했다. 이러한 석가는 모든 유혹을 물리치고 이윽고 진리의 경지에 이르렀다고 한다.

이때 석가의 제자 아난다는 "'악마, 악마' 하시는데, 도대체 악마가 무엇입니까?"라고 물었다. 이에 대해 석가는 "색(色)이 악마이다. 아난다여, 그와 같이 관찰하고 마음이 동하는 자는 색을 꺼리며 벗어나 해탈할 수 있다"라고 답했다. 즉 '색'이라는 것은 자아의식이라고 말해도 좋다. 인간의 욕망은 물질적, 경제적인

　　　　　　　　　　　　자비심 키우기

것뿐 아니라, 명예욕, 권력욕, 식욕, 성욕, 수면욕 등 한이 없지만 자기실현을 충족시키려고 하면 악마라고 하는 의인화된 존재가 내면에 의식되어 그 유혹을 받는다. 그러니, 욕망—불교에서는 무명이라고 부르며, 그리스도교에서는 원죄라고 말한다—에 휘둘려 몸을 맡기게 되면 악마에 지배당해 인간성을 상실하게 된다고 경계하는 것이다.

하지만 여기서 주의해야 할 것은 욕망 그 자체가 악마라는 것이 아니다. 욕망 자체는 무기(無記)로서 우리가 재량껏 일할 때 비로소 좋게도 나쁘게도 된다. 그것은 마치 불과 같은 것이라고 한다. 불 덕분에 우리 집이 밝게 되고 요리하고, 가공, 보온, 소독 등이 가능하다. 문명 생활에는 빠져서는 안 될 필수품이다. 바로 그 불이 잘못되면 화재를 일으키고 모든 것이 일순간 잿더미로 변해버린다. 불 자체로는 무기이고, 우리의 사용 방식에 따라 좋은 원인이 되기도 하고 나쁜 원인이 되기도 한다.

식욕이나 성욕도 마찬가지로, 그 욕망 자체는 선도 악도 아니다. 잘 사용된 경우에는 신체의 유지와 발전이나 자손의 번식으로 이어지지만, 그렇지 않으면 소화불량을 일으키고 육체를 좀먹는다. 욕망 자체를 없애려고 생각해도 없앨 수 없으니, 잘 사용하는 것도 잘못 사용하는 것도 주체에 의한 것이다. 만약 그렇다면, 나쁜 원인으로 연결되는 과도한 욕망을 좋은 원인으로 바꾸기 위한 우리의 주체성을 확립시키지 않으면 안 된다. 그것을 위해서는 가령 우리에게 욕망이 있더라도, 거기에 휘둘리지 말고, 자유자재로 자신의 욕망을 통제하고 제어할 수 있도록 노력해야 한다.

유혹을 이기지 못하는 사람에게

77편
호감을 얻지 못하는 사람에게

참된 친구에게 세 개의 조건이 있다.
첫째는 과오를 보고 그것을 깨치도록 진심으로 돕고,
둘째는 좋은 일이 있을 때는 함께 깊이 기뻐하고,
셋째는 곤란에 빠졌을 때도 버리지 않는 것이다.

『인과경(因果經)』

'나는 어쩜 이렇게 상대방에게 헌신하고 있는데도 호감을
받지 못하는 건가'라고 의아하게 생각하는 사람이 있을 것이다.
모두가 마음속으로는 사랑받기를 원하고 있다. 하지만 현실에
서는 오히려 미움받는 경우가 있다. '저 녀석은 사이좋게 데이트
하며 거리를 활보하고 있는데, 왜 나는 이성에게 인기가 없는 걸
까?'라고 비관하고 다른 사람에게 샘을 내고 질투하는 사람이 있
을 것이다.

　　　　　　　　　　　　　　　　　자비심 키우기

다른 사람에게 호감을 받는 유형은 다음과 같은 조건들을 갖추었다. 성실, 명랑, 기민, 겸허, 건강, 명철, 경청, 충실, 예절, 선함, 근면, 싹싹함, 개성, 유머와 재치, 정열, 열중함, 따뜻한 사고방식, 재능이 풍부함, 용모나 센스가 좋음 등이다.

또한 다른 사람에게 미움받는 유형에는, 위선, 음침함, 둔감, 거만함, 병약함, 자기주장 강함, 고답적, 의심이 많음, 인색함, 평범함, 완고함, 난봉꾼, 보잘것없음, 긴장, 이해타산적, 음흉함, 칠칠치 못함, 겉만 번드르르함, 용모나 센스가 좋지 않음 등이다. 다른 사람에게 호감을 받고 싶으면 전자를 확장하고 후자를 삼가면 될 것이다.

사람이 사람이 되는 이유는 사람과 사람 간의 결합에 있다. 술자리에서의 친구는 쉽게 생기지만 무슨 일이 있을 때 마음에서 믿을 만한 친구는 적은 것 같다. 옛말에도 "순조로울 때는 친구를 만들고 힘들 때는 친구를 시험한다"라고 말한 것처럼, 대부분 친구조차도 막상 희생을 요구하는 단계가 되면 갑자기 핑계를 대며 은근슬쩍 도망가는 경우가 많다. 말할 상대를 구해도 다른 친구에게 전화를 걸거나 편지를 써서 부르고, 만나는 친구는 또 다른 걸 보면, 우리는 결국 고독을 견디지 못하는 존재인지도 모르겠다.

이 세상에는 사람들에게 호감을 받고 친구가 쉽게 생기는 사람과 이것들이 어려운 사람이 있다. 붙임성이 있고 상대방에게 나아가는 사람은 금방 사람들과 가까워지는 동시에 상대방도 호감을 느끼고 접근한다. 하지만 이것이 어려운 사람은 무서워서

호감을 얻지 못하는 사람에게

다가가지 못하고 상대방도 호감을 느끼지 못해서 의리상 가까이 갈지라도 도망가려고 한다. 신경질적이고 기가 약한 인간은 내향적으로 스스로 상대방에게 녹아들지 못하고, 따라서 스스로 상대방으로부터 도망간다. 자기 과시욕이 강하고 지기 싫어하거나, 외향적이고 자신의 신념을 철저히 관철하려는 사람들도 친구가 되기 어려우며 심지어는 혐오를 받고 경원시된다.

친한 친구를 얻는 것은 특히 어렵다. 중국 속담에 "기예를 함께 하면 질투하고 도를 함께 하면 서로 사랑한다"라고 했다. 나의 욕심 때문에 상대방을 이용하는 자는 친한 친구를 가질 수 없다. 이용 가치가 있을 때만 친구인 것처럼 행동하는 사람과는 저절로 멀어진다. 진정한 우정은 언제라도 상대방에게 헌신하고 후회 없이 하는 사람에게 싹튼다.

당나라 승려 감진(鑑真)의 『사분율』에 "주기 어려운 것을 주고, 하기 어려운 것을 해주고, 참기 어려운 것을 참고, 비밀을 말하고, 비밀을 다른 사람에게는 말하지 않고, 고통을 당해도 버리지 않고, 빈곤해도 천하게 여기지 않는 것, 이 일곱 가지를 갖춘 자가 친구이다"라고 했다. 친한 친구를 얻는 것은 매우 어려운 일임이 틀림없다. 그러나 누군가의 친한 친구가 되는 사람이 이 세상에 전혀 없는 것은 아니다.

만약 친구에게 배신당하기만 해서 친한 친구를 찾기가 어렵다면 더욱 그것을 신불(神佛, 신령과 붓다)에게 하면 어떻겠는가? 정신적인 존재인 신불은 결코 우리를 배신하지 않고 늘 따뜻하게 때로는 엄하게 지켜준다. 『대지도론』에 "석가는 오직 나를 위해

자비심 키우기

서 법을 설했다. 다른 사람을 위해서가 아니다"라고 했다. 고승 신란의 가르침을 기록한 책 『탄이초』에서 "미륵의 오겁사유(五劫 四惟, 오겁의 세월 동안 사유함)의 근원을 잘 생각해 보면, 오직 나 한 사람을 위한 것이다"라고 한다. 선사 잇큐도 "오직 나를 위해 서인가. 석가도 달마도 아라한도 나 때문에 애를 태운다"라고 읊 고 있다. 그 모든 것이 자기 자신을 위해 존재한다는 것이다. 이 러한 신불을 나의 벗으로 삼는다면, 이 세상에 친한 친구가 하나 없어도 결코 쓸쓸하다고 생각지 않을 것이다. 언제나 어디서나 누구에게도 융통성 있는 마음으로 대하는 게 가능할 것이다. 신 불의 보살핌으로 안심하며 세상을 헤쳐나가는 것이다.

호감을 얻지 못하는 사람에게

78편

선행이 어려운 사람에게

선한 사람에게 선은 행하기 쉽고,

악한 사람에게는 선이 행하기 어렵다.

악한 사람에게는 악이 행하기 쉽고,

선한 사람에게는 악이 행하기 어렵다.

『자설경(自說經)』

『본생경』에 '달과 토끼'라는 이야기가 있다. 어느 날 여우와 원숭이, 토끼가 놀고 있는 곳을 배고픈 여행객이 지나가고 있었다. 세 마리가 모두 그를 가엾게 생각하여 여행객의 식량을 찾아 나섰다. 여우와 원숭이는 많은 것을 갖고 돌아왔는데, 토끼는 빈손으로 돌아왔다. 그때 토끼는 타오르는 불길 속으로 몸을 던져 여행객에게 자신의 몸을 바쳤다. 붓다의 모습으로 바뀐 여행객은 토끼의 친절한 마음을 칭찬하며 달의 세계로 보냈다. 이후로 달

자비심 키우기

에 토끼가 살게 되었다는 전설이 생겼다.

여기서 중시되는 것은 토끼의 선행이다. 여우와 원숭이의 선행이 경시되는 정도가 아니라 무시되고 있다. 식량을 가지고 온 것으로 기준을 정한다면, 토끼보다 여우나 원숭이 쪽이 더 나을 것이다. 문제는 무엇을 바쳤냐가 아니라 어떻게 바쳤느냐에 있다.

석가가 살았던 때, 난다라고 하는 노파가 석가에게 공양하고 싶어 했으나, 가난한 몸이라서 무엇도 줄 수 없었다. 어느 날 등화(燈火)를 공양하고자 기름집에 가자, 그곳 주인이 "당신은 정말 가난해 보이는데, 왜 식량 살 돈으로 기름을 삽니까?"라고 물었다. 노파는 "이 세상에 태어나서 지금까지 가난하여 한 번도 석가께 공양할 수가 없었습니다. 얼마 남지 않은 생애에 한 번이라도 공양하고 싶은 마음에 기름을 사러 왔습니다"라고 했다.

노파는 기름을 가지고 석가가 있는 곳으로 가서 등화를 바쳤다. 그날 밤, 성 둘레에 강풍이 불어 다른 등화는 모두 꺼졌는데, 노파의 등화만은 형형하게 타올랐다. 석가의 제자들은 어째서 그런 건지 의아하게 생각하여 석가에게 물었다. 석가는 "그의 공양은 미약했지만, 한결같음이 들어 있기 때문이다"라고 답했다. 이것은 공덕에 대한 가르침이 담긴 경전 『아사세왕수결경』에 있는 이야기이다. 여기서도 물질적인 보시보다는 정신적인 것이 더 가치 있다는 점이 강조되었다.

자기현시욕이 강한, 겉만 번지르르한 사람은 관계자가 보고 있을 때에는 아주 착한 사람인 양 행동한다. 아무도 보고 있지 않은 곳에서는 아무것도 하지 않거나 나쁜 일을 하거나 나쁜 일을 숨

선행이 어려운 사람에게

긴다. 이러한 성격을 지닌 자가 하루아침에 마음을 바꿀 수 없다는 사실을 석가도 잘 알고 있었던 것 같다. 어느 날 제자에게 "맹렬한 불길에 있는 건초를 등에 업고 나오는 것은 정말로 어려운 일이지만, 그것보다 더 힘든 것은 몸과 마음에 자기 욕심이 가득 찬 사람에게 올바른 가르침을 설하고 듣게 만드는 것이다"라고 설했다. 『법구경』에도 "어리석은 사람은 평생 현자를 곁에 두고도 법을 알 수 없으니, 항상 숟가락이 음식에 닿아도 맛보지 못하는 것과 같다"라고 했다. 어리석은 자는 평생 좋은 가르침을 알지 못하고 끝난다는 말이다.

그러면 이렇게 어리석은 자는 도저히 구제될 수 없는가. 승려 호넨은 이런 사람들조차도, 어리석은 자라는 자각이 있으면 구제될 수 있다고 했다. "십악오역(十惡五逆, 지옥에 떨어질 정도로 악한 열 가지 악과 다섯 가지 죄)이 본인에게도 생긴다고 믿고, 작은 죄도 범하지 않겠다고 생각해야 한다. 일념십념(一念十念, 일념에 일념을 더한 십념으로 왕생을 이룸)을 헛되이 하지 말고 믿으며 끊임없이 수행해야 한다." 즉 선인은 자신의 어리석음이나 부족함을 깨닫고 그저 열심히 자신이 이 세계에서 해야 할 것을 한다. 그러면 반드시 구제받을 수 있다는 것이다.

자비심 키우기

79편

오해를 자주 사는 사람에게

> 사람이 이치에 밝아지면 분노가 없다.
> 이치에 어두우면 곧 분노가 발생한다.
> 대체로 분노는 어기는 것에서 생기고,
> 따르는 것에서 멈춘다.
>
> 고승 하쿠인(白隱), 『분노에 대한 명(嗔銘)』

　석가가 제자 아난다 등과 까우샴비의 마을에 머무를 당시, 석가에 한을 품은 자가 마을의 사람들을 매수해서 열심히 나쁜 소문을 퍼뜨리고 있었다. 아난다는 석가에게 "이 마을에 있어서 좋을 것이 없을 것 같습니다. 그러니 다른 마을로 이동하시죠"라고 말했다. 석가는 "아난다여, 다음 마을도 마찬가지면 어떻게 하겠는가?"하고 물었다. "그러면 다시 다른 마을로 이동하겠습니다"라고 답했다. 석가는 "그러면 어디까지 가더라도 끝이 없다. 비난을 받았을 때는 꾹 참고 그 비난이 그치기를 기다린 후에 다른 곳으로 이동하는 게 더 낫다. 깨달은 자는 이해, 명예와 모욕, 칭찬과 헐뜯음, 즐거움과 고통 등에 의해 동요되지 않는다. 이런 것은 금세 사라져버리는 것이다"라고 경계했다고 한다.

이것은 『법구경』의 해설에 있는 이야기이다. 석가의 의연한 태도는 예수 그리스도의 그것과 대조적이다. 즉, 예수는 그의 열두 제자를 전도를 위해 보내면서 "내가 박해당하면 다른 마을로 도피하라"(「마태복음」 10장 22절)라고 말하고 있다. 사실무근의 죄를 뒤집어쓰고 다른 사람으로부터 비난, 중상모략, 야유 등 많은 모욕을 받아서도 오히려 그곳에 남아 은인자중(隱忍自重, 숨기고 참을 수 있는 신중한 지혜를 가짐)할 수 있는 사람은 이 세상에 적다.

학문과 덕성이 모두 훌륭했던 고승 하쿠인도 쇼인지(松蔭寺)에서 주지 역할을 맡고 있을 때 억울한 죄를 뒤집어쓴 적이 있었다.

어느 날, 건너편 꽃집의 딸이 임신해서 부모가 그것을 엄하게 꾸짖으며 상대가 누구인지 추궁했다. 딸은 "사실 절의 스님께 소매를 잡혀 의도치 않게 이렇게 되어버렸습니다"라고 고백했다. 부모는 성을 내며 절로 쳐들어가 하쿠인의 비행에 대해 따졌다. 하지만 선사는 의연하게 "아, 그렇군요"라는 말만 되풀이했다. 이윽고 딸은 남자아이를 낳아 절에 떠넘기려고 하였다. 그때도 선사는 "그렇군요, 그렇군요" 하고 싱글벙글 웃으며 아이를 받았다. 이것이 근방에서도 큰 소문이 나서, 선사가 외출할 때마다 냉담한 눈으로 보는 사람이 많았지만 마음에 두지 않았다. 얼마간 시간이 지나고 딸은 양심의 가책을 견디지 못해 부모에게 자신

자비심 키우기

의 비행을 모두 이실직고했다. 그것에 의하면, 사실 연인의 자식을 임신했지만 부모께 말을 못 하고, 선사라면 틀림없이 허하여 줄 것이라고 여겨 거짓말을 한 것이라고 고백했다. 부모는 곧 절에 찾아가서 진심으로 사죄했다. 그때도 하쿠인은 "그렇군요, 그렇군요"라고 말하며 미소지었다고 한다.

우리도 때로는 내가 기억하지 못하는 것에 대해 이러쿵저러쿵 비난받고, 무고한 죄에 눈물 흘릴 때가 있다. 그것이 만약 사실무근이라면, 소문의 당사자로 지목된 평판에 잘못이 있다고 인정하면 된다. 그리고 의심이 풀릴 수 있도록 자신의 언행에 주의하고, 결코 비난하는 사람이나 세상을 원망해서는 안 된다.

오해를 자주 사는 사람에게

80편

사람 보는 눈이 없는 사람에게

> 한 그루의 나무에서 빨간 잎 하나를 보고 있으면,
> 다른 잎은 보이지 않게 된다.
> 잎 하나에 눈을 두지 말고 그저 한 그루의 나무를
> 아무 생각을 기울이지 않고 바라보게 되면,
> 수많은 나뭇잎이 빠짐없이 눈에 들어 온다.
>
> 승려 타쿠안(沢庵), 『부동지(不動智)』

　우리는 보통 자신의 감각이나 지각을 통해 사물을 바라보고 그 판단에 근거한 행동을 한다. 아침에 일어나서 저녁에 잘 때까지 일각이라도 그 움직임을 멈추지 않는다. 자신을 중심으로 사물을 바라보는 활동은 태어나서 죽을 때까지 계속된다. 자기중심의 활동은 인간으로 한정되지 않는다. 아무리 하등 생물체라도 외부 조건에 적응해 자신의 몸을 지키고, 살아남으려는 의지를 지니고 있다. 하지만 인간이 동물과 다른 점은 자각작용이 있다는 점이다. 우리는 자신이 어떤 존재인지에 대해서 생각하는 자각작용과 어떻게 해야 잘 살 수 있을까 하는 욕망을 지니고 있다.

불교에서는 이 자각작용을 일으키는 마음의 창을 '오안(五眼)'이라고 말하며, 우리에게는 다섯 가지 눈이 있다고 설명한다. 즉 육안(肉眼), 천안(天眼), 혜안(慧眼), 법안(法眼), 불안(佛眼)이다. 첫 번째 '육안'은 글자를 보는 것처럼 일상적으로 보는 눈이다. 두 번째 '천안'은 천인(신)이 가진 것으로서, 시간적으로도 공간적으로도 벽 너머에서도 암흑에서도 관통하는 눈이다. 세 번째 '혜안'은 보이는 대상물이 존재하는 의미를 이해하는 지혜의 눈이다. 네 번째 '법안'은 주위 전체와 관련하여 존재하고 있는 도리, 이법(理法)을 이해하는 눈이다. 다섯 번째 '불안'은 붓다와 같이 연민의 마음을 지니고 모든 것을 보는 눈으로서, 이것을 '관(觀)'이라고 말하며, 보는 것도 보이는 것도 구별함 없이 일체화하는 경지이다. 이 다섯 종류의 눈을 가져야 비로소 대상을 '잘 이해했다'고 할 수 있다.

예전에 한 검객이 있었다. 그가 아직 여러 곳을 돌아다니며 무사 수행을 하던 어느 날 계곡물에 인접한 산길 중 맞은편으로 건너가기 어려운 곳에 도달했다. 그곳에는 통나무 하나가 걸려 있고, 아래에는 천길만길 낭떠러지였다. 무예의 달인도 다리가 후들거려서 도저히 건너갈 수가 없었다. 때마침 그곳을 지나가던 맹인은 조금도 망설이지 않고 지팡이로 박자를 맞춰가면서 아무 어려움 없이 외나무다리를 건너는 것 아닌가. 그것을 한참을 바라보던 검객은 '나는 어설프게 눈이 있어서 두려운 것이다. 눈을 가리면 아무렇지도 않게 건널 수 있을 것이다'라고 생각하며 맹인이 한 것처럼 눈을 가리고 단숨에 계곡을 건널 수 있었다.

이때 그는 '보고 있어도 보지 않고, 보지 않아도 본다'는 궁극의 의미를 얻고, 자신의 기술에 무안류(無眼流)라고 이름 붙였다. 그것은 마치 미야모토 무사시가 『오륜서』에서 "관(觀)의 눈은 강하고, 견(見)의 눈은 약하다"라고 한 것과 일맥상통하는 경지이다. 검객이 아무것도 두려워하지 않고 나아갈 각오가 가능했던 것은 육안의 눈이 아니라 '불안'이 열렸다는 증거일 것이다.

대상을 참으로 "잘 알았다"라고 말할 때는 잘 이해하는 것만으로는 부족하다. 대상에게 자신이 들어가 볼 때 보는 대상과 일체화되어 비로소 "이해했다"라고 말할 수 있는 것이다.

81편

학대받은 사람에게

악한 원수, 원망스러운 적이 나를 괴롭게 할지라도,
보살의 대자비로 여기라.
아득한 옛날 나의 편견과 고집이 만든 것으로,
내 몸의 죄업을 없애고, 해탈케 하려는 방편이다.

『보살원행문(菩薩願行文)』

세간의 눈은 여간 차가운 것이 아니다. 자신의 어떤 실수로
인해 죄를 묻게 되어 얼마간 참회를 하고 반성을 하더라도 또다
시 억울한 누명을 썼을 때, 그것을 부정하고 변호한다고 하더라
도 한 번 퍼진 나쁜 소문은 없애기가 쉽지 않다. 특히 폐쇄적인
지역사회에서는 평판이 중요하다 보니 중압감을 이기지 못하여
밤에 도망가거나 모습을 감춘다. 심지어 자살조차 못 하는 사람
이 나오기도 한다. 좋은 비판은 몰라도 나쁜 비판을 받고 즐거운

사람은 없다. 특히 전혀 근거 없는 비난을 받고 괴롭힘당한다면, 복수하고 싶은 생각도 품게 된다.

"저 사람은 근성이 삐뚤어져 있다"라고 험담을 받는 사람이 있었다. 그는 그것에 대해 해명도 부정도 하지 않는 자이기 때문에 소문은 널리 퍼져 누구도 그를 상대하지 않게 되었다. 그는 그런 일을 할 사람이 아니지만, 조용하여 오해를 받기 쉽고 피해받기 쉬운 사람이었다. 고승 렌뇨(蓮如)는 "자신이 생각하고 있는 것은 입 밖으로 내어라, 입 밖으로 내어서 말하지 않는 자는 마음속에 무엇을 생각하고 있는지 판단할 수 없기 때문에 무섭다"라고 말했다. 입에 발린 말만 하고 변명만 잘하는 것은 아무 의미 없다고 생각하지만, 적어도 표현 정도는 하는 성의는 보여주어야 할 것이다.

그렇지 않으면 사람들의 말대로 나쁜 사람이 된다. 때때로는 내가 진실을 토로해도 이해받지 못할 수도 있다. 1920년대 미국에서 사형을 집행당한 사코와 반제티라는 이탈리아 이민자가 두 명이 있었다. 이들은 사상탄압과 인종차별의 희생으로 강도살인의 누명을 쓴 자들이었다. 복역 중에 몇 번이나 변호하고 탄원했지만, 사법당국은 이를 듣지 않았다. 사형집행 후 이십여 년이 지나고 전후(戰後) 재조사를 통해 마침내 무죄인 것이 판명이 난 사건이다. 이와 비슷한 형사 사건이 흔하게 있지만, 진실은 하나밖에 없다. 가령 사는 동안 해명을 받지 못해도 진실은 사라지지 않는다. 얼마간 사람들로부터 오해받고 험담을 들어도 이쪽에 꺼림칙한 점이 없다면 다른 사람의 비방이나 중상을 신경 쓸 필요가

자비심 키우기

없다. 오히려 그것을 은혜를 입는다고 감사해하며 씩씩하게 살아
가야 한다.

『법화경』에는 상불경보살(常不輕菩薩, 항상 천시하는 마음 없이
사람을 헤아리는 자)이라는 구도자 이야기가 수록되어 있다. 그는
다른 사람을 만날 때마다 손을 모아 "저는 마음으로부터 당신을
존경합니다. 당신은 진실의 행복을 받을 존귀한 몸이기 때문입니
다"라고 하며 경배했다. 이것을 들은 사람들은 자신이 조롱받았
다고 오해하여 화를 내고 진심으로 예배했던 상불경을 험담하고
조롱하며 욕을 했다. 그는 결코 화를 내지 않고 더욱 경배했기 때
문에 사람 중에는 돌이나 기와를 던지고 몽둥이로 때리는 사람
도 있었다. 하지만 그런 것에도 아랑곳하지 않고 "저는 마음으로
부터 당신을 존경합니다"라고 반복하며 평생 그것을 바꾸지 않
았다. 그러자 결국 몸과 마음 모두 맑아져서 자신을 박해했던 사
람들을 구하고, 자신도 붓다가 되었다고 한다.

『경집』에서도 "악의가 있는 사람들 가운데 악의가 없고, 칼과
몽둥이를 쥔 사람들 가운데 온화하며, 집착이 큰 사람들 가운데
집착 없는 사람이 '성자'"라고 했다. 이처럼 의연한 태도를 가지
면, 악은 자연히 물러가는 것이다.

학대받은 사람에게

82편

말을 함부로 하는 사람에게

거친 말을 하지 말라.

이치에 맞고 진실한 것을 말하라.

말로써 어떤 사람도 화나게 하지 않는 사람,

나는 이런 사람을 성자라고 부른다.

『경집(經集)』

어느 날 대중에게 친숙한 TV 사회자가 찻집에 들어가자, 이미 들어와 있던 손님들이 그를 힐긋 보고 "저기 A 씨다. 실물은 별로네"라고 말했다고 한다. 그때 그 사회자는 "이왕 욕을 들을 거면 '텔레비전에 나온 모습이 더 멋지네'라고 듣고 싶습니다"라고 답했다. 우리는 종종 세무서 같은 곳에서 "당신의 소득신고에 미비한 점이 있으니 방문하세요"라는 전화를 받는다. 그러면 '뭔가 부정한 것을 한 것도 아닌데 범죄자 취급해서 유쾌하지 않다'

라고 생각하기도 한다. 이런 때 "당신의 소득신고에 이해되지 않는 점이 있으니 방문해 주세요"라는 얘기를 들으면 더 좋았을 것이다.

미국에 있을 때 들었던 이야기 중 하나이다. 회사 일로 플로리다에서 여행 중이던 남편이 집에 홀로 있을 부인에게 전보를 보냈다. 그런데 전보 내용은 "Having nice time. Wish you were her(즐거운 여행을 하고 있다. 당신이 그녀였으면 더 좋았을 텐데)"였다. 부인은 남편이 여행지에서 다른 여성과 바람이라도 피는 것이 틀림없다며 화를 내었다. 얼마 후 귀가한 남편에게 따지자, 남편은 이해가 안 간다는 표정으로 전문을 살폈다. 전보국 사람이 'here'라고 해야 할 곳에서 한 글자를 빼먹어 'her'라고 해버린 것이다. 남편은 "Wish you were here(당신이 여기에 왔다면 여행이 더 즐거웠을 텐데)"라고 한 것인데, 한 글자가 빠진 탓에 엄청난 오해를 불러일으킨 것이다.

불교의 언어에서도, 그저 한 부분을 잘못 읽은 탓에 논쟁을 불러 일으킨 적이 있다. 천태종(天台宗)의 창시자 사이초가 남긴 법어(法語) 중 '조우일우(照于一隅, 한 귀퉁이를 밝힘)'는 '조천일우(照千一隅, 천 개의 귀퉁이를 밝힘)'가 맞다고 주장하는 학자가 나와 논쟁이 촉발되었다.

『법화경』의 "무일불성불(無一不成佛)"이라는 한 구절을 읽는 방법을 둘러싸고 승려 료겐(良源)과 승려 쥬잔(仲算)은 궁 안에서 천황을 앞에 두고 논쟁했다. 당시 한문은 구두점 같은 건 없었기 때문에 읽는 방식이 다른 것이 무리는 아니다.

말을 함부로 하는 사람에게

'만인성불설(萬人成佛說)'을 주장하는 료겐은 이것을 '하나라도 성불할 수 없는 자는 없음'이라고 읽고, '오성각별설(五姓各別說)'을 가지고, 범부 혹은 일천제(一闡提, 선근이 끊겨 깨닫지 못하는 자)는 성불의 가능성이 없다고 주장하는 쥬잔이 이것을 '(가능성이) 없는 일(천제)은 성불하지 않는다'라고 읽으며 반론했다. 경의 문맥에서 볼 때 후자의 주장에는 무리가 있지만, 천황은 그 당시 쥬잔의 손을 들어주고 말았다.

과거 특급열차를 탈 때, 열차 안에서 검표가 있었다. 어떤 손님이 근거리용 차표를 잘못 가지고 있어 차장이 "당신은 제대로 알고 계셨습니까?"라고 추궁했다. 그러자 이 손님은 뭐가 잘못되었는지 화를 내며 "내가 제정신으로 탔냐니, 사람을 바보로 만드는 것도 적당히 하시오"라며 차장에게 대들었다. 어느 날 국숫집에서 처음 보는 여성과 합석하여 점심을 먹고 있었는데, 나중에 어떤 사람이 들어와서 그녀와 마주 보는 자리에 앉았다. 그는 어설픈 일본어로 "저, 여기 소바가 정말 좋아요" 했고, 그녀는 얼굴이 빨개졌다.

말 한마디에 우리는 싸우기도 하고 논쟁하기도 하며 울기도 하고 웃기도 한다. 마치 말은 살아 있는 것 같다. 언어 사용을 어떻게 하느냐에 따라 우리의 마음이 밝아지기도 하고 어두워지기도 한다. 그러므로 말을 함부로 해서는 안 된다.

자비심 키우기

83편

가짜에 미혹되는 사람에게

사람들 가운데,
피안(彼岸)에 이르는 사람은 적다.
차안(此岸)에 있는 사람들은 그저
언덕을 따라서 달릴 뿐이다.

『법구경(法句經)』

'彼岸'이라는 한자를 보면, 얼핏 '저쪽 언덕'이라고 생각하는 사람이 많을 것이다. 하지만 여기서 말하는 '피안'은 깨달음의 세계, 즉 진실을 파악한 경지를 말한다.

정보의 홍수 시대에는 너무나 많은 정보가 우리의 눈과 귀에 들어온다. 정보에 둘러싸여 진실을 찾기 어려운 상황이 되었다.

미혹된 사람들로 된 세계를 '차안'이라고 말한다. 이런 세계로 부터 빨리 벗어나서 진실을 파악하고 진정한 행복을 누리는 것

가짜에 미혹되는 사람에게

을 불교는 권하고 있다.

하지만 "물에 빠진 자는 지푸라기라도 잡는다"라는 격언이 있는 것처럼, 자기 몽상에 취해 어떻게 하면 좋을지 모르는 번뇌 속에 있을 때 자칫 다른 사람의 언행을 비판 없이 수용하게 된다. 좌충우돌하기도 하고, 자신만 이득을 얻고 싶다, 구제받고 싶다는 일념으로 남의 말을 듣는다. 항간에 떠도는 행복한 유언비어에 미혹되는 현실을 어찌할 도리가 없다.

그 증거로 얼마나 세간에 무책임한 정보가 범람하고 있는가. "저축이 가능한 법", "불치병을 고치는 요령", "이렇게 하면 결혼 상대를 찾을 수 있다", "불황을 극복하는 방법은 이것이다", "입사, 입시 필승법" 등 군침이 나오는 제목으로 사람들을 끌어당기는 신문, 잡지, 단행본. 결혼 궁합이나 그날의 운세 등 신탁을 내리는 점, 기원, 주술의 범람. 말굽버섯이 항암에 효과가 있다고 하면 그것에 달려드는 것. 재난 예방을 위해서라면 식량을 사 모으는 것. 특가품이나 가성비 상품이라고 선전하면 필요 없는 물건까지 늘 손이 나간다.

어떻게 하면 이 정보들에 미혹되지 않고, 가짜를 진짜와 구별할 수 있을까? 어떻게 해야 후회 없이 진정한 행복을 붙잡을 수 있을까?

물론, 진정한 행복을 금방 잡을 수 있는 특효약이 있을 리가 없다. 우리는 누구라도 행복을 바라고 있으나, 시대나 장소, 사람에 따라 행복과 가치도 변한다. 하지만 그중에서도 진정한 행복은 주변의 조건이 변해도 변하지 않는 것이다. 자신이나 상대의 상

자비심 키우기

태에 따라 평가가 바뀌는 것은 진정한 행복이라고 말할 수 없다. 우리 곁에 측량할 수 있는 행복이나 가치는 모두 상대적이고 텅 빈 행복이라고 말해도 좋다.

이 세상의 가짜에 현혹되지 않고 진정한 것을 파악하기 위해 쇼토쿠(聖德)태자의 말에도 있는 것처럼 '세간은 헛되고 가설적이다. 오직 붓다만이 진실이다'라고 자각하는 것이 중요하다.

이것은 결코 이 세상에 있는 모든 것이 변화하기 쉬운 가짜이기 때문에 전부 거부하고 소홀히 하라는 것이 아니다. 변화하는 것을 그 자체로 받아들이고, 쉽게 움직이지 않는다는 자세를 유지하고, 자신에게 충실하고 타인에게 성실하고, 일을 확실히 해나가라는 것, 그뿐이다. 그리고 자신을 속이지 말고 타인을 기만하지 말고, 자신과 타인이 함께 이 세상에 있는 것들을 소생시키는 곳에 진정한 행복이 있다고 생각한다.

가짜에 미혹되는 사람에게

84편

사물과 생명을 업신여기는 사람에게

그들은 나와 비슷하고,

나도 그들과 비슷하다고 생각해라.

내 몸에 미루어 헤아려서 살아있는 것을 죽여서는 안 된다.

또한 살인을 당해서도 안 된다.

『경집(經集)』

불교를 수행하는 승려는 여행에 나설 때 늘 석장(錫杖, 승려가 가지고 다니는 지팡이)을 지니고 다녔다. 그것으로 소리를 내며 천천히 걸어갔다. 그것은 발아래에 있는 벌레를 밟지 않고 먼저 도망가게 하려는 따뜻한 마음의 발로였다.

하지만 최근에는 어떠한가. 지식이 늘어감에 따라 인간은 동물부터 벌레에 이르기까지 자신에게 이익이 되는 것들은 부리고, 이익이 되지 않는 것은 태연하게 제거해 버린다. 특히 자원 개발이 활발히 진행되는 오늘날 어떤 동물은 멸종 위기에 이르렀다.

우리는 보통 농작물이나 나뭇잎을 먹는 벌레를 해충이라고 부른다. 하지만 해충이라는 것은 인간이 마음대로 정해버린 것이다. 인간이 고기를 먹듯이 벌레도 살기 위해서 그것을 먹는 것일 뿐이다. 해충은 틀림없이 '나쁜 것은 인간이다. 우리를 벌레라며 죽이는 해로운 인간'이라고 말하고 있을 것이다.

인류야말로 자연과 함께 지구에 살고 있다는 생각을 이제라도 철저하게 되새겨야 하지 않을까. 동물은 어디까지나 인간과 마찬가지로 자연계의 구성원이다. 우리는 예부터 동물을 희생하면 축혼제(畜魂祭)를, 바늘을 다 사용하면 바늘 공양을 하기도 했다. 바야흐로 동물이나 바늘을 살아 있는 것처럼 다루는 행사가 계속되고 있다.

수행승이 있는 승당(僧堂)에 가면, '생반(生飯)'이라고 하여 식사 시간에 뒤주에서 쌀을 나누어서 처마 밑에 두는 습관이 있다. 새가 날아와서 먹을 수 있도록 하는 자비심에서 온 습관이다. "국자 반만큼의 물"이라는 말도 있다. 물을 함부로 사용하지 않고, 남은 물은 우물에 돌려준다. 이러한 훈훈한 풍습이나 사물에 대한 사고방식을 요즘 우리는 잊어버린 듯하다.

불교에서는 '불살생(不殺生)'을 설한다. 이것은 살아있는 것을 죽이지 않는 것뿐만 아니라, 생명을 적극적으로 살리는 것을 말한다. 주어진 것은 자신만의 소유물이 아니기 때문에 살리는 것도 죽이는 것도 자기 마음대로 하지 않는다. 주어진 것은 세상의 소유이며, 잠시 주어진 것이기 때문에 그것을 의미 있게 사용하

사물과 생명을 업신여기는 사람에게

는 것으로부터 대상이 산다. 의미없이 사장시키는 것은 죽이는 것이나 다름없다.

고도경제성장 시대의 영향에서 완전히 벗어나지 못한 탓인지, 아직도 물건을 사서 쌓아두는 일이나 물건을 한 번 쓰고 버리는, 볼썽사나운 일들이 많다. 확실히 경제는 윤택해졌는지도 모르겠다. 하지만 사치를 조장하고 인간의 마음을 좀먹게 하는 것을 눈치채지 못하게 한다. 모처럼 소비자에게 팔려도 효과적으로 사용되지 못한 채 버려지는 물건 입장에서도 즐겁지 않을 것이다.

시간도 마찬가지이다. 모임 약속 시간에 늦거나 약속을 어기는 것에 의해 서로의 시간을 허비하고, 나중에 말다툼의 원인이 되는 경우가 있다. 이런 시간은 효과적으로 살아가지 못하고 낭비되고 있다고 말할 수 있다. '세월은 사람을 기다려주지 않기에' 시간은 훌쩍 화살과 같이 떠나가 버리고, 한번 가버린 시간은 돌아오지 않는다. 더욱 효과적으로 사용할 필요가 있다.

자비심 키우기

85편
다른 사람을 미워하는 사람에게

여러 가지 적의(敵意)는 적의에 의해
언제까지고 진정되지 않는다.
그저 적의가 없는 것에 의해 진정된다.
고금을 관통하는 법칙이다.

『중부경전(中部經典)』

    옛날 인도에 디기띠라는 왕이 있었다. 이웃의 브라마닷따왕과의 전쟁에서 패배해서, 형장의 이슬로 사라지기 직전에 그의 아들에게 "오래 봐서는 안 된다. 급하게 서둘러서도 안 된다. 원망은 원망이 없는 것에 의해 진정된다"라는 말을 남기고 죽었다. 왕자는 구사일생으로 석방되어, 그 후 어떻게든 아버지의 복수를 하겠다며 용모를 바꾸어 브라마닷따왕의 시중을 들며 그의 신임을 얻었다. 어느 날 왕은 가신을 이끌고 수렵을 나갔다. 산야를 뛰어다니느라 지친 왕은 이 청년의 무릎을 베개 삼아 잠시 잠들었다. 지금이야말로 아버지의 원통함을 풀어야겠다며 왕자는 칼을 빼 들고 왕의 머리에 댔지만, 아버지가 임종 때 했던 말을 생각해 내고는 주저하고 있었다. 그때 왕이 눈을 떴고, 결국 원통함을 풀지 못한 왕자는 지금까지 있었던 일을 고백했다. 왕은 디기띠왕이 임종 때 했던 말을 듣고 크게 감동하여, 지금까지의 잘못을 사죄했을 뿐 아니라, 왕자에게도 나라를 돌려주고 화해했다고 한다. '오래 보지 말라'는 것은 원한을 언제까지나 품지 말라는 것이며, '급하게 서두르지 말라'는 것은 급한 성질을 일으켜 우정을 파괴하지 말라는 의미이다. 이상은 『율장』「대품」에 수록된 에피소드이다.

승려 호넨이 아직 어렸을 때, 아버지가 불의의 습격으로 비명의 죽음을 맞이하였다. 아버지는 호넨에게 유언으로 "원수를 갚는 것을 그만두어라. 이건 단지 전생의 숙연이다. 네가 적을 증오하고 살해한다면, 적의 자식도 다시 너에게 칼을 들이댈 것이다. 이 복수가 대대손손 이어지지 않게 하라. 세속을 벗어나서 스스로 보리(菩提, 수행자가 도달할 수 있는 최상의 지혜)를 구하고 스스로 해탈을 구하는 것이 더 좋다"라고 유언했다고 한다.

1951년 샌프란시스코에서 열린 대일강화조약에서도 스리랑카의 재무장관이 『법구경』의 "원한은 원한에 그치지 않고, 원한은 원한이 없는 것에 의해서만 그친다"라는 구절을 인용했다. 남을 원망하면 자신의 기분이 좋아지는 경우가 있어도, 그때뿐이다. 누가 잘못을 했든, 언제까지나 원망하는 마음을 품고 복수를 생각하고 있어서는 악순환이다. 원한이 점점 심해질 뿐이다. 그러니 이쪽에서 먼저 원망하는 마음을 끊지 않으면 안 된다.

그 옛날, 어떤 남자가 원한을 품고 하루도 마음을 쉬지 않아 하루가 다르게 야위고 쇠퇴해져 갔다. 친구가 "너는 어째서 그렇게 야위었는가?"라고 물으니 "사실은 어떤 사람이 나에 대해 악담을 해서 그것에 복수하지 못해 이렇게 괴로워하고 있다"라고 답했다. 그러자 친구는 원한을 푸는 좋은 방법이 있다고 했다. "베딸라 귀신의 주술을 거는 것으로, 상대에게 확실히 보복할 수 있네." "그 주술을 어떻게 거는 건지 가르쳐주게." "가르쳐줄 수 있지만, 그것을 상대에게 걸기 전에 자신이 죽고 만다. 그래도 좋은가?" "내가 죽더라도 좋으니 어떻게 해서든 상대에게 복수하고 싶네." 세상에는 이렇게 노여움이나 원망의 마음을 품느라 오히려 자신과 타인 모두 망하게 하는 사람이 있다고 석가의 가르침을 재미있는 이야기로 엮은 『백유경』에서 서술하고 있다.

가인(歌人)으로 유명한 어느 정신과 의사가 있었다. 어느 날 거만하기 짝이 없는 환자가 입원했다. 그녀로부터 진찰 중에 여지없이 비난을 당하고 얼굴을 맞았다고 한다. 환자를 똑같이 때릴 수도 없는 노릇이라 그때는 어찌저찌하여 참았지만, 잠 들기 전까지도 분노가 가라앉지 않았던 것이다. 그래서 침대에 누워 그녀를 나무라는 상상을 몇 번이고 되풀이 했다고 한다. 이렇게 복수의 칼날을 당사자에 향하지 않고 다른 무해한 대상으로 전환해 빠져나가는 방법을 찾는 것도 원한을 진정시키는 한 가지 방법이다.

　　　　　　　　　다른 사람을 미워하는 사람에게

다른 사람으로부터 괴롭힘을 당했다고 괴롭힘을 돌려주지 말자. 어리석은 사람을 상대하면 이쪽도 어리석은 자가 된다. 차라리 그러한 사람을 애처로이 여기는 마음의 융통성을 가지는 것이 좋다. "나를 증오하는 사람이 있어도 전혀 원망하지 말라. 나를 비방하는 사람이 있어도 전혀 원망하지 말라. 이 비방하는 사람을 더욱이 경계하되 혐오도 하지 말라"라는 가르침이나, "비방을 듣거나 비난을 들어도 개의치 말라. 불을 가지고 하늘을 태우는 것처럼 한갓 자신만 피곤하게 하니, 악담을 공덕으로 삼아 선한 지식이 되게 하라"라는 가르침은 우리에게 원망하는 마음이 일어날 때 격려와 위로를 전해준다.

때로는 다른 사람으로부터 괴롭힘을 당하고 심한 비판을 당하기도 한다. 하지만 어떤 칼이든 도공이 담금질하고 두들겨야 비로소 훌륭한 물건이 된다며 스스로 위로하고, 상대방의 기분이 풀릴 때까지 얻어맞아도 꾹 한 번 참아보자. 예전에 한 시인은 "때려라! 그것은 나를 강하게 할 뿐이다"라고 노래했다. 자신이 아무리 심각한 상황에 있어도, 죽음의 고통보다는 낫다고 생각하면 기분이 나아진다. 그런 때야말로 고난은 하늘이 나에게 주는 시련이자 은총이라며 받아들이고 오히려 감사하고 싶어진다.

자비심 키우기

86편

순간의 욕망에 휘둘리는 사람에게

> 붓다께서 말씀하시길,
> 재물과 색(色)은 사람에게 있어,
> 흡사 어린아이가 칼날의 꿀을 빠는 것과 같다.
> 한 번 제대로 먹기에도 충분치 않은 데다가
> 혀가 잘릴 위험이 있듯이 재물과 색도 그러하다.
>
> 『사십이장경(四十二章經)』

어느 날 중국 당나라의 왕 휘종이 양자강 근처 금산사에 행차했다. 누각에 올라 눈 아래 펼쳐진 양자강 위에 떠 있는 배들을 보며 그 절의 주지인 선사 황백(黃伯)에게 "저 많은 배는 몇 척이나 되는가?"라고 물었다. 선사는 "두 척입니다"라고 답했다. 황제가 그 의미를 물으니 선사는 "하나는 명예를 위한 배이고, 다른 하나는 이익을 위한 배입니다"라고 답했다. 저렇게 무수히 많은 배가 떠다니고 있어도 결국은 모두 명예나 이익을 위해 움직이고 있다는 이야기이다. 번화가에 붐비는 군중이나 도로 위를 달리는 자동차를 보고 있으면 흡사 양자강 위의 배와 닮아 있는 것 같다.

위 『사십이장경』의 구절에서도 이익이나 색욕을 구하며 제정신을 잃고 있으면 그것은 아이가 칼날에 달린 달콤한 꿀을 빠는 것과 같다고 했다. 그리고 언젠가 그 칼날에 혀가 베이고 말 것이다. 분수를 모르고 과하게 구하면 몸이 상할 거라고 경계하고 있다.

다음은 『대승장엄경론』에 있는 욕심 많은 노파의 일화이다.

석가가 슈라바스띠의 제따바나에 있을 때, 어떤 노파가 술을 가득 담은 항아리를 등에 지고 걸어가고 있었다. 노파는 길을 가면서 타마린드나무의 달콤한 열매를 따서 쪽쪽 소리를 내며 먹고 있었다. 얼마 후 목이 말라 근처 집의 우물에 가서 거기에 서 있는 아낙네로부터 물을 한 컵 얻어 마셨다. 타마린드나무의 달콤함이 입에 남아 있었던 탓에 물의 맛이 꿀과 같이 달콤했다. 노파는 감격하여 "아, 맛있었습니다. 그런데 부인, 제가 등에 지고 있는 항아리 술과 물을 바꿔주지 않겠습니까?"라고 물었다. 그 부인은 이 유별난 노파의 말을 듣고 "그러지요" 하며 물을 바꾸어주었다.

노파는 물항아리를 들고 돌아와서 집에 도착하자마자, 바로 달콤한 물을 마시려고 입을 갖다 댔다. 그러나 그 물은 단맛이라곤 없는 그저 보통의 물이었다. 자신의 혀가 뭔가 잘못되었다고 생

　　　　　　　　　　　　　　자비심 키우기

각하여, 몇 번이나 먹어보아도 아무 특성이 없는 보통의 물이었다. 친족과 지인을 불러 모아서 마시게 해봐도 누구 하나 맛있다고 하는 자가 없었다. "할머, 이렇게 탁한 물을 마시면 몸이 상합니다. 도대체 어디에서 물을 지고 오신 겁니까?"라고 꾸짖음만 당했다. 노파는 비로소 타마린드나무 열매의 달콤함이 물로 옮겨간 것이라는 점을 깨닫고, 술을 그냥 줘버린 것을 후회했다.

이처럼 세상에는 일시적 욕구나 착각에 사로잡혀 큰 손해를 보는 사람이 많다.

쿠시나가르의 한 마을에 쇼까밧따라는 젊은이가 있었다. 그의 집안은 대대로 부자였는데, 청년의 세대에 몰락해 누구도 상대해주지 않았다. 그래서 이 유쾌하지 않은 고향을 떠나 다른 나라에 가서 열심히 일하고자 가출하였다. 그리고 나이가 들어서 큰 부를 쌓고 고향에 금의환향하였다.

이 소식을 들은 친족과 지인은 마을 입구에서 그를 맞이하고자 오늘 오나 내일 오나 기다리고 있었다. 그는 그것을 사전에 알고 일부러 초라한 모습으로 행렬의 앞에 서서 귀향했다. 친족들은 그것을 모르고, 그에게 "혹시 성공하여 돌아오고 있는 쇼까밧따는 어디에 있습니까?"라고 물었다. 그는 "뒤에 있습니다" 답하고 지나갔다.

친족들은 아무리 기다려도 쇼까밧따가 오지 않자 뒤에 오는 사람에게 "쇼까밧따는 어디에 있습니까?" 하고 재차 물었다. 그러자 "아, 장자 말씀입니까? 장자는 행렬의 맨 앞에 있습니다"라고 답했다. 친족은 다시 돌아가서 그를 찾아내어 "어째서 우리가

순간의 욕망에 휘둘리는 사람에게

일부러 환영하러 왔는데, 뒤에서 오고 있다고 말했습니까?"라고 힐문하였다. 그는 냉정하게 "당신들이 만나고 싶어는 쇼까밧따는 뒷부분의 낙타 위에 있습니다. 제가 가난했을 때는 보러오지 않았던 당신들이 이제 급하게 환영하러 온 것은 저 때문이 아니라 제가 얻은 재산 때문이지요. 그것은 뒤에 오는 낙타의 등에 쌓여 있습니다"라고 답했다. 이것도 『대승장엄론경』에 있는 이야기이다.

87편

배신당한 사람에게

> 파초는 열매를 맺고 시들고,
> 대나무나 갈대도 마찬가지이다.
> 당나귀는 자식을 낳고 죽으며,
> 악인을 손상시키는 것은 세속적 명예와 이익이다.
>
> 『잡일아함경(雜一阿含經)』

지금까지 전폭적으로 신뢰해 온 사람이 갑자기 손바닥 뒤집듯 태도가 돌변해 배신하면, 몸이 에는 것보다 고통스럽다. 그리스도교에서는 예수의 열두 제자 중 하나인, 이스카리옷의 유다가 재물욕에 눈이 멀어 자신의 스승 예수를 배신하고 제사장에게 넘긴 이야기가 유명하다.

불교에서도 석가가 살아 있을 때 그의 제자 중 배신자가 나왔던 것이 『잡일아함경』에 기록되어 있다. 바로 석가의 사촌인 데바닷따의 배신이다.

데바닷따는 석가의 명성을 질투하여 살해하려고 계획했지만, 번번이 실패로 끝나고 말았다. 그래도 비행을 고치지 않자, 어느 날 담마딘나라는 비구니가 그에게 간언했다. 그러나 데바닷따는 "쓸데없는 말하지 말라"라고 하며 그녀를 때려죽이고 말았다.

계속된 악행에 데바닷따 자신도 양심의 가책을 견디지 못하고 마침내 병상에 누운 몸이 되었다. 매일 괴로움에 번민하며 그 고통을 어떻게든 누그러뜨리고자 하였다. 그러다 석가가 있는 곳까지 가마를 타고 가 죄를 참회하려고 하였다. 하지만 가마가 땅에 닿자마자 대지로부터 휘몰아친 불바람에 온몸이 타버려 살아 있는 상태로 아비지옥(阿鼻地獄, 불교의 팔열지옥 중 가장 고통스러운 곳이며, 무간지옥의 다른 말)에 빠지고 말았다.

이것을 보고 있던 제자 마웃갈야야나가 석가에게 청했다. "데바닷따를 구하고 싶습니다." 석가는 "그건 좋은 일이다. 하지만 주의하여라. 올바른 마음을 가지고 가르침을 주는 것이 좋다. 악인을 개심하도록 하는 것은 고목에 조각하는 것보다 어렵다"라고 말했다. 마웃갈야야나는 괴로워하는 데바닷따에게 다가갔다. 데바닷따는 헐떡이면서 "나의 이 고통은 쇠바퀴에 몸이 잡아 찢기고, 쇠몽둥이로 신체를 구타당하고, 검은 코끼리에 밟히고, 화산에 얼굴을 넣는 것과 같습니다. 제발 일각이라도 빨리 도와주세요"라고 애원하고 있었다. 마웃갈야야나는 "붓다에 귀의하십시오. 그러면 구제받을 것입니다"라고 답했다. 데바닷따가 그의 말대로 하자 괴로움이 사라졌다. 마침내 데바닷따도 자신의 죄가 깊음을 자각하고 진심으로 뉘우쳤다고 한다.

그리스도교의 경우, 사람들이 회개하지 않고 신을 등지면 최후의 심판에서 단죄받고 영겁 동안 지옥에 떨어져 그곳에서 구원의 손길을 찾을 수 없다고 한다. 유다는 예수에게 유죄가 선고되는 것을 보고 후회하여 돈을 제사장에게 돌려주려고 했지만 "우리는 모르는 일이다. 스스로 처리하라"라는 대답에 스스로 목숨을 끊었다.

데바닷따는 뉘우치고 고친 결과 구제받았다. 이러한 차이는 있지만, 사람이 모인 곳에서는 '반드시'라고 할 정도로 배신하는 사람이 나온다. 그런 사람들을 적절히 처단하지 않으면 집단의 결속이 어렵다는 것을 간과해서는 안 된다.

또한 다른 사람에게 배신당했을 때는 배신할 사람을 곁에 둔 자신의 무지를 책망하고 그 원인을 규명할 필요도 있다.

배신당한 사람에게

제5장

하루하루의
가치 깨닫기

88편

자기혐오에 빠진 사람에게

> 어리석은 자 중에 가장 어리석은 자,
>
> 미친 자 중에 가장 미친 자,
>
> 번뇌를 가진 출가승이자 중생,
>
> 그리고 그 밑바닥에 있는 나.
>
> 위로는 여러 붓다를 저버리고,
>
> 가운데로는 황제의 법도를 등지고,
>
> 아래로는 효와 예의를 깎아내리네.
>
> 승려 사이초(最澄), 『발원문(發願文)』

"선생님, 저는 아무래도 틀렸습니다. 친구나 형제로부터 버림받았고, 업무는 제대로 되지 않습니다. 앞으로 어떻게 살아야 할지 모르겠습니다. 꿈이나 희망이 전혀 없습니다"라고 어느 학생이 고백했다. 심각한 표정으로 그를 살피며 "고통스럽겠구나"

하며 동정해 주고 싶겠지만, 이러한 일말의 불안은 누구라도 한 두 번 가지는 것이다. 우리는 자주 "인생에 절망했다", "죽고 싶다"라고 말한다. 하지만 이런 고백하는 사람들은 보통 본심을 말한 것이 아니다. 자신의 열등감을 없애고 존재 가치를 다른 사람들에게 인정받고 싶다는 일념으로 어리광을 부리며 위로를 기대하는 것이다.

우리 주변을 둘러보면 자타공인이 틀려먹은 인간이 너무도 많다는 생각이 들기도 하는데, 어느 문예평론가는 예전에 "인간에게는 인간을 죽여놓고 그것에 대해 조의를 표하는 잔혹함이 있다"라고 갈파한 적이 있다. 어둠 속에 있으면서 무도한 악행을 해놓고서는 표면적으로는 짐짓 선량한 척 행동하는 사람이 많은 것이다. 강한 사람이나 상급자에게는 아부하고, 약자나 후배에게는 허세를 부린다. 친절해 보이는 말을 건네면서 뒤에서는 상대를 밀어 넘어뜨린다. 그리고 위험에 닥치면 제일 먼저 도망가고 양심의 가책을 느끼지 않는다.

정신적인 추악함 뿐만 아니라, 육체적으로도 우리는 결코 아름다운 존재가 아닌 것 같다. 하루 이십사 시간 사는 인간은 끊임없이 배설작용을 한다. 일단 죽고 나면 썩기 시작하여 악취를 풍기게 된다.

일본의 작가 다케다 다이준은 그의 저작 『내 안의 지옥』에 "어머니께서 숨을 거두시고 십오 분 정도 지나, 나는 어머니의 옷을 갈아입히기 위해 어머니를 알몸으로 만들었다. 어머니의 하반신도 만졌다. 그때 나는 인간이란 무엇인가, 인간과 인간의 관계는

하루하루의 가치 깨닫기

무엇인가, 생각하여 몸을 부르르 떨었다"라는 기록이 있다.

자신이 대단한 사람이라고 자부하는 자 중에 위선자가 많다. 그들은 자신의 표면을 꾸미는데, 우리는 거기에 현혹당하고 배신당하기까지 한다. 하지만 그런 자에게 아름다움을 느끼지 않는다. 오히려 추함에 눈을 돌리지 않고 그것을 직시할 때 비로소 아름다움을 느낄 수 있다.

일본 천태종(天台宗)의 창시자인 사이초는 열아홉 살에 출가하여 이백오십 조항의 계를 받고 그것을 지키는 노력을 멈추지 않았다. 자신의 밑바닥의 잔여물까지 전부 없애기 위해서 철저하게 자기성찰을 시도했던 사람이다. 초가집을 짓고 일 년 반 정도 수행에 몰두한 직후에 지은 것이 위 『발원문』의 문장이다. 사이초는 자신을 "어리석은 자 중에서 가장 어리석고, 미친 자 중에서 가장 미쳤고, 너무나 보잘것없는 열등한 인간인 나는, 위로는 여러 붓다의 가르침을 저버리고, 가운데로는 황제의 법도를 등지고, 아래로는 인간의 자식으로서 효와 예를 외면하고 있다"라며 참회하고 있다.

이렇게 고뇌로 가득한 자기성찰은 마치 그리스도교의 사도 바울이 "올바른 사람이 없다. 단 한 사람도 없다. 깨닫는 사람도 없다. 신을 찾는 사람도 없다. 모두가 비뚤어져 쓸모없게 되었다. 선한 일을 하는 사람이 없다. 단 한 사람도 없다"(「로마서」 3장 10~12절)라고 탄식하고 있는 것과 같다. 많은 종교의 위인은 대체로 이렇게 인간의 추함이나 고통에 눈을 돌리지 않고 지그시 바라보며 그것을 통해 불을 토해내는 듯한 언행을 하며 살아갔

자기혐오에 빠진 사람에게

기 때문에, 후세 사람들이 존경하고 따르는 것이라고 생각한다.

　이런 사람들이 범부와 다른 점은 자신을 포함한 인간의 추함을 똑바로 본 것뿐 아니라, 자신을 그 이상 떨어질 수 없는 밑바닥까지 떨어뜨려 그곳에서 진정한 침착함을 움켜쥔 것에 있다. 이들은 적당히 스스로 응석 부리며 인생에 절망했다고 울거나, 다른 사람에게 아양을 떠는 듯한 어설픈 자기반성을 하지 않는다. 철저하게 자신의 추함을 드러내고 참회하지 않으면 결코 이러한 침착함을 얻을 수 없다.

　범부는 자신의 추함을 속속들이 드러내기는커녕 숨기려고 하므로 열등감에 괴로워하고 비굴한 태도로 인생의 뒤안길을 걷는 처지가 되는 것이다. 자기혐오나 열등감에 들볶일 때 오히려 인간이란 이런 존재라고 받아들이고 추한 자들이 서로를 위로하고 격려하며 살아가는 것이 인생이라고 생각하는 편이 어떻겠는가. 옛 노래에 "위를 보면 이것저것 다 갖고 싶지만, 아래를 보면 갖고 싶은 것이 없을 터인데"라고 하는 것처럼, 자기 이외에 더욱 철저하게 자기혐오나 열등감에 빠진 사람도 있다는 것을 잊지 말기 바란다.

　자기혐오나 열등감에 빠졌을 때는, 면목 없는 이야기이지만, 밖에 나가고 싶어도 나갈 수 없는 교도소의 수감자나, 인도 빈민굴에서 생활을 하는 사람들, 손발이 없는 사람들을 생각한다.

89편

사명감이 없는 사람에게

> 일체중생(一切衆生)*의 고통은
> 모두 나 한 사람의 고통이라고 말해야 한다.
>
> 승려 니치렌(日蓮), 『간효팔번초(諫曉八幡抄)』

　　모든 사람은 건강하고, 가정이 원만하며, 직장이 잘 풀리고, 육체적으로도 정신적으로도 또 경제적으로도 괴롭거나 걱정할 일 없이 행복한 일상을 보내기를 바란다. 하지만 자신의 그런 바람이 늘 딱딱 맞아떨어질 수는 없다. 때로는 병마로 고생하고, 가정에는 파란이 있고, 불화의 여파를 맞아 영업이 잘 안 되고, 흐르는 세월을 이기지 못하고 매일 쇠퇴하여 이전에 있던 기운은 어딘가로 사라져 매일 공허하게 보내기도 한다. 그런 때에는 폐

---

*　　이 세상의 모든 존재.

부를 찌르는 것 같은 찬바람도 한층 더 강하게 느끼고 횟술이라도 마셔서 마음을 달랠까 하는 기분이 든다.

하지만 아무리 초라한 매일매일이라도, 모처럼 주어진 목숨을 주변 환경에 내어주고 소홀해도 좋을 리 없다. 우리 인생에는 반드시 부침(浮沈)이 있다. 그러니 눈앞의 고통에 미혹되지 말고 내일 곧 떠오를 태양을 위해 준비를 게을리해서는 안 된다.

하지만 그저 멍하니 떠오르는 태양을 기다리는 것만이 능사는 아니다. 여기 적극적으로 화를 변화시켜 복으로 만든 사람이 있다. 그것은 다름 아니라 승려 니치렌이다.

니치렌은 막부의 탄압을 받아 유배를 해서 이십 년간 박해를 받았다. 추위와 배고픔에 시달리면서도 결코 기근, 열병, 내란으로 고통받는 민중을 잊지 않고, 자신이 해야 할 것을 하겠다는 사명감에 불타올랐다. 이 마음을 제자들에게 전달하기 위해 기록했던 것이 위 『간효팔번초』의 문장이다.

우리가 이렇게 '타인을 위해 내가 해야 할 일이 있다'는 사명감에 차 있을 때 어떤 역경에도 그것을 시련으로 여기지 않고, 의연하게 목적을 완수할 때까지 "내가 죽을쏘냐" 하는 불굴의 투혼이 샘솟는 것 같다.

2차 세계대전 당시 아우슈비츠 강제수용소에 들어가 학대를 받은 유대인 심리학자 빅터 프랭클은 수용된 동안 동료가 중노동과 영양실조로 쓰러지는 것을 눈앞에서 목격했다. 어느 날 그는 문득 자신이 가장 사랑하는 부인을 생각했다. '그녀는 지금 어디에 있는 걸까. 그녀도 또한 이런 고통스러운 생각을 하는 걸까.

　　　　　　　　　　　하루하루의 가치 깨닫기

만약 그렇다면, 그 몇 배의 고통이라도 좋으니 내가 대신 받고 싶다'고 생각했다. 그러자 스스로 놀랄 정도로 생명력이 흘러넘치고, 이후로는 어떤 학대를 당해도 이겨낼 수 있게 되었다고 한다.

박사는 전후(戰後) 무사히 해방되어, 그때 "그녀의 존재가 얼마나 멋진 마음의 지지대가 되었는지 모른다"라고 술회했다. "인간은 누군가를 마음으로부터 사랑하고 자신을 완전히 무(無)로 만들면 엄청난 힘이 샘솟는 존재이다. 그 상대가 시간적으로나 공간적으로나 완전히 떨어져 있어도 그 효과는 마찬가지다"라고 자신의 체험을 토로했다.

미국 정신분석학자 에릭 에릭슨 역시 "인간은 무엇에나, 누구에겐가 필요하다고 여겨지는 것이 필요하다"라고 서술하고 있다. 자신의 모든 것을 걸 수 있는 그런 상대가 있는 사람은 행복하다. 그런 사람이 어딘가 있다면 '그 사람을 위해서 내가 하지 않으면 누가 하겠는가? 그 사람을 행복하게 해주고 싶다'는 헌신적인 힘이 샘솟기 마련이다. 사랑받는 것도 사랑하는 것도 잊은 현대인에게 기대하기에는 무리일까?

90편

잘못된 사랑에 빠진 사람에게

젊은이들이여, 그대들은

여자를 찾는 것과 자신을 찾는 것 중

어느 것이 그대들에게 더 나은가.

『율장(律藏)』「대품(大品)」

어느 날 석가는 포교를 위한 우루벨라 여행 도중에 홀로 숲속에 들어가 나무 아래에서 쉬고 있었다. 때마침 젊은이들 여럿이 숲속에서 떠들며 좌충우돌하고 있었다. 석가가 있는 것을 보고 가까이 와서는 "여기에 여자아이 하나가 도망 오지 않았습니까?"하고 물었다. 사정을 들으니 서른 명의 젊은이 중 하나가 창녀를 데리고 왔는데, 함께 놀며 시시덕거리고 있는 사이 젊은이들의 소지품을 훔쳐 달아났다고 한다. 그래서 그녀를 찾는 중이었다. 그때 석가는 위 『율장』「대품」의 문장처럼 질문하여 그들의 심중을 찌른 것이다. 젊은이들은 정신이 들어 "물론 자신을 찾는 것이 중요합니다"라고 답했다. 그때 석가는 "그러면 모두 여기에 앉으시오. 내가 그대들에게 자신을 찾는 방법을 가르쳐주겠소"라고 말하며 인생의 의의를 설명했다. 그러자 자신들의 무질서한 생활이 잘못되었음을 깨닫고 석가의 제자가 되었다고 한다.

하지만 제자들 가운데 수행 중에도 애욕의 불길을 끄지 못한 자도 있어 흥미롭다. 나중에 천이백 명으로 늘어난 석가의 제자 중 하나가 거리로 탁발하러 나가서 유곽까지 방문한 적이 있었다. 그 집의 창녀는 즐거워하며 수행자를 집으로 불러들여 음식을 만들어 공양하였다. 그는 이것을 즐겨 그 후로도 몇 차례 그 집을 방문하여 음식뿐만 아니라 그녀의 풍만한 육체에 매료당해 욕정을 제어하지 못하고 몸과 마음을 모두 바치고 말았다.

수행자가 결국 "당신과 같이 아름다운 분과 함께 지내고 싶다"라고 말을 꺼냈을 때, 창녀는 한결같은 그의 바람을 듣고 "정말로 저를 사랑한다면, 맛있는 음식, 좋은 향, 아름다운 꽃, 멋진 옷을 가지고 오세요. 그러면, 당신의 것이 되겠습니다"라고 답했다. 수행자는 "저에게는 재산이 없습니다. 보시는 바와 같이 무일푼입니다. 당신에게 줄 수 있는 것은 저의 몸뚱어리뿐입니다"라고 했다. 그러자 창녀는 화를 내며 "이런 겁쟁이 같으니. 당신과 같이 부끄러움을 모르는 자, 당장 여기서 나가세요"라며 험악하게 욕을 했다. 이 수행자는 허둥지둥 도망갔다고 한다.

이것은 『본생경』에 수록된 에피소드이다. 비슷한 내용의 에피

잘못된 사랑에 빠진 사람에게

소드가 일본의 고전문학 중 하나인『곤자쿠 이야기집』에도 전해지고 있다. '사랑의 노예가 된 후 불도(佛道)에 힘쓰게 된 이야기'로서 아래가 대략적인 줄거리이다.

옛날 옛적에 히에잔에 사는 젊은 승려가 있었다. 하루는 교토의 호린지(法輪寺)로 기도를 하러 갔다 돌아오는 길에 어느새 날이 저물어 어떤 집에 하룻밤 재워달라고 청했다. 승낙을 받고 들어가 보니 아름다운 여인이 살고 있는 것 아니겠는가. 그날 밤 한숨도 자지 못하고 결국 여주인의 침실로 들어가 유혹하고자 했다. 여주인은 "훌륭한 스님이라고 생각하여 하룻밤 묵게 해드린 것인데, 배신감에 화가 납니다"라고 거부하였다. 승려는 바람을 이루지 못하여 괴로워하였다. 그러자 그녀는 "당신은『법화경』을 다 외울 수 있습니까? 그렇다면 훌륭한 승려라는 의미이니 당신과 함께해도 좋을 것 같습니다"라고 말하는 것이 아닌가. 승려는 솔직하게 아직 외울 수 없다고 고백했다. 그러자 "그러면 절로 돌아가서 외울 수 있게 되면 오세요. 그때는 당신이 하자는 대로 하겠습니다"라고 약속했다. 승려는 다음날 급히 절로 돌아와 집중하여『법화경』을 외웠다. 그리고 여주인의 집을 방문하자 그녀는 "모처럼의 인연이니, 사람들이 뒤에서 손가락질하지 않도록 훌륭한 승려의 후견인이 되고 싶습니다. 삼 년간 산에 들어가 수행한다면 당신 마음대로 하겠습니다"라고 했다. 승려도 과연 그렇겠다고 생각하며 수행에 힘썼다. 승려는 아름다운 여인으로 변신한 허공장보살(虛空藏菩薩, 지혜가 허공처럼 광대한 자)의 지도를 통해 훌륭한 승려가 되었다고 한다.

하루하루의 가치 깨닫기

셰익스피어도 "사랑은 어떤 점에서는 야수를 인간으로 만들고 어떤 점에서는 인간을 야수로 만든다"라고 했다. 정말로 사랑은 우리를 분발하게 만들기도 하고, 때로는 그것의 노예로 만든다. 연인을 위해 평소에는 할 수 없는 것까지 하고, 말기도 한다. 사랑의 노예보다는 서로가 절차탁마(切磋琢磨)하여 인생의 의의를 깨닫게 하는, 인간답게 고양해 주는 연인에 빠지는 게 어떻겠는가?

91편

인생에 지쳐버린 사람에게

나에게 있어서,

그저 염불하여 아미타불에게 구제받는 것과

선한 사람의 말을 따르고 믿는 것 외에

다른 일은 없다.

고승 신란(親鸞), 『탄이초(歎異抄)』

    사람은 누구라도 진지하게 살려고 하면 할수록 자신의 생애에서 한두 번 인생의 벽에 부딪치기 마련이고, '이렇게 살아도 되는가'라며 통렬한 자기반성에 빠져 무력감이나 자기혐오에서 헤어나지 못하는 존재이다.

    혹시 그런 국면에 한 번도 빠진 적이 없다고 호언장담하는 사람이 있다면, 상당히 행복한 삶을 지금까지 살았거나 조금 어수룩한 사람이 틀림없다. 그들 중에는 마음속으로 '나는 무엇을 위

하루하루의 가치 깨닫기

해 살고 있는가?'라고 질문하는 사람도 있고, 일상에서 피곤을 느껴 그 고통을 남에게 말하지도 못하고 매일 괴로워하는 사람도 있다.

그런 때는 우선 기운이 빠져버려서 보잘것없는 자신을 책망하고 절망의 심연에 빠져 '인제 그만 살까?' 하는 생각에 빠진다

예전 ANA항공의 사장도 곤란한 국면에 빠졌을 때는 늘 산에 오르는 것을 머릿속으로 생각하라고 조언했다. "거대한 산을 상상하세요. 그곳을 내가 배낭을 메고 오르고 있습니다. 팔부능선까지 올라왔습니다. 기진맥진해 있습니다. 한발 나아가고 큰 숨을 내쉬고, 또 한발 나아가고 한숨을 쉽니다. 그리고 멈춥니다. 이런 상태에 이른 자신을 상상해 보는 겁니다. 그러면 조금 더 힘내, 조금만 더, 곧 정상이 보일 거야, 얼마 안 남았으니까 힘내, 이런 생각이 듭니다. 저 자신에 대해서, 나 너무 힘들다, 인제 그만 둘까, 인제 쉴까, 그만 내려갈까, 하는 생각이 듭니다. 힘들어하는 나 자신을 한 발짝 물러서 제삼자의 관점에서 바라보면, 힘내, 힘내, 하고 응원하게 됩니다."

어쩌면 인생이나 일이 궁지에 몰려 꼼짝달싹 못 하게 되었을 때, 그런 자신에 대해 편벽되게 생각하며 절망하는 이유는 그런 자신을 객관적으로 보는 마음의 여유가 없기 때문이다. 평소 자기중심의 생활을 하면, 다른 것을 돌아보지 않고 자신의 생각이나 행동을 과신한 나머지, 그것이 전부라고 생각해 버린다. 자신이 어찌할 도리가 없게 되면 곧장 손을 들어버리는 단순한 인간이 늘어나고 있는 것 같다.

인생에 지쳐버린 사람에게

일본 가면 악극 노(能)의 대가가 "다른 눈을 가져라"라고 말한 것은, 관찰하는 자신을 관찰당하는 자신으로 삼아야 할 필연성을 절실히 느꼈기 때문임이 틀림없다.

물론 하루아침에 이루어지는 것은 아니라고 생각한다. 평소 자신의 모습을 자신 바깥에 놓고 바라보며, 또 다른 자신에게 질문하고 답을 받는 것. 이렇게 관점을 조금씩 바꾸는 것을 통해 아등바등하는 절망에서 벗어날 수 있지 않을까.

고승 신란은 계율을 지키지 않고 애욕에 빠지며 명예욕에 휘둘리는 한심한 자신을 철저하게 성찰한 승려이다. 그는 못난 자신에 대한 애정을 철저히 제거하느라 제정신이 아니게 되었다. 그러던 중 무간지옥(無間地獄)에 빠져 어떻게도 구제받을 수 없을 것 같은 사람도 염불하면 아미타불에게 구제받을 수 있다고 스승 호넨에게 배웠다. 그저 그 말만 오롯이 믿고 지냈다.

여기서 "믿고 지냈다"라는 것은 자신의 전부를 절대자 앞에 보이고 내려놓는 것이다.

성경에 "이제는 내가 사는 것이 아니라 신이 내 안에서 사시는 것입니다"(「갈라디아서」 2장 20절)라고 말한 경지이다. 자신을 내려놓지 않고 어떻게 신이나 붓다를 받아들일 수 있겠는가. 그것은 마치 그릇 안에 있는 것을 제거하지 않는 한 새로운 것을 받아들일 수 없는 것과 같다.

자신의 어리석음에 애정을 갖는 것이 아니라 그런 자신을 불쌍하게 여기며 웃어넘길 수 있게 되는 것이다. 그런 사람은 이미 신불과 같은 절대자와 교류하고 있다고 해도 과언이 아니다. 굳

하루하루의 가치 깨닫기

이 신불이라고 이름 붙이지 않아도, 자기 자신을 객관화할 수 있는 사람은 자신의 편협한 틀을 깨고 넓은 시야에서 자신을 바라보게 된다. 그런 경지에 도달하면 보잘것없는 자신에 대해 괴로워할 필요가 없게 된다. 그것은 결코 자기 자신을 무의미하게 만드는 것이 아니다. 오히려 자신이라는 잠깐 빌린 물건을 더 소중히 여기는 것과 같다. 그러므로 적극적으로 살아갈 수 있는 자신감과 용기가 샘솟기 때문에 참으로 경이로운 일이다.

이러한 사고방식을 일종의 환상이며 착각이라고 비웃을지도 모르겠다. 하지만 그런 조소는 고생해 본 적 없는 사람의 생각이다. 자신이 그런 고생의 당사자가 되었을 때 비로소 자기 자신을 객관적으로 보는 것이 얼마나 중요한지 느끼게 될 것이다.

인생에 지쳐버린 사람에게

92편

자신의 한계를 모르는 사람에게

> 모두가 묵은 고통을 감내하고,
>
> 추위를 견디며,
>
> 쓸쓸히 수행한다.
>
> 선사 도겐(道元), 『정법안장수문기(正法眼藏隨聞記)』

　다리부터 허리까지 고름이 차서 수술을 해야 할 단계에 이른 환자가 있었다. 의사가 "마취를 하면 환부를 모르게 되기 때문에 마취 없이 수술했으면 좋겠는데 괜찮겠습니까?"라고 물었다. "괜찮습니다. 제가 고통을 얼마나 견딜 수 있는지 시험해 보겠습니다"라고 답하고 수술대에 올랐다. 그는 이를 악물고 끝내 마취 없이 수술을 받아 무사히 상처를 치료했다.

　나 역시 어깨와 손의 관절에 칼슘이 쌓여 병원에 간 적이 있었다. 엑스레이만으로는 아픈 곳을 정확히 알 수 없어서, 의사는 마취 없이 메스를 대겠다고 했다. 수술대에서 간호사 세 명이 나를 꽉 눌렀다. 눈이 튀어나올 듯한 고통을 견딜 수 없어 발버둥 치며 낑낑대었다. 의사는 핀셋으로 조그마한 석회를 뽑아냈다. 힘든 게 지나가고 아무렇지도 않게, '아이고, 이렇게 조그마한 것 때문에 그렇게 아팠던 건가?' 하고 뽑아낸 석회를 바라보며 안심했던 것을 기억한다.

"병은 마음에서부터"라는 말이 있다. 노인을 위한 무료 진찰이나 보험치료에 의한 내과 환자 절반 이상은 병이 나지 않았음에도 그저 병원부터 가고 보는 경우가 많다고 한다. 이러한 사람은 의사의 치료나 약을 기대하고, 스스로 치료하려고 하지 않기 때문에, 처음부터 병에 지고 만다. 사람마다 다 사정이 다르기 때문에 이렇게 말하는 게 너무 가혹할 수도 있겠지만, 가끔 얼마나 병의 고통을 견딜 수 있는지 스스로 시험해 볼 필요도 있다고 생각한다. 병과 대결해서 이기겠다는 각오가 있다면 약간의 병마는 도망가 버릴 것이다.

다음과 같은 이야기가 전해지고 있다. 어떤 왕이 궁전에서 백성을 위해 성대한 파티를 열었다. 성 아래에는 병 때문에 걸어서 궁전까지 올 수 없는 사람이 있었다. 그는 가족의 도움을 받아 중간까지는 왔지만, 더는 올라갈 수가 없어 나무 아래에서 쉬고 있었다. 그때 샤끄라(帝釋天, 불법을 지키는 동쪽의 수호신)가 나타나 "내가 함께 궁전에 가주겠다"라고 말했다.

병자는 매우 기뻐하며 샤끄라와 함께 궁전에 도착했다. 그곳에서 병자는 세상에서 보기 드문 재화를 보고 욕심이 났던지 항아

자신의 한계를 모르는 사람에게

리 하나를 가지고 싶어 했다. 샤끄라는 "이것은 불가사의한 항아리이다. 네가 원하는 무엇이든지 거기서 나온다. 너에게 줄 터이나 소중히 여겨라"라고 말했다. 이윽고 집에 돌아와서 가족에게 보여주고 평소 가지고 싶었던 물건들을 꺼냈다. 병자는 집에 친척을 모아 연회를 열어 먹고 마셨다. 그러다가 기분이 좋아 항아리를 들고 미쳐 날뛰다가 손이 미끄러져 결국 항아리를 땅에 떨어뜨리고 말았다. 그는 놀라고 슬퍼 술에서도 깼다. 조각난 항아리 파편을 모아서 원래대로 돌려놓으려고 했지만 '이미 엎질러진 물은 다시 담을 수 없듯이' 결국 도로 아미타불이 되었다.

이것은 석가의 전생 이야기를 담은 『본생경』에 나오는 이야기이다. 항아리에 의지하며 만족하여 안심하고 있으면 되는 일이 없다고 주의를 주고 있다.

조금 다른 이야기도 있다. 매년 여름이 되면 교토 히에잔에서 불교전도협회가 주관하는 이박 삼일 일정의 실천 포교 결집모임이 있다. 참가자 전원이 산 정상에 있는 도량에서 오전 한 시에 출발하여 호수 근처에 있는 사카모토까지 왕복 오십 리의 등산을 한다.

도중에 칠흑같이 어두운 산길을 손전등 불빛에 의지하여 다리를 굽히고 등을 구부려 천천히 걸어가다 보면, 아홉 시간 만에 산 정상으로 돌아온다. 이것을 그다음 날에도 반복한다.

히에잔에서는 이러한 수행이 천 년도 전부터 시행되었다. 본격적으로 산 능선길을 약 칠십오 리 걷고, 도중 이백오십 개소에서 예배하고, 백 일 간 매일 계속한다.

고행을 장려하는 것은 아니다. 하지만 안락함에 빠진 젊은이들이 적어도 일생에 한 번은 자신의 체력이나 정신력이 어느 정도 고통까지 감내할 수 있는지, 그 한계를 알아둘 필요가 있다. 그래서 이것을 장려하고 싶다. 한 번 극한상황까지 자신을 밀어붙였던 사람은 보통의 난관이나 고뇌에는 꿈쩍도 하지 않을 자신과 기력이 저절로 생길 것이다.

살금살금 인생을 도망 다니며 현실로부터 눈을 돌리고, 안락함을 얻으려고 하고, 감각적 쾌락에 빠져 있으면 거기에 즐거움은 있겠지만, 결코 마음에서 샘솟는 기쁨은 없다. 그리고 나중에 반드시 그에 대한 대가를 받게 될 거라는 각오를 하고 있어야 한다.

자신의 한계를 모르는 사람에게

93편

현재에 최선을 다할 수 없는 사람에게

지나가 버린 것을 좇지 말라.

아직 오지 않은 것을 바라지 말라.

과거, 그것은 이미 버려진 것이다.

미래, 그것은 아직 오지 않은 것이다.

그러니 그저 현재 하고 있는 것,

그것을 잘 관찰해야 한다.

『일야현자경(一夜賢者經)』

우리는 과거를 뒤돌아보며 그리워하고, 내일을 꿈꾸며 이상 (理想)에 관해 이야기한다. 그러나 과거나 미래도 지금 현재 있는 것은 아니다. 확실하게 있는 것은 현재뿐이다. 잘 생각해 보면, 어제도 오늘, 내일도 오늘, 오늘도 오늘, 모레도 오늘, 다가올 미래도 모두 그저 오늘의 연속이다. 이러한 '오늘'을 매일 쌓아가다

보면 인간의 일생이 끝난다. 과거의 내가 그대로 오늘의 내가 되는 것도 아니고, 미래까지 똑같이 이어지는 것도 아니다. 그러니 이 현재를 소홀히 하면 진정한 삶을 살아낼 수 없다.

우리의 생활은 업무에, 식사에, 회의에, 사교 활동에, 늘 번잡하고 바쁘게 지나간다. 요즘 '고요히 생활을 즐긴다'거나 '차분히 작업한다'는 사람이 드물다. 온종일 여기저기 뛰어다니다가 뒤돌아보면 어떤 일에도 마음을 쏟지 못하고 대강 마무리하고 만다. '바쁘다'는 것은 마음이 없어지는 것이다. 바쁨에 얽매여서 물건도 마음도 힘도 쓰기 아까울 때 정말로 자신이 가난해지는 것이다.

예를 들어 어린아이가 "엄마, 이것 해줘"라고 말하면, "바쁘니까 나중에 해줄게"라고 답한다. 아이는 바로 그 순간에 해주기를 바라지만 늘 순위가 밀린다. 전문가나 전공자에게 맡겨도 책임져주는 한가한 사람은 거의 없고, 보통은 "네, 알겠습니다" 하고 일을 맡고는 잊어버린다. 늘 바쁨에 쫓기는 사람은 한창 일하는 중에도 마음이 다른 곳에 가 있어서, 해냈다는 실감이 생기지 않을 것 같다. 선사 도겐은 『정법안장수문기』에서 "마땅히 만사를 제쳐놓고 한결같이 불도(佛道)를 공부해야 한다. 나중을 생각해서는 안 된다"라고 주의를 시키고 있다. 해야 할 일을 바로 하지 않으면 점점 일이 쌓이게 된다. '일을 받으면 바로 해라. 식사할 때에는 다른 일을 생각하지 말고 오로지 먹어라. 놀 때는 철저하게 놀아라'라는 다짐이 없으면 그저 바쁠 뿐이고, 나중에 자신이 무엇을 했는지 모르게 된다.

현재에 최선을 다할 수 없는 사람에게

우리는 여러 메시지와 메일을 받곤 한다. 그중에는 답장을 꼭 해야 하는 것들이 있다. 그것을 나중에 쓰겠다고 생각하면 쓸 수 없게 된다. 어느샌가 편지가 없어지고 독촉받게 된 후 비로소 '아 차' 하며 허둥댄다. 원고 의뢰를 받았을 때도 차일피일 미루다 보면 하고 싶은 생각이 없어져 도저히 해내지 못하게 된다. 일에 휘둘려서 내가 일을 하는 건지, 일이 나를 조종하고 있는 건지 모르게 된다.

"기회는 한 번뿐", "깨어있으라"라는 표현을 자주 사용한다. 우리가 직면하는 것은 늘 현재뿐이다. 그저 한 번뿐이다. 고승 신란은 "내일 있다고 생각한 마음의 덧없는 벚꽃, 한밤중 폭풍우에 쓸려가 버리는 것인가"라고 시를 읊었다. 우리는 현재를 늘 마지막이라고 생각하고, 일이나 사람들과의 만남에 전심전력을 다하지 않으면 안 된다.

하루하루의 가치 깨닫기

94편

마음에 침착함이 없는 사람에게

> 뜻이 치밀하면 행동도 치밀하게 된다.
> 공덕이 깊으면 깨달음도 깊다.
>
> 선승 중봉명본(中峰明本),『중봉광록(中峰廣錄)』

손목시계나 카메라, 전자계산기, 녹음기, 텔레비전, 스테레오 등 정밀 기계는 일본이 세계 시장의 많은 부분을 독점하고 있다. 이는 이전부터 키워온 분야이며, 체질적으로도 착실하고 꼼꼼한 작업 능력이 세밀한 부분에서 꽃을 피운 것이다.

섬세하고 유연한 손놀림은 하루아침에 된 것이 아니다. 붓을 이용한 서예나 주판, 재봉기를 통한 바느질, 요리 재료를 잘게 썲, 춤의 손동작 등 작은 것 하나까지 전념하는 노력이 들어가 있다.

하지만 아쉽게도 최근에는 대부분 기계가 관장하여 이러한 미풍양속이 쇠퇴하고 몸짓과 손짓이 커지고 있다.

예를 들어, 붓에 의한 서예는 비능률적인 작업임이 틀림없으나, 만년필이나 볼펜, 연필 등 균등한 힘이 들어가는 도구와 엄연히 다르다. 한 자 한 자 힘을 쓰고 빼는 강약 조절이 붓을 든 자의 재량에 달렸기 때문이다. 머릿속에서 문장을 생각하는 속도와 쓰는 속도가 일치하여 마음이 서체에 자연스럽게 깃든다.

또한 바늘의 머리가 제멋대로 돌아가지 않게 바느질을 하고, 무를 가로로 자르는 것도 잘한다. 이에 비하여 현대인은 모든 일을 기계에 맡겨 몸짓과 손짓이 큰데, 그것을 모방하는 것이 현대인의 소양이라고 착각하는 사람들이 있어 슬프다.

세밀한 부분을 얼렁뚱땅 해치우지 않고 집중해서 일을 완수하기 위해서는 마음을 차분히 하고 전념하는 자세가 필요하다. 그저 머릿속에서 정신을 통일하는 것은 충분하지 않다. 실제로 몸짓과 손짓을 단정하게 고치지 않으면 안 된다. 우선 소매를 잘 정리하고 바로 앉는다. 이때 눈은 한 곳을 집중하고, 아랫배에 힘을 준다. 이후 호흡을 가다듬고, 손을 합장하면 마음이 서서히 안정될 것이다.

일본의 로봇 박사 모리 마사히로에 의하면, 원래 인류의 조상은 네발로 다니는 짐승이었고, 손바닥은 땅에 닿고, 어깨에 체중의 절반 정도가 실렸다. 이 상황에서 가슴에 의한 호흡이 어려워 필연적으로 복식호흡을 했다. 이후 뒷다리만으로 서고, 앞발이 손의 기능을 하며 한가해진 순간, 손의 부산스러운 움직임에 의해 마음도 부산스러워졌다. 한편으로는, 어깨로 행해지는 호흡에

　　　　　　　하루하루의 가치 깨닫기

의하여 더욱더 마음을 가라앉히지 못하게 되었다.

따라서 합장을 한다면 등가적으로 손, 즉 앞발이 땅에 닿고, 마음이 차분해진다. 더욱이 좌선, 독경, 염불 등은 모두 복식호흡을 해야 하므로, 합장과 함께 본래 자연의 모습으로 돌아가는 것이 된다.

예부터 "허겁지겁 받는 걸식은 적다", "급할수록 돌아가라"라는 말이 있는 것처럼, 급하면 일의 진행이 제대로 되지 않는다. 세상이 어수선하고 시끌벅적할수록 우리는 더욱 차분함과 정숙을 유지해야 한다. 당나라 선승 임제(臨濟)선사가 말한 것처럼 "가는 곳마다 주인이 되라"라는 정신을 가지고 처신하지 않으면 안 된다.

95편

거짓말만 하는 사람에게

오래 살고 싶다면 거짓말을 하지 말아야 한다.
거짓은 작은 일에도 마음을 낭비하게 한다.
마음을 너무 쓰지 않으면,
명은 자연히 늘어날 것이다.

승려 무소 소세키(夢窓疎石), 『장수비결(長壽秘訣)』

"거짓말은 도둑질의 시작"이라는 격언이 있다. 조금 정도는
괜찮지 않나 하고 우습게 보면 안 된다. 거짓이 거짓을 낳아 눈덩
이처럼 불어나기 때문이다. 종내에는 이러지도 저러지도 못하게
되고, 대부분 그 거짓은 들통나서 나중에 수습하기 어려워진다.

예를 들어, 수십 년 전 여론을 들끓게 한 '록히드 비리 사건'을
보자. 당시 일본 수상은 록히드 트라이스타 항공기 주선의 대가
로 정치 자금을 받은 의혹에 관해 일 원도 받지 않았다고 국회에

하루하루의 가치 깨닫기

서 증언했다. 하지만 엄격한 검찰의 추궁에 직면하자 자금을 직접 받은 것으로 보이는 비서관은 확증을 숨기고 있다가 결국 자백했다. 상사에 대한 충성과 진실의 양자택일 사이에서 고투하고 있었던 것이다.

플루타르코스의 『영웅전』을 읽으면, 어린아이 하나가 포도원에 몰래 들어와 포도를 따다가 경비원에게 들키자 서둘러 옷 속에 포도를 숨기는 장면이 있다. 경비원이 아이에게 "너는 어째서 포도를 훔쳤느냐?"라고 힐문하자 "아닙니다. 훔치지 않았습니다"라고 거짓말을 했다. 하지만 숨긴 포도 속에는 맹독을 품은 독사가 있었다. 그 독사는 아이의 배를 물었다. 그 고통을 견디지 못해 사실대로 말할까 했지만, 포도를 훔치지 않았다고 주장했던 체면상 독사를 옷 속에서 빼지 못하고 결국 최후까지 억지를 부리다고 죽고 말았다. 이처럼 약간의 거짓이 한 생명을 앗는 경우가 있기에 두려운 것이다.

하지만 "거짓말도 방편이다"라고 하듯이 때로는 거짓이 허용되는 일도 있다.

의사가 암에 걸린 환자에게 사실을 전부 말한다고 해보자. 환자는 삶에 대한 의욕을 잃고 말 것이다. 진실도 상황에 따라 숨겨야 할 때가 있다. 말을 할 때에도 실제로 상대가 받을 영향을 생각한 다음 그 표현 방법을 공부해야 한다. 상대에게 처음부터 괴로움과 미혹을 주는 말을 결코 해서는 안 된다.

우리는 종종 '거짓말을 했는지 안 했는지' 양자택일을 강요한다. 거짓말을 하면 나쁘고, 하지 않으면 좋다고 판단을 내린다.

거짓말만 하는 사람에게

하지만 사실과 거짓의 관계는 백과 흑처럼 확실히 두 가지 색으로 구별할 수 있는 것이 아니다. 백과 흑 사이에 이런저런 색이 섞인 회색이 있는 것처럼, 무수한 중간 상태가 있다고 생각한다. 거짓말이 진실이라는 쓴 약을 달콤한 오블라토(oblate, 사탕과 과자 등을 얇게 싸는 전분)에 싸는 것이라고 생각하면 좋다. 중간까지는 거짓에 숨겨져야 하는 진실이 있다. 상대와 관련이 있는 이상, 진실을 노골적으로 전달할지 거짓이라고 할 수 있는 오블라토에 싸서 전달할지의 차이이다. 그렇게 생각해 보면 여기서 거짓은 진짜 거짓이 아니라고 말할 수 있지 않을까?

물론, 허위로서의 거짓이 어디까지나 허용될 수 없다. 또 "거짓말도 방편이다"라는 표현에서 거짓도 상대를 상처 주고 자신도 양심의 가책을 느낀다면 그만두어야 한다. 허위의 거짓말과 방편의 거짓말은 실제 상황에 맞추어보지 않고서는 구별이 어렵다. 어떤 거짓도 사용하지 않을 수 있다면 가장 좋을 것이다. 승려 무소 소세키의 문장에 있듯이 거짓은 우리의 신경을 쓸데없이 소모해 자타공인 결코 좋은 결과를 가져오지 않기 때문이다.

96편

불면증으로 괴로운 사람에게

> 잠이 안 오면 밤이 길다.
> 피곤하면 길이 멀다.
> 어리석으면 생사가 길다.
> 올바르게 법을 구하지 않으면 인생이 헛되다.
>
> 『법구경(法句經)』

"저는 수면의 질이 안 좋아서 괴롭습니다. 잘 자려고 노력하면 할수록 눈이 또렷해집니다. 이제 좀 졸리다 싶으면 날이 밝아 출근할 준비를 해야 합니다"라고 호소하는 사람이 많다. 특히 신경증이 있는 사람, 온종일 무료하게 보내는 노인, 병상에 오랫동안 누워 있는 환자 등이 불면증으로 고생하고 있는 듯하다.

나 역시 밤에 잠이 오지 않아서 고생한 적이 있다. 다행히 아직 수면제에 의존한 적은 없지만, 밤에 자려고 하면 할수록 잠이 오

329 불면증으로 괴로운 사람에게

지 않아서 한숨도 못 자고 날을 지새운 적이 몇 번인지 모른다. 그 무렵 면역력이 떨어지고 가끔 한밤중에 호흡곤란도 왔다. 심장도 벌렁거려서 잠이 오지 않았다. 안절부절못하고, 이 상태로 숨이 끊어져서 이 세상과 이별하는 건가 상상한 적도 있다.

누구라도 곧 효과가 나타나는 특효약이 있다면 좋겠지만, 그런 것이 있을 리 없다. 수면제는 부작용이 있어서 그다지 추천하지 않는다. 약에 의존하지 않고 잠들기 위해서는 필시 우리 자신의 마음가짐이 중요하다.

경험에 비추어 본다면, 자려고 노력하면 할수록 잘 수 없게 되므로 차라리 노력하지 않고 '자지 않아도 괜찮다'고 자신에게 말을 걸었다. 하루나 이틀 정도 자지 않아도 괜찮으므로 눈을 뜨고 있는 시간을 효과적으로 사용하는 것이다. 재미있는 책을 읽다 보면, 어느샌가 수면의 마귀가 나를 덮쳐서 어느새 아침에 눈을 뜨게 된다.

일본 소설가 구라타 하쿠조도 삼 년간 시달린 불면증에서 탈출한 체험을 바탕으로 쓴『치유되지 않은 채 치유된 나의 체험』이라는 자서전에 다음과 같이 서술하고 있다.

"우리는 '있는 그대로' 있는다면, 그걸로 좋습니다. '있는 그대로'라면 잘 수 있습니다. 그저 자는 것뿐 아니라, 인생을 '있는 그대로' 사는 것이 가능하다면, 그걸로 좋습니다. 수면은 그저 그 특수한 경우에 지나지 않습니다. 하지만 이 '있는 그대로'라는 것이 쉽게 손에 들어오지 않습니다.

그러면 나는 이 불면을 극복하며 무엇을 배웠을까요? '있는 그

하루하루의 가치 깨닫기

대로' 살지 않고 계획하는 일이 화의 원인이라는 것을 숙지하고 있습니다. 억지로 해결하려는 태도를 없애려고 해도 없앨 수 있는 것이 아닙니다. 그저 억지로 해결할 여지가 없는 환경이 될 때 저절로 없어지는 것이라고 깨달은 것입니다."

아마 여기서 구라타가 말하고 있는 것은 자려는 노력을 버리고, 그저 되는대로 맡겨둘 때 자연스럽게 잘 수 있다는 것이다.

이 정신력은 우리의 힘이 다 되었을 때 비로소 작동하는 것으로, 불교에서는 "아미타의 본원력(아미타불이 이타적 자비심으로 세운 서원의 힘)"이라고 말한다. 이 힘은 믿는 자에게 자연적으로 부여된다. 자신의 그릇을 비우지 않으면 받아들일 여지가 없다.

이러한 것은 우리가 지닌 일에도 적용될 수 있다고 생각한다. 스스로 일하고 있다고 의식하고 있을 때는 일의 능률이 오르지 않는다. 그리고 시간이 흐르는 것만 의식하게 된다. 일에 진심으로 몰두하지 않고 시간과 씨름하기 때문에 그런 시간에는 시간이 한 방향으로 흐르지 않고 길게 느껴진다. 하지만 일에 열중하고 몰두하고 있으면 자아가 없어지고 어느샌가 시간이 지나버리고 만다. 그리고 일을 끝내고 스스로 돌아왔을 때가 돼서야 지나간 시간을 알게 된다.

일이나 시간에 있어, 또한 수면에 있어, 그것을 의식하고 있을 때는 결코 그것을 완전히 제어할 수 없다. 그것에게서 떨어졌을 때 비로소 제어가 가능하다는 사실을 우리는 일상의 체험으로부터 배울 수 있지 않을까?

불면증으로 괴로운 사람에게

97편

헛되이 하루하루를 보내는 사람에게

> 학문의 길에 있는 사람은
> 모름지기 촌음(寸陰)을 아껴야 한다.
> 이슬 같은 목숨은 없어지기 쉽다.
> 시간은 순식간에 지나간다.
> 잠깐 존재하는 사이에
> 다른 일에 관여하지 말고,
> 마땅히 도를 배워야 한다.
> 선사 도겐(道元), 『정법안장수문기(正法眼藏隨聞記)』

오늘 하루도, 무언가 이룬 일 없이 헛되이 보내고 말았다고 탄식하는 사람이 있을 것이다. '무엇을 위해 사는가' 하는 인생의 목적이나 그 과정을 즐기는 것을 모르는 사람은 아무리 물질적으로 혜택받은 하루하루를 보내고 있어도 삶의 보람과 의욕이

하루하루의 가치 깨닫기

없어 단조로운 삶에 힘들어한다. 그 탈출구의 하나로 감각적인 자극을 밖에서 구하며 요란하게 소란을 피우다가 자신을 잊어버리고 시간을 흘려보낸다. 하지만 모든 사람에게는 사는 동안 자신만 할 수 있는 일이 있다. 그것을 해내지 않으면 죽어도 죽을 수 없다는 사명감을 지닌 사람은 싱그러운 '삶의 보람'이 있는 생활을 영위할 수 있다. 이처럼 사물을 보는 방식을 조금 바꾸는 것만으로 삶의 방식에 큰 차이가 생기게 된다.

지적 발달이 늦은 아이를 키우는 부인이 있었다. 그는 자신에게 잘못이 있는 거라며 책망하고 있었다. 아이의 장래를 생각하면 진흙 연못에 빠져버린 것 같은 암담함을 느끼며 매일매일을 지겨워했다. 차라리 이 아이를 죽이고 자신도 죽겠다는 동반 자살도 생각한 적이 있다고 한다. 그러던 어느 날, 아이가 특수학교에 가서 공부하는 모습을 보게 되었다. 신체가 온전치 않은 어린 아이조차도 열심히 살려고 노력하고 있다는 것을 깨닫고, 그 아이의 생명을 끊으려고 했던 자신의 생각이 천박하게 느껴졌다. 그리고 '자신이 이 아이를 보살펴 주지 않으면 도대체 누가 보살펴 주겠는가'라고 생각했을 때, 그때까지 잃었던 의욕과 어두운 마음에 빛이 들었다. 그리고 열렬히 살아가는 힘이 샘솟았다. 그때부터는 아이를 위해서도 결코 자신이 죽어서는 안 된다는 사명감을 가지고 매일 아침 아이를 학교에 보낼 때 '오늘도 힘내자'고 마음속으로 기대한다고 고백했다.

이 부인은 또한 이렇게 말했다. "저는 이 아이 덕분에 인생이라는 것을 남보다 갑절이나 많이 배우고 있습니다. 이 아이는 인생의 선생님이며, 생명의 은인입니다."

이 세상에는 남몰래 불우한 자신을 원망하며, 그 고통을 누구에게도 말하지 못하고, 번민하며 하루하루를 보내는 사람이 많다. 이러한 사람과 비교해서, 자유로운 신체로 살아가는 우리가 인생은 헛되다 등 말하는 것은 건방진 일이다. 이런 것을 생각할 수 있는 융통성을 발휘하여 그 에너지를 다른 효과적인 일에 잘 사용한다면, 자신을 위해서나 남을 위해서도 이롭지 않겠는가. 일본의 고전 『도연초』에서도 "하루에 음식, 대소변, 수면, 언어, 행보 등 반드시 해야 하는 것을 하느라 많은 시간을 잃는다. 그것을 제외한 나머지 시간에 무익한 일을 하고, 무익한 일을 말하고, 무익한 일을 생각하며 날을 소비하고 달을 보내며 일생을 보낸다. 정말 어리석다"라고 한다. 나 자신을 가리키고 있는 듯 느껴져 두렵다.

선당(禪堂)을 방문하면 복도에 행사의 개시를 알리는 판목이 걸려 있다. 거기에는 "생사사대(生死事大) 광음가석(光陰可惜) 무상신속(無常迅速) 시불대인(時不待人)"이라고 쓰여 있다. 읽어보면 글자 그대로 '삶과 죽음이라는 일은 크다. 시간을 아까워해야 한다. 시간은 빠르고 무상하여 사람을 기다려주지 않는다'이다. 멍하니 있으면, 한순간, 하루가 순식간에 지나가 버리기 때문에 마음을 다잡고 하루라도 빨리 후회 없는 인생을 걸어가야 한다는 경고이다.

도치기현에는 소학교의 전신인 절학교가 있다. 그 이름을 '일석사(日惜舍)'라고 한다. 매일 지나가는 나날을 아까워하며 공부

하루하루의 가치 깨닫기

하라는 바람으로 지은 학교일 것이다. 이곳의 교사이기도 했던 나의 아버지는 생전에 입버릇처럼 "나약해지지 말라"라고 엄하게 다그쳐 주셨다. 지금도 그 말이 귀에 생생하며, 헛되이 시간을 보내곤 할 때 질책하고 격려하는 말로 삼는다.

그저 한 번뿐인 인생을 헛되이 보내는 것도, 충실하고 생생하게 보내는 것도, 마음가짐에 달려 있다. 이왕 한 생을 보내는 것이라면 눈 딱 감고 자신이 할 수 있는 것까지 하고 나중은 하늘에 맡기는 쪽이 더 인간적인 삶의 방식이지 않을까.

헛되이 하루하루를 보내는 사람에게

98편
해야 할 일을 하지 않는 사람에게

이 육신 안에 무위진인(無位眞人)* 하나가 있어,
항상 그대들 얼굴 앞에 어른거린다.
아직 마주하지 못한 자는 살펴보라, 살펴보라.

임제(臨濟)선사, 『임제록(臨濟錄)』

세상에는 무조건 해야 하는 것과 하지 않아도 되는 것이 있다. 착실한 인간은 그것을 분간하지만, 그렇지 않은 인간은 하지 않아도 되는 말단적인 것에 구애되어 쓸데없이 시간을 소비한다.

예를 들어, 착실한 사람은 시험의 출제자가 무엇을 기대하고 있는가 하는 문제의 포인트를 재빨리 캐치하여 적절하고 명료하게 답한다. 그렇지 않은 사람은 장황하게 답의 주위를 맴돌다가

---

* 도를 닦는 마음이 뛰어나서 차별이 없는 자리에 있는 진인.

핵심적인 답을 적지 못한다. 오히려 답할 수 없어서 그저 나오는 말로 어물어물 답하고 있는 건지도 모르겠다.

석가에게 말룬꺄뿟따라는 자가 "세계는 시간적으로 영원합니까? 인간의 영혼은 사후에 존재합니까?"라고 물었던 적이 있다. 석가는 화살을 비유로 들어 말했다.

"어떤 사람이 독화살에 맞고 다쳤을 때, 그 화살을 뽑지 않고 도대체 이 화살을 누가 쏘았는지, 어떤 독이 묻었는지 알고 싶다고 한다면, 그것을 찾는 동안에 독이 퍼져 죽게 될 것이다. 그가 당장 해야 하는 것은 우선 독이 묻은 화살촉을 뽑고 상처를 치료하는 것이다."

이처럼 공간과 시간을 초월해서, 우리가 해야 할 것은 지금 바로 여기에 존재하는 동안 두 번 다시 오지 않는 기회를 잡는 것이다. 그러니 우리는 본질이 아닌 것에는 얼씬거리지 말고 바로 떠나지 않으면 안 된다.

당나라의 선승 임제선사가 위 문장에서 말하고 있는 것은, 육신을 가진 우리 모두에게는 시간과 공간을 뛰어넘은 진실한 인간성이 존재하고, 그것이 늘 몸 안에 드나들고 있다는 사실이다. 만약, 그것과 만난 적이 없다면 어서 빨리 만나는 것이 좋다고 권하고 있다.

어느 가인(歌人)은 "자신을 사랑하는 방법은 자신 내부를 응시하는 것 외에는 없다"라고 했다. 범부는 그 자신의 안에 또 다른 한 사람을 볼 수 없고 현재 살아 있는 자신이 전부라고 생각한다. 또 다른 자신에게 있는 진실한 인간성이 세상의 본질적인 것을

　　　　　　　　해야 할 일을 하지 않는 사람에게

알아차려야 한다. 그것을 알아차린 사람에게는 말초적인 것은 어떻든 상관이 없다.

선사 반케이는 한 절에 머물면서 제자의 지도를 담당했다. 그때 그의 제자 중에 가족의 손에서 감당이 되지 않아 절로 보내진 악동 하나가 있었다. 부모는 그가 절에 들어가면 마음을 고쳐먹을지도 모른다고 생각해서 절로 보내고 의절한 것이다.

하지만 입산한 후에도 전과 다름없이 장난을 그치지 않고 아침부터 저녁까지 돌아다니며 놀고, 절에서 비품을 훔쳐서는 근처의 골동품점에 파는 일을 일삼았다. 나쁜 소문은 금세 퍼져서 절과 교사, 그리고 반케이 자신의 신용에도 문제가 생기고 있었다. 이에 제자들이 회의를 열어 선사에게 그를 파문하도록 애원하여 허락을 받아냈다.

그러나 며칠이 지나도 선사는 그 악동을 파문할 낌새를 조금도 보이지 않았다. 나날이 악행이 더 심해져서 제자들은 모두 절망하고 재차 선사에게 파문을 요청했다. 그러자 선사는 하루만 기다려보자고 답했다.

다음 날이 되었지만 악동에게는 아무 일도 일어나지 않았다. 제자들은 화가 나서, 눈을 부라리고 선사에게 따졌다. "악동을 파문하지 않으신다면, 저희가 절을 떠나겠습니다." 선사는 방긋 웃고는 "너희들이 그렇게 나가고 싶으면 그렇게 하면 되지 왜 나가지 않는가?"라고 되물었다.

의외의 질문을 받은 제자들은 놀라서, "어째서 저 악동을 파문하는 대신에 저희를 파문하시는 겁니까?"라고 되물었다. 선사는

하루하루의 가치 깨닫기

"그 말인즉슨 너희들은 홀로 절을 나서도 곤란을 겪지 않는다. 하지만 저 아이는 다르다. 저 아이는 파문당하여 절을 나가면, 갈 곳이 어디에도 없다"라고 답했다. 이 말을 들은 제자들은 처음에는 그 의미가 잘 이해되지 않았지만, 이윽고 악동에 대한 선사의 따뜻한 자비심에 감동하여 자신들의 제멋대로 한 행동을 사죄하였다.

우연히 선사와 제자들의 말다툼을 듣고 있었던 악동은 감동하여, 그 이후에는 사람이 변했다고 한다.

선사 반케이는 악동을 구하는 것이 자신이 해야 할 바른 일이라고 여긴 것이다. 이에 틀림없이 그 소년을 개심시키는 것이 가능하다는 신념으로 그와 같은 모험을 감수했다. 선사는 주위 인간의 말초적 사고방식에 구애되지 않았다. 진실한 인간성을 파악하는 수단과 목적을 구별할 수 있었기 때문에 확실한 태도를 보일 수 있었던 것이다.

해야 할 일을 하지 않는 사람에게

99편

스스로 특별한 존재라고 여기는 사람에게

> 진실로 염불이 정토(淨土)에 태어나는 원인이 되는가.
> 아니면 지옥에 떨어지는 업(業)이 되는가.
> 정말 모르겠다.
>
> 고승 신란(親鸞), 『탄이초(歎異抄)』

우리 주위에는 모두 좋은 사람만 있다. 없어서는 안 될 정말 좋은 사람과, 있어도 없어도 좋은 사람과, 없는 편이 좋은 사람까지 말이다. 그중에 없어서는 안 될 좋은 사람은 당연히 대체 불가능한 사람이다.

다른 사람으로부터 "이렇게 해주면 좋겠습니다", "이렇게 되면 좋겠습니다"라는 주문을 받았을 때 기대한 만큼의 결과가 나오지 않는 것은 본인에게 실력이 없든지 일할 의욕이 없다는 증거이다. 그런 결과를 내고도 태연하게 있다라면 본인에게 확신

하루하루의 가치 깨닫기

이 있는 사람이거나 상당히 비상식적인 사람이다. 타인의 기대에 부응하지 않는 사람은 언젠가 대접받지 못하고 따돌림을 받거나 범죄자 취급을 받게 되어, 비참한 생활을 영위하지 않을 수 없다.

세상에는 믿을 수 있는 사람과 믿을 수 없는 사람이 있다. 신용은 다른 사람의 기대에 부응했을 때 얻을 수 있는 것이다. 아무리 본인이 다른 사람의 기대에 맞는 일을 했다고 자화자찬하더라도, 사실이 아니라면, 신임을 얻지 못한다. 다른 사람으로부터 "저 사람이라면 맡겨도 안심이다"라는 말을 듣는 정도가 되고, 그 기대를 저버리지 않는 일을 해야, 비로소 신임을 얻을 수 있다. 즉 신용은 자신이 만드는 것이 아니라 상대방이 만드는 것이다.

정토종(淨土宗)의 창시자인 신란은 위의 문장과 같이 염불해서 정토에 태어나는 것일까 지옥에 떨어지는 것일까 알 수 없었다. 그러나 그의 스승 호넨의 가르침을 받아 "염불하는 수밖에 없다. 혹여라도 이 말에 속아서 지옥에 떨어지더라도 결코 후회하지 않을 것"이라고 확고한 신념을 가지게 되었다. 이렇게까지 신뢰를 받은 호넨도 훌륭한 동시에 신뢰를 보내는 신란 역시 훌륭한 사람이다. 현대인에게 이 정도로 견고한 사제 관계가 또 있을까?

하지만 범부가 천박한 생각으로, 스스로 스승의 위치에 서서 대체 불가능한 사람이라고 인정받고자 자신의 사명이나 업무를 자신밖에 이해하지 못한다고 자부하기 시작하면, 그것을 혼자서 점유하고 다른 사람에게 전달하지 않으려는 경향이 생긴다.

기본 예절, 기예 등 한 가문에서 이어 내려가는 '비밀스러운 전승'이라는 것이 있다. 이들은 직계 가족에게만 전승하고, 일반에

스스로 특별한 존재라고 여기는 사람에게

게 공개하지 않는다. 그 마음을 모르는 것은 아니나, 이래서는 늘 특정한 사람만 사명이나 업무를 독점하고, 다른 사람은 그 주위를 두리번거리기만 할 뿐이다. 그리고 그 사람이 없어지면 어쩔 줄 모르게 된다. 신란은 이러한 위험성을 내다보고 『탄이초』에 "나는 제자를 한 명도 받지 않겠다"라고 기록했다.

모두 특정 분야에서 특별한 사람이 될 수 있다. 그러나 다른 사람에게 자신이 특별하다는 것을 인정하라고 강요할 수는 없다. 스스로 자부하고 있어도, 다른 사람이 보기에는 있어도 없어도 좋은 사람이나 없는 편이 좋은 사람일 수도 있기 때문이다. 또한 현실 세계에서는 확실히 유능하고 일을 할 줄 아는 사람을 필요로 한다. 하지만 그런 사람만 인정하고 그렇지 않은 사람은 쓸모없다 여기고 귀찮은 사람으로 취급한다면, 이 세상에 미래는 없다. 누구나 자신의 성격이나 자질에 부응하여, 이런저런 자기 몫을 발휘할 수 있는 사회가 되었을 때, 비로소 평화가 찾아올 거라고 생각한다.

하루하루의 가치 깨닫기

100편

불치병에 걸린 사람에게

> 전생의 업(宿業)으로 인해 생기는 병은
>
> 수많은 신불(神佛)에 기도해도 없어지지 않는다.
>
> 기도로 병이 없어지고 명도 길어진다면,
>
> 그 누구도 병들고 죽지 않을 것이다.
>
> 승려 호넨(法然), 『정토종약초(淨土宗略抄)』

의사로부터 "당신은 어떻게 도와드릴 방법이 없습니다"라고 죽음을 선고받아 아픔과 불안으로 신체가 욱신거리고 어떻게 할 방법도 없을 때 '물에 빠진 사람 지푸라기라도 잡는' 심정으로 신불에게 기도하고, 의사에게 애원한다.

환자를 비정하게 대하는 의사들의 태도가 문제 되기도 한다. 환자는 의사에게 버림받는 것이 두려워 완쾌되지 않아도 "덕분에 좋아졌습니다"라고 의사의 비위를 맞추고, 억지로 버티고 웃으며 매달린다고 한다. 하지만 의사의 곁을 떠난 후에는 다시 통증이 나타나, 혼자서 고통을 감내하지 않으면 안 된다고 한다.

의사의 입장에서 보면, 많은 환자를 진찰, 치료하느라 지쳐 환자 하나하나에 마음을 써가면서 책임감을 지니고 다가가지 못한다. 하지만 그렇다고 해서 환자의 부탁을 딱 자르고 나아가 경과가 좋지 않으면 "이미 늦었다"라고 책임을 회피하는 일은 삼가야 할 것이다.

어느 환자는 "지금까지 앞뒤 생각하지 않고 일해왔는데, 병에 걸린 덕분에 내가 늘 젊고 건강하지 않다는 것을 알게 되었다. 지금까지의 내 삶의 방식을 반성하고, 삶의 즐거움을 이해하게 되었다"라고 고백했다. 병이 '우리는 평생 살 수 있는 존재가 아니다'라는 자각을 느끼게 한다면 나쁘지만은 않을 것이다.

선승 료칸(良寛)은 "재난을 피하는 묘법은 무엇입니까?"라는 질문에 "병이 났을 때는 병이 나는 것이 좋고, 죽을 수 있을 때는 죽는 편이 낫습니다. 이것이 재난을 피하는 묘법입니다"라고 답했다고 한다. 병에 걸렸을 때는 "분하다"라며 불만을 품는 것보다 자연스럽게 받아들이면, 언젠가 병마도 떠날지 모른다.

같은 내용이 고승 하쿠인의 어록에도 있다. "세상에 똑똑한 사람에게 병이 생기는 것만큼 비참하고 고통스러운 것은 없다. 오는 사람, 가는 사람을 끝없이 생각하고, 간병인의 좋고 나쁨 등을 나무라고, 가족의 소원해짐을 원망하고, 생전에 세상의 평판을 좋은 것을 슬퍼하고, 죽은 후에는 오랜 지옥에서 고통을 원망하고, 눈을 감고 자는 일은 매우 조용해도 마음속은 시끄러우니 어찌 세

홉의 병이 여덟 섬 다섯 말의 생각을 자아낸다고 아니 말할 수 있을까." 어설프게 학문을 한 사람은 지식에 구애되어 신경질적으로 병을 싫어하기 때문에 쓸데없이 고통스러워한다는 것이다.

의료 보험이나 노인 복지를 보장받는 오늘날에는 대단한 병이 아니라도 시간을 보내려고 병원에 가서 하루를 보내는 사람이 많다고 한다. "병도 마음먹기에 달렸다"라고 한다. 집에 있어도 재미있지 않고, 외출해서도 갈 곳이 없고, 누구에게도 초대받지 않는 사람들은 최소한 동병상련으로 서로가 어깨를 맞대고 위로해 주는 것 말고 방법이 없다. 병원의 대합실이 그런 사람들의 살롱이고 피난처가 된 듯하다.

병은 무릇 의사가 치료하는 것도, 신불이 치료하는 것도 아니다. 스스로 치료하는 것이다.

불치병에 걸린 사람에게

101편

여생을 안일하게 보내는 사람에게

> 머리카락이 하얗게 세었다고
> 장로(長老)가 되기에 충분하지 않다.
> 그는 그저 나이 먹은 것뿐이다.
> 그를 헛되이 늙은 자라고 칭한다.
>
> 『법구경(法句經)』

    세상에는 "이제 나의 인생은 여기까지다"라며 지금까지 가꾸어왔던 지위, 직함, 권력, 재산에 안주하며 여생을 보내는 사람이 있을 것이다. "나의 인생은 이제부터"라고 혈기왕성하게 사는 사람도 있다. 인생의 공부에서 '이제 끝'인 것은 없다. 숨이 멎는 최후의 일순간까지 정진하는 것이다. 인생이라는 페달을 밟는 것을 그만두는 순간, 자신이라는 이름의 자전거는 넘어지고 몸과 마음 모두 살아 있는 시체로 변한다. 마찬가지로 『법구경』에서

"어리석은 자는 소와 같이 늙는다. 그의 육신은 성숙하지만 그의 지혜는 성숙하지 않다"라고 했다. 이른 나이에 자기만족에 빠져 돼지와 같이 살찌고 늙어버린 자와 나이가 많아도 젊은이처럼 밤낮으로 정진하여 몸과 마음 모두 건강한 사람이 있다. 정신 나이와 육체 나이가 비례하지 않는 것 같다.

이쯤에서 나이가 많아도 진지하게 자신에게 주어진 인생을 살아가는 사람을 소개하고 싶다.

이시가와 이시에라는 여든세 살의 노인이다. 그는 1929년 아직 어렸을 적에 다리와 허리에 심한 통증을 느끼고, 근처 의사에게 진찰을 받았다. 그러나 고통의 원인을 찾을 수 없었다. 전문 의사의 진료를 받아보니 '척추 카리에스'—당시에는 불치병이었다—인 것 같다고 했다. 그때부터 모든 수단을 동원해 치료에 전념했지만, 나날이 쇠약해져 다리와 허리로 설 수 없게 되었다. 보기에 딱한 모습이 되었으며, 집안에는 암울한 공기가 둘러싸였다. 도움이 될 만한 신불을 찾아가 기도하기도 했지만, 병은 호전되지 않았다. 그러다가 자살해야겠다고 결심이 선 것이다. 그날 밤 "나는 이제 끝이다"라고 혼잣말을 하자, 어디에선가 지장보살 (地藏菩薩, 지옥에서 중생을 구제하는 보살)의 목소리가 들렸다. "이제부터 나의 모습을 백만 장 그려라. 그러면 구제받을 것이다." 그녀는 처음 꿈인가 생각하며 주저했지만, 구제받을 다른 방법이 없다고 생각하여, 다음날부터 눈에 선한 지장보살의 모습을 그리기 시작했다.

하지만 같은 것을 오십 장, 백 장 그리는 사이에 점차 싫증이

여생을 안일하게 보내는 사람에게

났다. 이른바 누구나 처음에 마주하는 '작심삼일'의 시련이었다. 이 주, 삼 주가 지나도 어찌할 방법이 없었다. 오늘 그만두겠다, 내일 그만두겠다고 하며 그것만 생각하게 되었다. 그만두면 '도로 나무아미타불'이기에 구제받지도 못하고, 그렇다고 그대로 계속하기에는 괴로워 단념하려고 애를 쓰기도 했다. 하지만 자신의 사명이기에 참고 또 참으며 매일 그림을 계속 그렸다. 날이 갈수록 그토록 싫어서 견딜 수 없었던 것이 조금씩 능숙해지는 기쁨을 느끼고 점차 고통스럽지 않게 되었다.

"티끌모아 태산이 된다"라는 격언처럼, 시간 가는 것도 잊어버리고 어느샌가 오만 장, 십만 장을 그렸다 "나는 재기불능이라는 의사의 선고를 받은 이후, 이미 죽은 것과 다름없는 운명이었습니다. 이렇게 혈기왕성하게 매일 그림을 그리며 하루를 보내는 것은 전적으로 붓다 덕분입니다." 그녀는 다리와 허리의 통증도 잊고 '일석이조'라는 생각으로 아침부터 저녁까지 생활에 몰두하였다. 전시(戰時) 중에도 하루도 쉬지 않고 그림을 그리느라 날이 새고, 전후(戰後)에도 쉬는 법 없이 그림을 그렸다. 그리고 삼십 년에 걸쳐 소기의 목적을 달성했다. 오랜 세월 염원한 그림을 무사히 완성한 노부인의 기쁨이 얼마나 컸을지 우리가 알 수 있을까.

이 노인은 약속한 그림을 모두 그린 후에도 여생을 그림에 쏟았다. 그녀에게 받은 연하장에는 지장보살이 그려져 있고, 그 아래 2153382라는 번호가 적혀 있다. 이러한 사람의 삶의 방식을 보고 있노라면 나 자신의 나태한 마음을 꾸짖게 되고, 동시에 격려받는다.

102편

장수하고 싶은 사람에게

> 수행자라면 반드시 배워야 하는
> 세 가지 안락의 법문(法門)이 있다.
> 첫째는 일 속에서 여유가 있어야 한다.
> 둘째는 그저 고요해지는 것이다.
> 셋째는 그저 선하게 사는 것이다.
>
> 『달마선사론(達摩禪師論)』

　인간으로서 이 세상에 태어난 이상, 누구나 오래 살기를 원한다. 예부터 불로장생의 약이 팔렸고, 의사는 환자를 치료하느라 쉴 틈이 없었다. "건전한 정신은 건전한 육체에 머문다"라는 말처럼, 건강한 육체와 정신의 유지 및 발전은 장수하기 위해 불가결의 요건으로 어느 것 하나 없이는 제대로 살 수 없다.

　중국에 선(禪)을 전달한 달마(達摩)대사는 장수하고 행복한 생활을 위해서 세 가지를 지키는 것이 좋다고 말했다.

첫 번째는 '무리하지 말고 천천히 하는 것'이다. "허겁지겁 받는 걸식은 적다"라는 격언처럼 서둘러서 목적지에 가면 결과적으로 잘되지 않는다. 무리하면 힘이 너무 들어가서 핵심적인 것을 게을리하게 되어 오히려 아무것도 얻지 못한다.

두 번째는 '마음을 냉정하게 하며 화내지 않는 것'이다. 어떤 것에도 화를 내지 않고 마음을 가라앉히면, 편안해지고 다른 사람으로부터도 흠모받아 '일석이조'가 된다.

세 번째는 '모든 것을 선의로 해석하고, 자신이 해야 할 것에 전념하는 것'이다. 별것 아닌 일에 신경 쓰는 시간이 적어야 일이 진척된다. 전 도쿄대 총장은 "신경을 쓰기보다 머리를 써라"라고 말했다. 일이 이루어질 가능성도 없이 잡다한 일을 하고 있으면 신경만 쓰게 되고 그 결과는 좋지 않다.

이처럼 '무리하지 말고, 화내지 말고, 걱정하지 않는 것'을 하루아침에 할 수 있는 것은 아니다. 하지만 평상시에 이러한 것에 마음을 쓰고 있으면 외인(外因)적인 사고를 만날 때를 제외하곤 병을 예방하고 장수할 수 있을 것이다.

에도 시대의 의사 스기다 겐파쿠도 "양생칠불가(養生七不可)"라고 하여, 장수하기 위해서는 일곱 가지 '삼가면 좋은 일'이 있다고 말한다. 첫 번째는 어제 일을 오늘까지 끙끙거리지 말라, 두 번째는 내일 일을 지금부터 걱정하지 말라, 세 번째는 식사는 도를 넘지 말고, 배가 팔십 퍼센트 정도 찼으면 멈추어라, 네 번째는 제대로 된 음식을 먹고 나서 싸구려 음식에 손대지 말라, 다섯 번째는 큰 문제가 없으면 약을 먹지 말라, 여섯 번째는 어떤 것도 무리하지 말라, 마지막으로 운동을 너무 많이 하지 말라, 이다. 이것은 겐파쿠가 칠십 세에 큰 병을 얻고 치료받았을 때 기록한 말이다.

언젠가 절의 입구를 지나며 "건강해지는 열 가지"라는 문구가 게시된 것을 본 적이 있을 것이다.

1. 소육다채(少肉多菜) 2. 소염다초(少塩多酢) 3. 소당다과(少糖多果)
4. 소식다저(少食多齟) 5. 소의다욕(少衣多浴) 6. 소차다보(少車多步)
7. 소번다면(少煩多眠) 8. 소로다소(少怒多笑) 9. 소언다행(少言多行)
10. 소욕다시(少欲多施)

이것도 일일이 따져보면, 달마대사나 겐파쿠의 교훈과 공통점이 많다는 것을 알 수 있다. 문제는 이러한 교훈을 그렇구나, 하고 감탄만 하는 것이 아니라 우리가 매일 실천할 수 있는가 없는가에 달려 있다.

103편

죽음의 공포에 사로잡힌 사람에게

> 태어나고 또 태어나도
> 삶의 시작에 대해 모르고,
> 죽고 죽고 또 죽어도
> 죽음에 대해서 모른다.
> 승려 쿠카이(空海), 『비장보륜(秘藏寶輪)』

"인생을 탐구할 때는 그것을 지식으로 해석할 수 있다. 하지만 인생에 문제가 생겼을 때는 지식으로 해결할 수 없다"라는 말이 있다. 마찬가지로 죽음을 주제로 탐구할 때에는 그것에 대해 얼마든지 해석할 수 있지만, 자신이 죽게 되어 그것에 직면한 때에는 해석의 여지가 없다.

옛 노래에도 "오늘까지는 남의 일이라고 생각했는데, 내가 죽는다니 이것 참 알 수 없는 노릇이구나"라고 했다. 어쩔 수 없는 것뿐 아니라, 경악하고 당황하며 소란스러우며 아무것도 알 수 없는 것이 보통이다.

누구나 '죽고 싶지 않다, 뭐라도 해서 하루라도 더 살고 싶다' 하는 절실한 바람을 가지고 있다. 평소에는 죽음을 지나가는 바람처럼 저 멀리 있는 것이라고 우습게 보면서 비웃지만, 일단 병마가 덮쳐서 의사로부터 죽음을 선고받으면 "말도 안 돼! 나에게 이런 일이 일어날 리 없어!" 하고 강하게 부정한다. 죽음의 자각 증상이 눈에 보이거나 이제는 죽음을 피할 수 없다고 느끼면 그 동안의 호쾌한 웃음소리는 어디로 갔는지, "어떻게든 살려달라"라고 의사에게 애원한다.

승려 센가이와 같이 깨달은 사람도, 팔십 세가 되어 죽음이 눈 앞에 다가왔을 때 "죽고 싶지 않다. 죽고 싶지 않다" 하며 괴로워했다. 확실히 죽음의 괴로움은 죽음에 직면한 사람이 아니면 함부로 이야기할 수 없다. 어느 시인도 젊은 나이에 폐결핵에 걸려 여생이 얼마 남지 않았을 때 각혈하는 극심한 고통 속에서 다음과 같은 시를 지었다.

수세미외가 핀다. 가래가 곧 붓다인가.
수세미외의 즙(당시 가래약으로 사용됨) 한 말을 마셔도
가래가 끊이지 않네.
그저께 수세미외 즙도 못 마시겠네.

죽음에 따르는 육체적 고통은 자신의 힘으로는 어떻게 할 수

죽음의 공포에 사로잡힌 사람에게

없지만, 정신적인 불안은 어느 정도 사고방식을 바꿈으로써 조절할 수 있을 것 같다. 죽음 이후를 생각하기 때문에 불안해지고 쓸쓸해지는 것이다. '죽음 이후의 것보다' 자신이 이 세상에 태어나기 전에, 전연 그림자도 형체도 없었던 '부모가 낳아주기 이전의 자신'을 생각한다면, 불안해하지 않을 수 있다. 태어나기 전 우리는 '미생(未生, 아직 태어나지 않은 존재)'이고, 태어나고 싶다는 의식도 없고, 어머니의 자궁 속에 우연히 착상된 것에 지나지 않는다. 우리는 다시 그 미생의 세계로 돌아가는 것뿐이라고 생각하면 된다.

생전에 암을 선고받고, 이제 몇 개월밖에 못 산다는 사실을 알게 된 어느 종교학자는 이전보다 더 필사적으로 일에 전념하여, '죽음이란, 매일의 이별과 같은 것'이라고 달관했다. 우리도 매일 근처에 있는 것과 만났다가 헤어진다. 밤에는 잠이 들어 가사(假死) 상태가 된다. 육체적인 죽음이란 그 연장선이며, 다시 만나는 것 없이 헤어지는 것이며, 깨어남 없는 잠에 지나지 않는다.

이때 괴로운 사람은 죽는 자신뿐 아니라 오히려 병간호하는 주위 사람이다. 그러니 죽는 것을 마치 낮잠 자는 것과 같다고 생각한다면, 어느 정도 걱정이 덜지도 모른다. 『임제록』에 "생사불염 거주자유(生死不染 去住自由, 삶과 죽음에 얽매이지 않으면 가고 머무는 것이 자유롭다)"라는 표현이 있다. 죽을 때가 다가오면 "아, 그렇습니까" 하고 자연스럽게 받아들이고 죽음의 여로에 나서고 싶다.

하루하루의 가치 깨닫기

104편

과학 만능만 믿는 사람에게

> 물을 보고 물고기는 나의 거처라고 여긴다.
> 아귀는 피라고 여기고,
> 천인(天人)은 유리 보석이라고 여긴다.
> 사람은 물이라고 여긴다.
>
> 『무성섭론(無性攝論)』

"과학과 종교 중 어느 것이 더 올바르게 인류를 구원한다고 생각하십니까?"라는 질문을 받은 적이 있다. 과학과 종교라는 차원이 다른 것을 비교해서는 의미가 없다고 생각한다. 과학은 실제로 존재하는 것을 대상으로 하는 데 반해, 종교는 마음속에 있는 것에 대해 질문하기 때문이다. 진정한 과학자일수록 자신의 능력의 한계를 알고 있으므로 불가해한 것에 대해 경외심을 가지며 종교적인 삶을 사는 과학자도 있다.

영국의 물리학자 패러데이는 어느 날 연구소에 모여 있는 학생들을 앞에 두고 시험관 한 개를 보여주며 "이것 안에 무엇이 들어 있다고 생각하십니까?"라고 물었다. 소량의 투명한 액체가 들어 있었지만, 그것이 무엇인지 누구도 알지 못했다. 그러자 패러데이는 "이것은 어떤 학생의 어머니가 찾아와 안타까운 사정을 이야기하면서 흘린 눈물입니다"라고 말했다.

일동이 의아해하고 있자 패러데이는 이어서 "과학도인 그대들이 이 눈물을 분석한다면, 그저 수분과 약간의 염분이라는 것을 알 수 있을 것입니다. 하지만 어머니의 뺨에 흐른 눈물을 과학이 분석할 수 있겠습니까. 아닙니다. 어머니의 눈물에는 수분과 약간의 염분 외에도 과학에서는 절대 분석할 수 없는, 소중하고 깊은 애정이 들어 있다는 것을 잊어서는 안 됩니다"라고 가르쳤다.

오늘날 "과학은 막다른 길까지 왔다. 이제부터는 마음의 시대로서, 종교의 본령을 발휘하는 시기가 왔다"라는 말을 자주 듣는다. 하지만 그렇지 않다. 과학이 발달한 덕분에, 선진국에서는 기아나 전염병을 극복한 것만으로도 충분한 가치가 있는 것이고, 교통과 통신이 발달하고, 상공업이 크게 발전했다. 우리의 생활에 여가와 쾌적함을 가져다준 것 역시 부정할 수 없다. 하지만 이런 고도성장이 양적으로 확대되었다고 해서, 인간의 행복이 반드시 그것에 비례하여 증대한다고 단정할 수 없다. 그래서 질적 전환을 꾀해야 하는 것도 사실이다.

과학은 세상에 존재하는 것을 분석하여 '이렇다'고 해명할 수는 있어도, 그것이 '이렇게 되었다'라는 존재의 근원이나 '이렇게

하루하루의 가치 깨닫기

있어야만 한다'라는 의미나 가치의 문제에 대해서는 침묵할 수 밖에 없다.

『파지옥게』라는 경전에는 "만약 인간이 삼세일체(三世一切)의 붓다를 알고자 한다면, 마땅히 법계의 본질은 일체유심조(一切唯心造, 모든 것은 마음이 지어낸다)라고 보아야 한다"라고 했다. '이렇게 있는' 것을 설명하는 것에 그치지 않고 '어떻게 받아들일까?' 하는, 주체적 자세를 요구하는 것이다.

다른 사람의 일이라면 아무 말이나 하지만 막상 자기 일이 되면, 무엇 하나 마음대로 할 수 없는 것이 우리 인생이다. 눈물은 어디까지나 눈물이고, 물은 어디까지나 물이다. 하지만 그것을 어떻게 받아들이는가가 문제 되었을 때, 그것을 받아들이는 마음의 움직임이 중요하게 된다.

아름답게 핀 꽃이 그 자태를 뽐낼 때는 우리 인간에게 보이기 위함이 아니다. 그것을 아름답다고 느끼는 것은 우리 자신이고, 우리 마음의 움직임이 어떤가에 따라, 그것이 아름답게 되기도 하고 추하게 되기도 한다. 꽃에 아름다움과 추함은 없고, 그것을 느끼는 것은 우리의 마음이니, 모든 것은 '유심조(唯心造)'인 것이다.

과학 만능만 믿는 사람에게

105편

미신에 구애받는 사람에게

> 많은 어리석은 자가 자주 진실의 길에서 미혹되고,
> 몸과 마음이 무아(無我)라는 것을 알지 못한다.
> 그저 고행으로 도를 이루었다는 것은,
> 진실을 등진 채 사리에 어긋나는 삿된 법을 행하면서
> 잘못 집착하여 요법을 이루는 것과 같다.
>
> 『대장엄경론(大莊嚴經論)』

이탈리아 구전소설에 다음과 같은 내용이 있다. 임종을 앞둔 억만장자가 작은 목소리로 신부에게 물었다. "신부님, 혹시 제가 당신의 교회에 오만 달러의 유산을 기부한다면, 저의 영혼이 구원받습니까?" 신부는 엄숙한 표정으로 답했다. "반드시 해볼 만한 일이라고 생각합니다. 보증할 수는 없지만요⋯."

이것은 소위 '지옥에서의 일도 돈으로 좌우된다'는 말이다.

"물에 빠지면 지푸라기라도 잡는다"라는 말이 있듯이, 일상에서는 신불에 대한 신앙심이 없는 사람도 무슨 일이 일어나면 매일 기도하고 무엇을 해서든지 질곡에서 벗어나고자 한다.

세상에는 터무니없이 많은 돈을 쏟아부어 신불의 은혜나 허술한 운세 풀이, 기도문을 받고자 하는 사람이 얼마나 많은가.

그런 것이 전혀 무의미하다고 말할 생각은 없다. 문제는 사안을 해결할 만큼 노력하는 것과 은혜를 입는 것이 다른 것이라는 점이다.

노력 없이 은혜를 바란다고 그것을 받으리라는 보장은 어디에도 없다. 어디까지나 은혜는 노력의 결과이다. 그 결과 은혜를 받지 못해도 어쩔 수 없다. 그렇다면 열심히 노력했는데도 은혜를 받지 못했다고 해서 후회하거나 실의에 빠져서는 안된다.

목욕재계, 한행(寒行, 추위를 견디는 고행) 등 엄격한 수행이 몸과 마음을 단련하는 기능은 하겠지만, 반드시 은혜를 받는 것으로 이어지지 않는다. 대체로 은혜라고 하는 것은 "불구자득(不求自得)"이라고 해서, 억지로 구하지 않았는데 자연적으로 얻어지는 결과인 것이다.

석가가 살아 있을 당시, 아들 셋을 키우는 가난한 부모가 있었다. 가여운 아들 하나는 병에 걸려 침상에서 괴로워하고 있었다. 부모는 이 아들에게 만일 병이 낫지 않으면 죽을 수도 있다고 설명하면서 병보다 더 큰 죽음의 고통에 관해 이야기했다. 아들은 "그러면 어떻게 해야 제가 그 죽음으로부터 구제받을 수 있나요?"라고 물었다. 부모는 "신께 제사를 드리는 것이 좋다는 소문이 있다. 이제부터 기도하는 사람에게 가서 구제받을 길을 물어보자"라고 하여 곧 그 거처를 방문했다.

기도하는 사람은 부탁을 끝까지 들은 후 "당신 아들의 병은 악마의 벌입니다. 그것을 제거하기 위해서는 양과 노예를 죽여서 희생물로 바치는 것이 좋습니다"라고 답했다.

이 일가는 가난하여 양과 노예를 살 돈이 없었다. 그래도 당면한 큰일을 위해서 없는 돈을 모으고 또 얼마간 돈을 빌려서 제물을 산 후 제단에 함께 가서 바쳤다. 기도하는 사람은 "이것으로 당신의 아들은 구제받았다"라고 고했기 때문에 부모는 뛸 듯이 기뻐했다. 그러나 그들 뒤에는 아들이 숨이 끊어진 채 차가운 주검으로 변해 있었다. 부모는 그것을 보고 슬픔에 잠겨 결국 자식의 뒤를 따라 자살하고 말았다고 한다.

이처럼 악한 가르침에 몰두하면, 일가가 파멸하게 된다는 것을 석가는 『승가타경』에서 이야기하고 있다.

어느 승려는 "반드시 제가 은혜를 받을 수 있도록 기도를 해주세요"라는 의뢰를 받았다. 그러자 그는 "저는 늘 모든 중생을 위해서 밤낮으로 기도하고 있습니다. 그 일체중생 속에는 당연히 당신도 포함되어 있습니다. 그러니 특별히 당신을 위해서 기도를 하지 않는 것을 양해해 주십시오"라고 답했다. 또한 "무릇 붓다는 '일체중생은 나의 자식'이라며 그들을 향하여 자비심을 내었습니다. 당신에게 병이나 재난이 일어나는 것은 당신 자신에게 원인이 있을 것입니다. 붓다의 벌이 아니라, 당신에게 고통을 초래하는 원인이 있기 때문입니다"라고 대답했다고 한다.

하루하루의 가치 깨닫기

무언가를 가지고 미신이다, 삿된 믿음이다, 라고 단정하기는 어렵다. 하지만 미신에 빠진 사람은 앞뒤 사정을 살피지 않고 믿는다면 무엇이든 될 거라고 과신한다.

이러한 사람들을 프랑스 사상가 파스칼은 다음과 같이 설명했다. "광신자는 자신만큼 위대한 사람은 없다고 생각하기 때문에 주위에 상식을 가진 자와 마찰을 불러일으키기 쉽다. 때로는 사소한 것으로 다른 사람과 언쟁하고 다투어서 쓸데없이 에너지를 소비한다. 그것은 신에 대한 겸허함을 잊어버린 인간의 과신에서 비롯된다." 이처럼 그들은 신불을 자기 마음대로 이용하는 것만 생각한다. 미신, 삿된 믿음은 마음에 여유가 없고 결벽증 걸린 사람에게 횡행하는 일종의 병이다. 통렬한 자기반성이나 상당한 충격요법이 당사자에게 주어지지 않으면 그것에게서 벗어나기 어렵다.

미신에 구애받는 사람에게

106편
조상을 공양할 수 없는 사람에게

> 만약 부모 형제가 죽었다면,
> 마땅히 법사에게 청하여 '보살계 경율'을 읊게 하라.
> 망자를 도와 붓다를 보게 하고,
> 인천(人天)*으로 태어나게 하라.
>
> 『범망경(梵網經)』

'경전을 듣는 것만으로도 감사하다'고 생각하는 사람도 있지만, 장례 의식이나 망자를 기릴 때 승려를 불러 경을 읽도록 부탁하는 일이 과연 공덕이 있을까 의문을 품는 사람이 옛날부터 있었던 것 같다. 확실히 이유도 모르고 경전을 듣고 있는 것만으로는 졸음을 불러오는 게 고작이다. 경은 역시 스스로가 읊지 않

---

*   천상계와 인간계의 중생.

으면 그 공덕이 나타나지 않는다.

옛날에 배움이 없었던 한 노파가 열심히 "대맥소두이승오승(大麥小豆二升五升, 보리쌀 팥 두 되 다섯 되)"을 읊으며 법열(法悅, 설법을 듣고 기쁜 마음)의 경지에 들어갔을 때 위대한 학생이 와서 "할머니, 할머니. 당신이 읊는 것이 틀렸습니다. 그것은 『금강경』의 한 구절로 '응무소주이생기심(應無所住而生其心, 마음을 비우고 집착 없이 마음을 쓰라)'이 옳습니다"라고 가르쳐주었다. 이 노파는 "아, 그렇습니까" 하고, 혀를 깨물어 가며 올바른 방식으로 읊으려고 하자 독송이 막혀서 결국 그만두게 되었다. 경은 머릿속에 들어가지 않으면 공덕이 없다.

고인의 명복을 빌기 위해서는 무엇보다도 경건한 마음으로 향을 피우거나 등을 달고 음식물 등을 붓다께 공양하며, 경전을 스스로 읊는 것이 좋다. 『수원경』에 의하면 "경전을 스스로 읊으면 고인의 복의 칠 분의 일, 혹은 십 분의 일은 그것을 수행한 시주(施主)에게 돌아간다"라고 설하고 있다.

우리는 보통 가까운 친지나 친구가 죽으면 장례 의식이나 고별식을 행하고, 그곳에서 추도(追悼)의 마음을 표시한다. 하지만 어떤 말을 가지고서도 매우 간단하게 고인이 명복을 받고 영이 위로받는다고 생각한다면, 틀렸다. 우리는 이 엄숙한 일순간에 고인과 자신의 관계를 떠올리고, 인간 세상의 덧없음과 짧음에 놀라면서도 고인이 생전에 완성하지 못한 일이나 소원을 나의 세대에서 성취하겠다는 각오를 다지지 않으면 안 된다. 고인을 마음으로부터 고양하고, 그 명복을 비는 것은, 즉 그가 생전에

　조상을 공양할 수 없는 사람에게

하고자 했던 유지(遺旨)를 이어받거나 고인 이상의 일을 달성하는 것이다. 이것 없이 어떻게 고인의 영이 편해지겠는가. 만약 편안해진다면, 그것은 개죽음당한 자의 망령이다.

마테를링크의 『파랑새』에서 치르치르와 미치르 두 사람은 추억의 나라에 가서 조부모와 만난다. 조부모는 "너희들이 나를 기억해 준 덕분에 내가 너희들을 만날 수 있었다"라고 말했다. 고인을 추억할 때면 고인과 대면하고 그들의 소원 성취 여하에 따라 스스로 꾸짖기도 한다. 우리가 무덤이나 불단을 향해 손을 모으는 추모는, 돌아가신 고인의 유지를 이어 소원을 성취하고 있는지 스스로 반성하는 일이다. 부족한 자신을 질타하며 "지금부터 고인을 즐겁게 하고 안심시키기 위해 열심히 일하겠다"라고 서원하는 것이다.

비행 청소년이나 범죄자가 나오는 가정을 보면, 묘소나 불단도 없고, 혹은 있다고 하더라도 없는 거나 마찬가지인 경우가 많다고 한다. 불단을 세우는 것도 마찬가지이다. 평소 차와 향 하나 보내지 않고, 손을 모으는 방법도 모르는 가정에서 어떻게 반듯한 아이가 자랄 수 있겠는가. 학교에서도 사회에서도 이런 예의범절은 가르쳐주지 않는다. 아이는 부모가 말한 대로 되는 것이 아니라 행한 대로 된다고 말하는 것처럼, 부모가 솔선수범해야 비로소 자식도 부모를 따르는 것이다.

하루하루의 가치 깨닫기

107편

신을 믿을 수 없는 사람에게

> 붓다는 자성(自性)[*]이 만든 것이니,
>
> 몸 밖에서 붓다를 구하지 말라.
>
> 자성에 미혹되면 붓다가 곧 중생이며,
>
> 자성을 깨달으면 중생이 곧 붓다이다.
>
> 자비가 곧 관음보살(觀音菩薩)^{**}이고,
>
> 희사(喜捨)^{***}가 곧 세지보살(勢至菩薩)^{****}이다.
>
> 승려 혜능(慧能), 『육조단경(六祖壇經)』

*   나의 본성 혹은 본질.

**   자비로 중생을 구제하는 보살.

***   기쁨과 평정심.

**** 지혜로 중생을 구제하는 보살.

"당신은 종교를 믿고 있습니까?", "불자입니까?" 등 고압적으로 질문을 받으면, 아마 "모르겠습니다", "저희 집안은 절에 시주하고 있지만, 제가 불자인지 아닌지 생각해 본 적이 없습니다"라고 답하는 사람이 많지 않은가.

그것은 지극히 당연한 일이다. 웬만큼 열성적인 신자가 아닌 이상 불행한 일이나 곤란한 일이 있을 때를 제외하고는 종교에 관심을 가지지 않고, 회당에 발을 들이는 사람이 많지 않다.

하지만 신앙고백을 똑똑히 하지 않는다고 해서 현대인이 종교에 무관심하다고 단정할 근거는 없다. 굳이 신앙의 여부를 입으로 말하지 않고도, 그 사람이 종교적인지 아닌지는 평상시의 사고방식과 행동으로 알 수 있다.

예를 들어, 꽃을 무참히 꺾고 짓밟는 이를 보고 이렇게 말하는 사람이 있다. "꽃이 불쌍해. 꽃이 아프다고 우는 소리가 들려요. 더 예뻐해 주세요." 또 아주 고요하고 성스러운 지역을 방문한 사이교(西行)법사가 다음과 같이 말했다고 한다. "무슨 일인지는 모르겠습니다만, 황송해서 눈물이 납니다." 이처럼 감동하는 사람을 종교적이라고 말할 수 있다. 종교는 믿는 것이 아니라 그 속에서 생활하고 체험하는 것이기 때문이다.

또한 열심히 일에 몰두하고 있는 사람도 종교적이라고 말할 수 있다.

지휘자 카라얀의 지휘 모습이나 피아니스트 루빈슈타인의 연주, 무나카타 시코의 목판화에 대한 정열을 접하면, 그들이 작업에 몰입하는 모습에서 성스러움마저 느낄 수 있다. 우리도 정말

　　　　　　　　하루하루의 가치 깨닫기

로 보람 있는 일에 몰두하고 있을 때 무심히 일 그 자체에 집중한 적이 있을 것이다. 이러한 순간은 따로 종교를 가지고 있지 않아도 종교적이라고 말한다.

미국 실용주의 전통의 시조라고 불리는 존 듀이는 그의 저작 『공통의 신앙』에서 명사 '종교'와 형용사 '종교적'을 구별했다. 전자는 특정한 신앙과 실천수단을 가진 집단이나 교의 체계이다. 후자는 어떠한 제도, 습관, 신앙의 조직적 체계를 의미하지 않고, 어떤 특정 목적이나 이상을 향해 매진할 수 있는 진지한 인간의 태도를 가리키는 것이라고 한다. 그렇다면 우리는 특정 종교에 집착하지 않아도 진지해질 때 '종교적'이 되는 것 같다. 그 대신에 일을 적당히 하거나 제멋대로 해버리고, 시간이 지나기를 기다리고만 있으며, 월급 받는 것만 생각하는 사람은 '종교적'이라고 말할 수 없다.

"그렇다면, 따로 종교는 필요 없지 않습니까? 열심히 열중하는 것이 종교적이라고 한다면 말입니다"라고 의심스럽게 생각할지도 모르겠다. 하지만 결코 우리가 정말 아무것도 믿지 않고 살 수 있는지 의문이다. "신이나 붓다의 존재는 믿을 수 없어도 벌은 있다"라고 대부분은 말한다. 우리는 입으로는 "정직한 사람이 손해 보는 세상이다. 신도 붓다도 정말 있는 건가"라고 공언하면서도 악한 일을 했을 때는 벌이 있다고 믿고 그 재앙을 겁낸다. 이러한 인간은 이미 자신이 특정한 신불을 믿고 있지 않아도, 종교적인 생활을 하고 있다 해도 틀리지 않는다.

즉 언제라도 어디서라도 누군가가 보고 있다는 기분을 가진

신을 믿을 수 없는 사람에게

자는, 악한 것을 하고 싶지 않고, 가령 악한 일을 하고 있지 않아도 사람을 괴롭게 해서는 안 된다는 생각을 늘 품고 있는 사람이다. 보통 우리는 아무 일 없이 하루하루를 살아가고 있으며, 겨우겨우 살아가는 것만으로 급급하지만, '종교적'이 되면 천지자연의 은혜나 주위 사람들 덕분에 살아가고 있다는 사실을 깨닫고 모든 것에 감사한다. 이것만 해도 된 것이다. 작은 자신이 죽고 대아 속에서 살아간다는 벅찬 기분으로 별 것 아닌 것에 구애받지 않고, 자신이 이 세계에서 정말로 해야 할 것을 자연스럽게 하게 된다.

미야모토 무사시는 『오륜서』에서 "신불을 공경하되 그들에 의지하지 말라"라고 했다. 우리에게 중요한 것은 '특정 종교 교단에 속하는' 것이나 '신앙을 하고 있다'고 고백하는 것이 아니라 종교적인 생활방식을 가졌는지 아닌지를 물어야 한다.

하루하루의 가치 깨닫기

108편

아무것도 하고 싶지 않은 사람에게

> 서원(誓願)하지 않는 것은,
> 소를 움직일 수 없어 향하는 곳을 알지 못하게 됨과 같다.
> 서원에 따라 움직이면 틀림없이 그곳에 도달한다.
>
> 승려 지의(智顗), 『마하지관(摩訶止觀)』

"우리 회사 사원들은 일할 의욕이 없어지고 쇠약해집니다. 일은 느리고, 그저 출근하여 월급만 받으면 회사는 어떻게 돼도 상관없다고 생각하는 모양입니다." 회사의 중역으로 보이는 신사가 사원들의 근무태도에 대해 비판하고 있었다.

이렇게 일할 의욕이 사라지는 현상이 곳곳에 만연해서 어떻게 해야 할지 방법조차 모르겠다고 한다. 불황이고, 물가는 높으며, 일손이 부족하다고들 한다. 하지만 일단 취직하고 나면 노조나 직원조합의 보호 아래 모여 쉽게 해고당하지 않는다. 일본은 특히 연공서열(年功序列, 근무연한이 오래되면 자연스레 급여와 직책이 오르는 관습)이나 반영구적 고용제도의 보호 아래에서 살며, 회사가 파산하지 않는 이상, 생활이 보장되기 때문에 일할 의욕을 낼 수 있나 싶다.

진학의 걱정이 없는 많은 대학이나 고등학교에서도 사정은 비슷하다. 학생의 무기력, 무관심이 문제가 되고 있다. 학생들이 등교는 하고 있지만, 일단 학교에 입학하면 특별한 일이 없는 한 퇴학이나 정학은 없다고 우습게 본다. 학교에 공부하러 왔는지 놀러 왔는지 알 수 없는 학생들이 늘어나고 있다. 열심히 공부하지 않아도 출석해서 학점만 이수하면 졸업시켜 주기 때문에 공부하는 것은 바보라고 생각하는 걸까.

이런 풍조는 오늘날 갑자기 시작된 것이 아니다. 하지만 생활이 보장되고, 편리하고 쾌적한 세상이 되면 될수록 스스로 일하지 않고 타인의 도움만 받으려고 한다. 자신은 앉아서 음료만 홀짝이는 타율적 인간이 증가하고 있다. 스스로 '무엇을 할까?' 생각하지 않고 타인이 자신에게 '무엇을 해줄까?' 입을 벌리고 기다리고 있다. 이래서 정말 인간으로서 살아가는 기쁨을 맛볼 수 있을까? 답은 명명백백히 'No'이다.

타인에게 의지해 기생 생활을 이어가면, 육체도 정신도 허약해지고, 무엇을 해도 감동하거나 감격하는 일도 없어진다. 초점을 잃은 생활에 빠져 결국에는 삶의 보람을 잃고 몽유병을 앓고 있는 사람과 같이 된다. 그렇게 사는 것이 허락될 때는 괜찮지만, 그렇게 못하게 될 때가 분명히 온다.

하루하루의 가치 깨닫기

그렇다면 도대체 이렇게 일할 의욕이 없는 무기력한 인간은 어떻게 하면 좋단 말인가. 이러한 사람은 말을 곧잘 듣는 사람이 아닐 것이므로 다른 사람들에게 잔소리를 듣거나 혼나더라도 자신이 모든 것을 직접 경험하도록 홀로 내버려 두는 수밖에 없다. 하지만 '스스로 어떻게든 해보자'라고 일찍 깨닫는다면, 무엇으로라도 스스로 일할 의욕을 일으키기 위해 마음을 다할 것이다. 다른 사람을 괴롭게 하는 것이 아니라면 어떤 것이라도 좋으니 일단 해보는 것이다.

그것을 위해서는 가장 먼저 작은 것이라도 좋으니 '이것만은 할 수 있지' 하는 계획을 세워서, 그것을 누구와 약속하는 것이 좋다. 예를 들어, 지금까지 수영을 못하는 사람이었다면 '이번 여름에는 반드시 수영할 수 있도록 해보겠다', '백 미터 수영을 해보겠다'처럼 자신이 조금 노력하면 실현이 가능한 것에 도전하는 것이다. 그것이 만약 불가능하게 돼도 본전이고, 실현한다면 '나도 할 수 있다'는 만족감을 얻고 의지가 불타오를 것이다.

옛사람들은 원하는 것을 성취하기 위해 음식을 끊고 사찰에 들어가 신불에게 비는 마음으로 오백 번씩 절했다. '이것만은 어떻게 해서든 완수하겠다'는 서원을 세우고, 그것을 이룰 수 있도록 사람들에게 공표하고 자신을 몰아붙이면 어떨까. 영국 희극작가 제임스 배리는 "행복의 비결은 하고 싶은 것을 하는 것 속에만 있는 게 아니라 하지 않으면 안 되는 것을 좋아하게 되는 것이다"라고 말했다. 일단 목표를 정했다면 도중에 어떤 일이 있어도 반드시 완수한다는 강한 신념을 가지면 좋겠다.

아무것도 하고 싶지 않은 사람에게

부록

인용 불전(佛典) 소개

가쿠반(覚鑁), 『참회문(懺悔文)』

일본 신의진언종(新義真言宗)의 창시자인 가쿠반(1095~1143)은 열세 살에 출가하여 일본 열도를 주유하였다. 고야산에 사찰 다이덴포인(大傳法院)을 지었으나, 사찰의 승려들과 갈등이 생겨 하산하고 이후 기슈(오늘날 와카야마현)에 엔묘지(円明寺)를 건립하였다.

곽암(廓庵), 『십우도(十牛圖)』

중국 남송(南宋) 시대 선승 곽암(12세기 무렵 추정)은 선(禪)의 깨달음을 문자로 장황하게 설명해도 일반인들이 이해하지 못한다고 생각했다. 그래서 그것을 열 개의 소 그림으로 표현했다. 그림 각각에 제목을 달고 수행이 깊어지는 단계를 차례로 배열하였다.

경잠(景岑), 『무문관(無門關)』

중국 송(宋)나라의 선승 무문혜개(無門慧開, 1183~1260)가 온주의 용상사(龍翔寺)에서 제자들에게 말한 사백팔십칠 개의 공안을 편집한 것이다. 일찍 일본에 전승되어 선(禪)의 교재로 이용되었다. 영어로도 번역되었다.

『경집(經集)』

인도 남방 상좌부(上座部)에서 전승된 팔리어 경전 중 『쿳다까니까야』에 수록되어 있으며, 『숫따니빠따』에 상응한다. 석가의 언어를 충실하게 보존하고 있는 초기 경전으로서 중요하게 여겨지고 있다. 다섯 장으로 구성되어 있으며 대부분 게송(偈頌, 붓다를 찬미하는 노래 가사)이다. 석가의 제자들이 스승의 말씀을 암송한 것을 나중에 팔리어로 기록한 것으로 추정된다.

구카이(空海), 『비장보약(秘蔵宝鑰)』

일본 진언종(眞言宗)의 창시자 구카이(774~835)가 830년 무렵 저술한 것이다. 준나(淳和)천황의 칙령을 받들어 진언종의 핵심을 서술하고 있다. 『십주심론(十住心論)』의 다이제스트 판이다.

『니건자경(尼乾子經)』

정식 명칭은 『니건자문무아의경(尼乾子問無我義經)』이다. 경(經)의 형식을 취하고 있으나 내용은 논서(論書)에 가깝다. 아슈바고샤(馬鳴, 80~150)의 저작으로 추정된다. 이 책에서 니건자와 대승불교도가 '아(我)'에 대하여 문답한다.

니치렌(日蓮), 『간효팔번초(諫曉八幡抄)』

일본 일련종(日蓮宗)의 창시자 니치렌(1222~1282)이 쉰아홉 살에 미노부에 머물며 이 글을 썼다. 일본이 불법(佛法)을 비난한 죄를 책망하고, 중생을 고통으로부터 구제하겠다는 서원이 담겨 있다.

니치렌(日蓮), 『개목초(開目鈔)』

니치렌이 사도로 유배했을 때 저술한 것이다. 『입정안국론(立正安國論)』, 『관심본존초(觀心本尊抄)』, 『찬시초(讚詩抄)』, 『보은초(報恩抄)』와 함께 '오대부(五大部)'로 존중받고 있다.

니치렌(日蓮), 『묘법니어전어반사(妙法尼御前御返事)』

니치렌이 신자인 묘호니(妙法尼)에게 보낸 편지 네 통을 모은 것이다. 니치렌의 주요 가르침들이 기록되어 있다. 1281년 저작이다.

니치렌(日蓮), 『최련방어반사(最蓮坊御返事)』

니치렌이 그의 제자 사이렌보 니치죠(最蓮房日浄)에게 주었던 편지이다. 니치죠는 교토 사람으로서 천태종(天台宗)의 승려였지만 후에 니치렌에게 교화되었다.

　　　　　　　　　　　　　　인용 불전 소개

다쿠안(沢庵), 『부동지(不動智)』

정식 명칭은 『부동지신묘록(不動智神妙錄)』이다. 막부에서 검도를 지도했던 야규 무네노리(柳生宗矩)를 위해서 지었다. 선(禪)의 입장에서 검사의 마음가짐을 설명하고 있다. 그 이후 무예를 즐기는 사람들이 애독하였다. 다쿠안(1573~1645)은 도쿄 시나가와에 있는 도카이지(東海寺)의 창립자이기도 하다.

『달마선사론(達磨禪師論)』

중국 둔황에서 출토된 문서이다. 선(禪)의 창시자 달마대사(?~?)의 사상을 연구할 수 있는 귀중한 문헌이다.

『대반열반경(大般涅槃經)』

여러 종류의 한역본이 있다. 북량(北涼) 왕조의 다르마끄세마(曇無讖, 385~433)의 번역이 주로 사용된다. 『대열반경(大涅槃經)』이라고도 부른다. 붓다의 본체는 항상 있고, 누구나 붓다의 본성을 지니고 있다는 대승불교의 '불신론(佛身論)'을 설하고 있다. 아무리 극악한 사람이라도 성불할 수 있다고 말한다.

『대방편불보은경(大方便佛報恩經)』

『보은경』 혹은 『불보은경』이라고도 한다. 후한(後漢) 시대에 한역되었으나 역자 불명이다. 석가가 부모를 버리고 출가했으니 은혜를 잊은 것 아닌가 하는 의문으로부터 시작하고, 불교에서 은혜란 무엇인가를 설명하고 있다.

『대보적경(大寶積經)』

마흔다섯 권의 독립된 경전을 집대성한 것이다. 대장경의 한 부분인 『보적부(寶積部)』에 수록되어 있다. 당(唐)나라 713년에 보디루찌(菩提流志, ?~727)가 한역하였다. 총 백이십 권이다. '보적'이란 진리의 보석이 집적되어 있다는 의미이다. 다양한 가르침의 보고(寶庫)를 만드는 것을 목표로 삼아 저술된, 백과사전과 같은 문헌이다.

『대승장엄경론(大乘莊嚴經論)』

인도의 학승 아슈바고샤(馬鳴, 80~150)가 저술하였다. 중국 후진(後秦) 시대의 꾸마라지바(鳩摩羅什, 344~413)가 한역했다. 총 열다섯 권이다. 석가의 전생 및 현생부터 저자 시대까지의 다양한 설화를 소개하여, 구도자들이 참고하도록 하였다.

『대장엄법문경(大莊嚴法門經)』

승려 나렌드라야샤스(那連提耶舍, 517~589)가 수(隋)나라 582~585년에 한역한 문헌이다. 총 두 권이다. 인도 왕사성의 창녀를 문수보살(文殊菩薩)이 신통력으로 교화하는 이야기를 담은 경전이다. 대승불교의 가르침을 설하고 있다. 주요 인물로 창녀를 설정한 것은 『승만경(勝鬘經)』에서 승만(勝鬘)부인을 주인공으로 설정한 것과 비슷하다. 여성을 존중하려는 의도를 담고 있다.

『대지도론(大智度論)』

인도 불교학자 나가르주나(龍樹, 150?~250?)의 저작이다. 『마하반야바라밀경(摩訶般若波羅蜜經)』의 주석이지만, 원본은 현존하지 않는다. 꾸마라지바(鳩摩羅什, 344~413)가 한역했으며, 총 백 권이다. 인용한 경전도 많고, 대승불교를 이해하는 데 없어서는 안 되는 책이다.

도겐(道元), 『보관좌선의(普觀坐禪儀)』

일본 조동종(曹洞宗)의 창시자 도겐(1200~1253)의 저작이다. 송(宋)나라에서 귀국한 후 처음으로 쓴 글이다. 좌선의 핵심을 밝히고 많은 사람에게 좌선을 권장하겠다는 신념이 담겨 있다. 좌선은 수단이 아니라 목적이라는 점을 강조하고 있다.

도겐(道元), 『정법안장(正法眼藏)』

도겐의 주요 저작이다. 일본어로 조동선(曹洞禪)의 가르침을 설했다. 정식 명칭은 『영평정법안장(永平正法眼藏)』이며, 총 아흔다섯 권이다. 도겐은 백 권을 저술할 생각이었지만, 병 때문에 그 뜻을 이루지 못했다.

도겐(道元), 『정법안장수문기(正法眼藏隨聞記)』

일본 조동종(曹洞宗) 제2대조인 고운 에조(孤雲懷奘)가 도겐 밑에 있을 때 받았던 가르침을 적은 것이다. 읽기 쉬운 문장으로 쓰여 있다. 도겐의 비판이나 감상을 교훈적으로 보여주고, 승려로서의 평소 마음가짐이 어떠해야 하는지 서술되어 있다.

렌뇨(蓮如), 『어일대기문서(御一代記聞書)』

정토진종(淨土眞宗)을 중흥시킨 렌뇨(1415~1499)가 염불 신앙의 핵심을 설하기 위해 지은 것이다. 총 두 권이다. 철저하게 스스로 비판한 글로서 높이 평가받는다.

인용 불전 소개

마미야 에쥬(間宮英宗), 『보살원행문(菩薩願行文)』

다이쇼 시대의 선승이며, 고베 쇼후쿠지(祥福寺)의 주지였던 마미야 에쥬(1871~1945)의 저작이라고 한다. 일본 임제종(臨濟宗)에서 많이 사용되고 있다.

몬슈(文守)·다이에(大惠), 『치문보장집(緇門寶藏集)』

일본 임제종(臨濟宗)의 선승 몬슈(1608~1646)가 참선의 핵심을 설명한 것이다. 총 세 권이다. 몬슈가 1646년에 입적한 후 문인이 글을 교정하여 출판하였다.

『무성섭론(無性攝論)』

『섭대승론석(攝大乘論釋)』이라고도 불린다. 인도의 아상가(無着, 300~370?)가 저술한 『섭대승론(攝大乘論)』의 주석서이다. 중국 당(唐)나라의 현장(玄奘, 602~664)이 한역하였다. 인간의 심층 심리를 연구하는 데 있어서 중요한 문헌이다.

무소 소세키(夢窓疎石), 『장수비결(長壽祕訣)』

일본 임제종(臨濟宗)의 승려 무소 소세키(1275~1351)의 저작이다. 14세기 전란 시대에 각지에서 절을 창립하고 후에 교토에 살며 덴류지(天龍寺)를 열었다. 그의 『몽중문답집(夢中問答集)』이 유명하다.

『반야심경(般若心經)』

정식 명칭은 『반야바라밀다심경(般若波羅蜜多心經)』이다. 당(唐)나라 649년에 현장(玄奘, 602~664)이 한역하였다. 산스크리트어 원전은 긴 판본과 짧은 판본으로 두 종류가 있다. 현장은 짧은 판본을 번역했다. '반야'는 깨달음의 세계를 드러내는 지혜이다. 치우침 없고, 구애됨 없고, 얽매임 없고, 여유가 있는 마음이기도 하다.

『범망경(梵網經)』

인도 남방 상좌부(上座部)에서 전승된 팔리어 경전의 일부인 『디가니까야』에 수록되어 있다. 『디가니까야』는 대승불교의 『장아함경전(長阿含經典)』에 상응한다. 모든 견해를 마치 어부가 그물을 드리워 잡는 것과 같이 건져 올렸다는 의미를 지닌 경전이다.

『법구경(法句經)』

인도 남방 상좌부(上座部)에서 전승된 팔리어 경전 중 하나이다. 총 사백이십삼 개의 시 모음집이다. 석가가 인생의 교훈을 설명하고, 자주 기독교의 성경과 비교된다. 서양에서는 『담마빠다』라는 원어로 지칭된다. 일본에는 비교적 일찍 전승되어, 나라 (奈良) 시대에는 이미 사경(寫經)도 행해졌다.

『법화경(法華經)』「법사품(法師品)」

「법사품」은 『법화경』 제10장에 수록되어 있다. 모든 인간이 붓다가 되기 위해서는 이 경전을 쓰고 외우고 공양하며 타인을 위해 설해야 한다고 권한다.

『법화경(法華經)』「보문품(普門品)」

정식 명칭은 『묘법연화경(妙法蓮華經)』이다. 여섯 차례 한역이 이루어졌다고 하는데, 현존하는 것은 세 종류이다. 그중 406년에 저술된 꾸마라지바(鳩摩羅什, 344~413)의 번역이 가장 널리 이용되고 있다. 이십 장으로 구성되어 있다. 「보문품」은 그중 한 편으로 보통 『관음경(觀音經)』이라는 이름으로 알려져 있다. 붓다의 은혜를 입을 수 있는 경전이라고 여겨 많은 사람이 외고 있다.

『본생경(本生經)』

인도 남방 상좌부(上座部)에서 전승된 팔리어 경전의 일부이다. 『자따까』라고도 하며, 스물두 편 오백사십칠 개의 우화로 구성되어 있다. 붓다가 깨달음을 얻기 전의 생애에 대한 이야기를 집대성한 것이다. 동양의 이솝우화라고 불린다.

『불치신경(佛治身經)』

중국 서진(西晉) 시대(265~316)에 한역된 매우 짧은 경전이다. 먼저 자신을 다스리는 것을 통해 다른 이도 다스릴 수 있다고 설하고 있다.

『사십이장경(四十二章經)』

중국 후한(後漢) 시대인 기원후 1세기 무렵 낙양의 백마사(白馬寺)에서 카샤빠마땅가(迦葉摩騰)와 다르마라뜨나(竺法蘭)가 한역했다. 예로부터 중국에서 산출된 최초의 번역 경전이라고 간주된다. 내용이 이해하기 쉬워 불교 입문서로 널리 애독되고 있다.

사이초(最澄), 『발원문(發願文)』

일본 천태종(天台宗)의 창시자 사이초(767~822)가 열아홉 살에 사찰 히에잔(比叡山)을 열기 위해 썼다. 육백 자로 이루어져 있으며, 통렬한 자기비판을 담고 있다.

인용 불전 소개

사이초(最澄), 『산가학생식(山家學生式)』

천태종(天台宗)에서 양성하는 승려에게 적용되는 제도를 법전으로 제정하고자 한 것이다. 인재 양성을 중시했던 것으로 알려져 있는 사이초는 황실에 두세 번 인재 양성을 위한 대승계율을 받는 장소를 설립하자고 제안했다.

『석가자설경(釋迦自說經)』

인도 남방 상좌부(上座部)에서 전승된 팔리어 경전 중 『쿳다까니까야』의 세 번째 경전이다. 총 팔십 권이다. 자발적으로 설하였기 때문에 '자설경(自說經)'이라고도 부른다.

선도(善導), 『왕생예찬(往生禮讚)』

중국 정토종(淨土宗)의 창시자인 선도(613~681)가 정토왕생을 위한 실천 수행을 설명한 것이다. 하루를 일몰(日沒), 초야(初夜), 중야(中夜), 후야(後夜), 신조(晨朝), 일중(日中)이라는 여섯 개의 시간으로 나누고, 각 시간에 읊어야 할 시문을 지었다. 이 시문을 읊으며 예배하도록 하였다.

쇼토쿠(聖德)태자, 『십칠조헌법(十七条憲法)』

쇼토쿠태자(574~622)가 스이코(推古)천황의 섭정으로서 국정을 관장하고 통치 질서를 견고하게 하기 위해 『관위십이계(冠位十二階)』에 이어 스스로 제정한 일본 최초의 국법이다. 불교의 가르침에 근거하여 작성했다. 604년에 공표되었다.

『수증의(修証義)』

일본 조동종(曹洞宗)의 창시자 도겐의 저작인 『정법안장(正法眼藏)』을 요약한 것이다. 1890년 이후 정식으로 사용되었다. 조동종에서 고인을 기리는 의식을 할 때 자주 사용된다. 선(禪)의 핵심을 친절하게 설하고 있다.

스즈키 쇼산(鈴木正三), 『여안교(驢鞍橋)』

에도 시대 선승 스즈키 쇼산(1579~1655)의 편지나 문구를 모은 것이다. 쇼산이 만년에 중생 교화를 할 시기의 언행을 제자 에츄(恵中)가 기록했다고 한다. 총 세 권이다. 쇼산의 선(禪)은 염불선(念佛禪)으로서 독특한 경지를 개척했다.

스즈키 쇼산(鈴木正三), 『직인일용(職人日用)』

스즈키 쇼산이 저술한 『선문법어집(禪門法語集)』의 하(下)권에 수록되어 있다. 일상생활 속에 불교 수행이 있다는 점을 설하고 있다. 여기에서 제시된 직업 윤리는 근대적 비판 정신의 표현으로 주목받고 있다.

시도 부난(至道無難), 『가나법어(假名法語)』

일본 임제종(臨濟宗)의 선승 시도 부난(1603~1676)의 법어집(法語集)이다. 이해하기 쉬운 일본의 가나(假名)문자로 선(禪)의 가르침을 서민에게 펼치고 있다. 그는 일본 고유 형식의 시 '와카(假名)'와 글쓰기가 탁월했다.

시도 부난(至道無難), 『무난선사법어(無難禪師法語)』

시도 부난이 남긴 또 다른 법어집이다. 일본의 가나(假名)문자를 섞어 쓴 글로, 서민들도 이해하기 쉬운 불교 교설을 폈다. 그의 법어는 1672년에 완성되었다.

신란(親鸞), 『말등초(末燈抄)』

일본 정토진종(淨土眞宗) 창시자 신란(1173~1262)의 법어(法語)와 소식(消息)을 모은 것이다. 총 스물두 편으로 구성되어 있다. 여기서 소식은 서간문(書簡文)을 가리킨다. 호넨, 신란, 니치렌 등 가마쿠라 시대의 조사들이 즐겨 사용했던 포교방식이다.

신란(親鸞), 『탄이초(歎異抄)』

신란의 가르침에 이의를 제기하는 자가 있는 것을 탄식하며, 제자 유이엔(唯円)이 그의 가르침을 밝히기 위해 편집한 책이다. 아미타불의 기원에 의해 성불한다는 타력본원(他力本願)의 진정한 의미를 서술하면서 동시에 당시 불교계를 비판하고 있다.

신수(神秀), 『신수선사어록(神秀禪師語錄)』

중국 당(唐)나라 선사 신수(605?~706)는 궁전 안 불교 도량에서 가르침을 펴고 왕실의 신임을 얻었다. 그의 계보를 북종선(北宗禪)이라고 한다. 혜능(惠能) 계열인 남종선(南宗禪)과 자주 비교된다.

『심지관경(心地觀經)』

정식 명칭은 『대승본생심지관경(大乘本生心地觀經)』이다. 당(唐)나라 때 쁘라즈냐(般若,?~?)에 의해 한역되었다. 총 여덟 권이다. 반야사상의 영향을 받은 대승경전이다.

『아난분별경(阿難分別經)』

중국 진(秦)나라의 법견(法堅, ?~?)이 한역한 짧은 경전이다. 석가가 그의 제자 아난다에게 불멸(佛滅) 후 불교가 쇠퇴하고 계율을 지키는 승려가 적어질 것을 예언하고 있다.

『아미타경(阿彌陀經)』

원전은 북인도에 아미타불신앙이 성행했던 시기에 편집되었다. 402년 무렵 꾸마라지바(鳩摩羅什, 344~413)에 의해 한역되었다. 아미타불이 있는 극락의 정경이 아름답게 묘사되어 있다. 정토 삼부경(三部經) 중 하나로서 중국과 일본에서 아미타불신앙의 확산에 중요한 역할을 하고 있다.

『우다나(優陀那)』「중육모상경(衆育模象經)」

인도 남방 상좌부(上座部)에서 전승된 팔리어 경전 중 『쿳다까니까야』의 세 번째 경전이다. 전체가 팔십 편으로 구성되어 있다. 석가가 자발적으로 설하였기 때문에 '자설경(自說經)'에 속한다. 「중육모상경」은 그중 한 편으로, 초기불교 시대 석가가 전한 내용이 수록되어 있다.

『유교경(遺教經)』

정식 명칭은 『불수반열반약설유교경(佛垂般涅槃略說遺教經)』이다. 중국 후진(後秦) 시대의 꾸마라지바(鳩摩羅什, 344~413)가 한역하였다. 짧은 경전으로서, 세상이 무상(無常)하다는 것과 석가의 가르침이 언제나 존재한다는 것을 설하고 있다. 석가가 자신이 입멸해도 슬퍼하지 말고 노력해서 얼른 깨달음을 얻으라고 제자들에게 남긴 가르침이다.

『육방예경(六方禮經)』

대승불교 『장아함경(長阿含經)』 제11권에 수록되어 있는 경전이다. 후한(後漢) 시대의 안세고(安世高, 2세기)가 번역하였다. 원시 불교에서 일반 재가신자가 지켜야 할 생활 지침이 제시되어 있다. '육방'이란 상하와 동서남북에 각각 부모와 자식, 스승과 제자, 부부와 친족, 승려와 세속을 배치한 것이다. 그들 모두에게 예배한다는 뜻을 담고 있다.

『율장(律藏)』「대품(大品)」

인도 남방 상좌부(上座部)에서 전승된 팔리어 경전의 일부이다. 계율에 관해 규정한 것으로 열 편으로 구성되어 있다. 석가가 입멸하고 약 백 년이 지난 후 불교가 여러 분파로 분열되었다. 이 글은 승단이라면 반드시 지켜야 할 규약이 기록되어 있다.

『인과경(因果經)』

정식 명칭은 『과거현재인과경(過去現在因果經)』이다. 중국 송(宋)나라의 구나바드라(求那跋陀羅, 394~468)가 한역하였다. 석가의 자전(自傳) 형식으로 되어 있다. 석가가 보광여래(普光如來)의 지도를 받고 수행하여 나중에 성불할 수 있었다고 설명하며, 과거의 인연으로 현재의 깨달음을 얻었다고 이야기하고 있다. 한역 문헌 중에서 문학적으로 가장 뛰어난 석가 전기이다.

『일야현자경(一夜賢者經)』

인도 남방 상좌부(上座部)에서 전승된 팔리어 경전의 일부인 『맛지마니까야』의 『분별품(分別品)』에 있는 경전이다.

임제(臨濟), 『임제록(臨濟錄)』

중국 당(唐)나라의 임제의현(臨濟義玄, ?~867)의 법어(法語)를 모은 것이다. 제자 혜연(慧然)이 편집하였다. 임제종에서 중요시되고 있는 문헌이다.

잇펜(一遍), 『일편상인어록(一遍上人語錄)』

일본 시종(時宗)의 창시자인 잇펜(1239~1289)이 직접 서술하지 않고 그의 제자가 필사하였다. 1762년에 초판본 2권이 출판되었다. 일본의 불교 노래(和讚), 편지, 노래 등도 수록되어 있다. 일상생활에서 붓다도 없고 사람도 없는 집중 상태로 붓다의 이름을 부르면서 염불하는 수행 방법이 설명되어 있다.

『잡아함경(雜阿含經)』

대승불교에 전승된 경전의 한 부분이다. 인도 남방 상좌부(上座部)에서 전승된 경전 『상윳따니까야』에 상응한다. 비교적 짧은 경전 천삼백육십이 개를 모아놓은 것이다.

정선(淨善), 『선문보훈집(禪門寶訓集)』

중국 송(宋)나라의 승려 정선(淨善 12세기)에 의해 편집되었다. 선종이 쇠퇴하여 가는 것을 걱정하여 과거 덕망이 있었던 선승들의 언행록을 모아서 재편하였다.

중봉명본(中峰明本), 『중봉광록(中峰廣錄)』

중봉명본(1263~1323)은 중국의 선승이다. 선사 고봉원묘(高峰原妙)의 제자로서 활약하였다. 이 책은 중봉명본의 언행록을 1334년에 집대성한 것이다.

『중아함경(中阿含經)』
대승불교 경전의 일부로서, 인도 남방 상좌부(上座部)에서 전승된 팔리어 경전 『맛지마니까야』에 상응한다. 중간 정도 길이의 경전 이백이십이 편이 수록되어 있다.

『증지부경전(增支部經典)』
인도 남방 상좌부(上座部)에서 전승된 팔리어 경전 중 하나이다. 『앙굿따라니까야』라고 부른다. 한역 경전 중 『증일아함경(增壹阿含經)』에 상응한다. 사성제(四聖諦)와 팔정도(八正道)라는 법수(法數)와 관련 있는 가르침, 총 이천백구십팔 개의 경을 집대성한 것이다.

지반(志盤), 『불조통기(佛祖統紀)』
중국 송(宋)나라의 지반(?~?)이 찬술하였다. 중국 천태종(天台宗)의 입장에서 편집한 불교 역사이다. 총 오십네 권이다. 석가의 탄생부터 남송(南宋) 시대 1236년까지의 역사를 서술한 것으로서 불교사에서 중요한 문헌이다.

지의(智顗), 『마하지관(摩訶止觀)』
중국 천태종(天台宗)의 창시자 지의(538~597)가 594년에 작성한 것을 문하 제자 관정(灌頂)이 편집하였다. 총 이백 권이다. 사물에 대해 정확한 판단을 내리고 적절한 처리를 하는 방법을 가르쳐주는 지침서로서 중시되고 있다.

『천민경(賤民經)』
인도 남방 상좌부(上座部)에서 전승된 팔리어 경전의 일부인 『쿳다까니까야』의 『경집(經集)』에 수록되어 있다. 매우 짧은 경전이다.

하쿠인(白隱), 『분노에 대한 명(噴銘)』
하쿠인(1686~1769)은 일본 임제종(臨濟宗)을 중흥시킨 인물이다. 에도 시대에 여러 나라를 돌아다녔다. 농민들의 사랑을 받았으며, 평생 시골의 가난한 절에서 지냈다. 어록집 백삼 권이 있다. 이 글은 그중 하나이다.

혜능(慧能), 『육조단경(六祖壇經)』
중국 선(禪)불교의 제6조인 혜능(638~718)의 가르침이 담긴 글이다. 마음이 거울과 같이 고요하다면, 사물을 있는 그대로 비추고 붓다의 지혜를 구하지 않아도 그것이 마음에 머무르고 있다고 설명하고 있다.

호넨(法然),『일매기청문(一枚起請文)』

일본 정토종(淨土宗)의 창시자 호넨(1133~1212)의 저작이다. 1212년 임종의 병상에서 제자 겐치(源智)의 청을 받고, 그의 가르침의 핵심을 한 장의 종이에 기록한 것이다. 이백 자 남짓 분량으로 '왕생정토(往生淨土)'라는 구원에 관하여 서술하고 있다.

호넨(法然),『정토종약초(淨土宗略抄)』

호넨이 가마쿠라 시대 무장 미나모토 요리토모(源頼朝)의 정실부인 호조(政子)를 위해 정토종의 핵심을 서술한 것이다. 불도(佛道)에 성도(聖道)와 정토(淨土)라는 두 범주를 설정하고, 각각의 특색을 제시하며, 정토 쪽의 '전념염불(專念念佛)'을 권장하고 있다.

호넨(法然),『칙수어전(勅修御伝)』

정식 명칭은『칙수원광대사어전연기(勅修円光大師御伝縁起)』이다. 호넨의『행장회도(行狀絵図)』의 유래를 설명한 것이다. 닌쵸(忍澂, 1645~1711)의 기록이라고 전해지고 있다.

호넨(法然),『화어정록(和語燈錄)』

호넨의 어록을 편집한 책이다. 총 다섯 권으로 구성되어 있다. 호넨이 입멸한 지 오 년 정도 지났을 때 제자들이 서로 다른 가르침을 제시하기 시작했다. 그래서 염불 수행자가 갖추어야 할 모습을 설명하기 위해서 제자 도코(道光, 1203~1290)가 취합하여 기록하였다.

홍자성(洪自誠),『채근담(菜根譚)』

중국 명(明)나라 말기 홍자성(?~?)의 저작이다. 유교를 중심으로 하며 불교와 도교 사상을 포함한 인생 교훈서이다. 정치 정세가 불안한 시대에 살았던 홍자성은 애초부터 입신 출세를 단념하고 서민들 속에서 충실히 생활하는 것을 목표로 삼았다.

『화엄경(華嚴經)』

정식 명칭은『대방광불화엄경(大方廣佛華嚴經)』이며, 붓다바드라(佛馱跋陀羅, 359~429)가 한역하였다. 총 육십 권이다. 이 경전은 석가가 미혹 속에서 전전하다가 깨달음을 얻은 것을 서술하고 있다. 그 주인공을 비로자나불(毘盧遮那佛)이라고 부른다.

옮긴이 **최성호**

서울대학교 사회학과 학부를 졸업하고, 서울대학교 철학과 석사를 받았다. 독일 뮌헨대학
교(LMU)에서 불교학으로 박사 학위를 받았다. 서울대학교, 덕성여자대학교, 독일 라이프
치히대학교 강사를 거쳐 현재 경남대학교 교양교육연구소 연구교수로 근무 중이다. 인도
불교철학 및 언어를 전공하고 있다.『철학과 현실 현실과 철학』(공저),『고전티벳어문법』
(공역)을 비롯한 다수의 저작이 있다.

백팔번뇌 이야기

초판 1쇄 발행 | 2025년 1월 24일

지은이   마쓰나미 고도
옮긴이   최성호
책임편집   양하경
디자인   윤철호

펴낸곳   (주)바다출판사
주소   서울시 마포구 성지1길 30 3층
전화   02-322-3675(편집) 02-322-3575(마케팅)
팩스   02-322-3858
이메일   badabooks@daum.net
홈페이지   www.badabooks.co.kr

ISBN   979-11-6689-320-9 03190